国家安全研究丛书

主编 陈 刚

副主编 田华伟 王雪莲 毛欣娟

侦查询问的国际发展

汤姆·威廉姆森

[英] 贝基·米尔恩 / 主编

斯蒂芬·P. 萨维奇

杨郁娟 / 译

知识产权出版社

全国百佳图书出版单位

—北京—

图书在版编目（CIP）数据

侦查询问的国际发展 / (英) 汤姆·威廉姆森 (Tom Williamson), (英) 贝基·米尔恩 (Becky Milne), (英) 斯蒂芬·P. 萨维奇 (Stephen P.Savage) 主编; 杨郁娟译 . — 北京：知识产权出版社，2022.10

（国家安全研究丛书 / 陈刚主编）

书名原文：International Developments in Investigative Interviewing

ISBN 978-7-5130-8288-4

Ⅰ.①侦⋯ Ⅱ.①汤⋯ ②贝⋯ ③斯⋯ ④杨⋯ Ⅲ.①刑事侦查学—研究—世界 Ⅳ.①D918

中国版本图书馆 CIP 数据核字 (2022) 第 152662 号

责任编辑：薛迎春	责任校对：谷　洋
封面设计：乔智炜	责任印制：刘译文

侦查询问的国际发展

［英］汤姆·威廉姆森　　［英］贝基·米尔恩　　［英］斯蒂芬·P. 萨维奇　主编

杨郁娟　译

出版发行：知识产权出版社有限责任公司		网　　址：http：//www.ipph.cn
社　　址：北京市海淀区气象路 50 号院		邮　　编：100081
责编电话：010-82000860 转 8724		责编邮箱：471451342@qq.com
发行电话：010-82000860 转 8101/8102		发行传真：010-82000893/82005070/82000270
印　　刷：三河市国英印务有限公司		经　　销：新华书店、各大网上书店及相关专业书店
开　　本：710 mm×1000 mm　1/16		印　　张：15.25
版　　次：2022 年 10 月第 1 版		印　　次：2022 年 10 月第 1 次印刷
字　　数：260 千字		定　　价：79.00 元

ISBN 978-7-5130-8288-4

京权图字：01-2022-4673

总　序

　　国家安全与国家历史相伴相生。恢宏绚烂的中华文明始终不乏精奥深邃的国家安全思想。早在先秦时期，诸子百家已提出极具超时空价值的论述，包罗政治安全、军事安全、经济安全、社会安全等方面。现实理性色彩浓厚的兵家与法家思想及政策主张斐然成文，被誉为"兵学圣典"的《孙子兵法》与主张"王者之政莫急于盗贼"的《法经》，彰显出历史上以军事安全与政治安全为主核的传统国家安全观。历代思想家循循相因，成就意蕴丰富、别具一格的国家安全思想史，纵贯古今、流传中外。

　　国家安全真正作为独立研究对象并形成一门学科则是晚近几十年的事情。新世纪前后，内部与外部安全问题、传统与非传统安全挑战等多重因素驱动下，各界关注国家安全尤甚于以往，为之立学的呼声日渐高涨。总体国家安全观的提出、《中华人民共和国国家安全法》的颁布、一级学科的设立等诸多里程碑事件，使得国家安全研究从冷僻状态中解脱出来，成为广为人知的"服务国家安全与发展"、回应时代背景及实践问题的"显学"。严峻的国际国内形势、急剧膨胀的安全内涵则令学科建设历程异常艰巨。值此境况，承继传统安全思想及文化，面向现实安全需要及问题，从安全认知、理论范式、战略研究等多个维度开辟新路径、取得新成果，令国家安全学真正走向科学化、集成化、创新化，就成为我们这一代甚至数代研究者的使命。

　　中国人民公安大学于2019年获批设立国家安全学二级学科，于同年6月整合多方教学与科研力量成立国家安全与反恐怖学院，并于次年6月更名为国家安全学院。在国家安全学学科试点建设过程中，国家安全学院以总体国家安全观为指导，以大力发展高精尖学科为定位，坚持服务国家战略需求、顺应新时代公安工作，积极践行学科建设的学术使命与历史责任。本套丛书在"中国人民公安大学国家安全高精尖学科成果出版专项"的支持下，尝试在这一领域略作梳理及探索。

学科交叉融合的普遍趋势下，出于专业化目的而设置的学科边界不应成为研究的边界。现实安全问题交织叠加的复杂态势下，归属于"交叉学科"的国家安全学亦不应局限于法度森严的旧范式。有鉴于此，丛书秉承俱收并蓄的理念，精心收录域外的或本土的、历史的或当代的、文化的或技术的、理论的或行动的、制度化的或个案式的各类成果，基于多种线索、视角、方法，期望在器物、制度、思想等多个层次有所裨益于学科建设与学术交流。丛书著作虽风格面貌各异，但其共同关切、冀望解决的问题却始终如一。成书过程中，国家安全学院科研团队同心勠力、同行院校研究伙伴鼎力相助、出版社编辑庞从容女士奔走先后，在此一并致以衷心谢意。国家安全学方才扬帆起步，我们这一代研究人员既是见证者，也是亲历者、偕行者，本套丛书权作为交流互鉴的平台之一，若有疏漏，敬请同行及读者批评指正。

2021 年 10 月 25 日

翻译凡例

一、本书系汤姆·威廉姆森、贝基·米尔恩和斯蒂芬·P.萨维奇主编《侦查询问的国际发展》一书的中文全译本,所据版本为英国劳特利奇出版社 2012 年精装本。

二、书中的人名和专有术语一般按照通行译法译出。第一次出现时的人名、无通行译法的专有术语,译者均括注了相应的原文,以便读者对照和理解。

三、本书所据的英文版本存在一定量的斜体文字,为忠实表达作者原意,译者采用了加粗字体。

四、本书中有少量图表,其位置与英文版略有不同。

五、本书中的注释体例与原书一致,除对说明性和解释性的文字进行了翻译,其他保持了原文。

六、为便于阅读,将原文各章参考文献统一置于正文后,并保持其原有体例。

七、本书切口处标注了原书页码。

目　录

简写列表

ACPO   Association of Chief Police Officers   警察局长协会

APA   American Psychological Association   美国心理学协会

BPS   British Psychological Society   英国心理学协会

BSCT   Behavioural Science Consultation Teams   行为科学咨询团队

CBCA   criteria-based content analysis   基于标准的内容分析

CCRC   Criminal Cases Review Commission   刑事案件复核委员会

CEAS   Committee for the Evaluation of Criminal Cases That Have
Been Concluded   已结刑事案件评估委员会

CFIS   Centre for Investigative Skills   侦查技能中心

CI   cognitive interview   认知询问术

CIA   Central Intelligence Agency   中央情报局

CM   conversation management   会话管理术

CPT   European Committee for the Prevention of Torture and
Inhuman or Degrading Treatment or Punishment   欧洲防止酷刑
和不人道或有辱人格待遇或处罚委员会

CPTU   Central Planning and Training Unit   中央规划与培训部

CRIME   Code of Practice for Custody, Rights, Investigation,
Management and Evidence   监管、权利、调查、管理和证据实务守则

CSI   crime scene investigation   犯罪现场勘查

DCI   Detective Chief Inspector   侦缉总督察

DNA   Deoxyribonucleic acid   脱氧核糖核酸

DOD   Department of Defense   国防部

DWP　Department for Work and Pensions　就业与退休保障部

ECHR　European Convention on Human Rights　欧洲人权公约

ECI　enhanced cognitive interview 强化版认知询问术

EEG　Electroencephalograms　脑电图

EI　educing information　信息演绎

EIP　educing information professional　信息演绎专业人员

ERISP　Electronic Recording of Interviews with Suspected Persons　询问犯罪嫌疑人电子记录条例

FTP　Federal, Provincial and Territorial　联邦、省和领地

GEMAC　greeting, explanation, mutual activity, closure　寒暄、解释、互动和结束

GKT　Guilty Knowledge Polygraph Test　犯罪知悉测谎

GSS　General Security Services　以色列国家安全总局

HI　Human Intelligence　人力情报

ISB　Intelligence Science Board　情报科学委员会

KREATIV　Kommunikasjon, Rettssikkerhet, Etikkogempati, Aktivbevisstgjøring, Tillitgjennomåpenhet, Informasjon, Vitenskapligforankring（Communication, Rule of law（due process）, Ethics and empathy, Active awareness, Trust through openness, Information（not confirmation）, Valid scientific foundation　沟通、法治（正当程序）、道德和同理心、主动意识、以开放获得信任、信息（未经确认）、有效的科学基础

MJ　mechanical jurisprudence　机械法学

MOS　military occupational speciality 军事职业专业

NNPL　Nordic Network for Psychology and Law　北欧心理学和法律研究网络

NPIA　National Policing Improvement Agency　国家警务改进局

OPI　Office of Police Integrity　警察廉政公署

PACE　Police and Criminal Evidence Act　警察与刑事证据法

PE   prolonged exposure   迁延照射

PEACE   Planning and preparation, Engage and explain, Account,
    Closure, Evaluation（Model of Interviewing） PEACE 询问模型
    （计划和准备、建立融洽关系和解释、陈述、结束、评估）

PENS   Psychological Ethics and National Security   心理学伦理与
    国家安全工作组

PICI   police interview competency inventory   警察询问能力量表

PIP   Professionalising Investigation Programme   侦查专业化计划

RM   reality monitoring   现实监测

PinS   Professionalism in Security   保安专业化

SCI   spaced cognitive interviews   间隔认知询问术

SOC   sense of coherence   心理一致性

SPOT   Screening Passengers by Observation Technique   通过观
    察对乘客进行安全检查的技术

SUE   strategic-use-of-evidence   策略性使用证据法

TIM   tactical interview model   询问策略模型

TJ   therapeutic jurisprudence   治疗法学

USG   United States Government   美国政府

图表索引

参编人员简介

兰迪·博拉姆（Randy Borum），反情报和国家安全问题的行为科学顾
问。作为南佛罗里达大学教授讲授过有关恐怖主义、羁押审讯、情报分析
和犯罪心理学课程，独立完成或与他人合作完成 100 多篇论文。博拉姆博
士是一名认证司法心理学家，曾担任警察，并在美国特勤局担任高级顾问
长达十余年。他是联邦调查局行为科学部的司法心理咨询委员会成员，也
是联合国反恐怖主义专家库成员。

彼得·布尔（Peter Bull）（文学学士、文学硕士、博士，持证心理医
生，英国心理学协会会员），英国约克大学心理学系高级讲师。在国际公
认的学术期刊上发表论文 80 余篇；撰写了五部著作，参编多部书籍。主要
研究内容为人际交流分析。他的最新著作是：《政治交流的微观分析：哗
众取宠与含糊其辞》（*The Microanalysis of Political Communication: Claptrap
and Ambiguity*，2003）和《显微镜下的交流：微观分析的理论与实践》
（*Communication Under the Microscope: The Theory and Practice of Microanalysis*,
2002）。他即将被列入 2009 版的《马奎斯世界名人录》（*Marquis' Who's
Who in the World*）和 2008 版的《国际传记词典》（*Dictionary of International
Biography*）。

雷·布尔（Ray Bull），莱斯特大学司法心理学教授。主要研究方向是
侦查询问。2008 年 7 月获得欧洲心理学和法学协会的"心理学和法律终身
贡献奖"。2008 年 6 月获得英国心理学协会颁发的"司法心理学学术杰出
贡献奖"。2005 年，因"协助一起疑难强奸案件侦查中的创新和专业精神"

而获得伦敦警察厅的嘉奖。他在高质量学术期刊上发表了大量独立撰写和合著的论文，独立撰写和参编了多部著作，如《侦查询问：心理学与实践》(*Investigative Interviewing: Psychology and Practice*，1999，第二版正在修订中)和《刑事案件中的证人》(*Witness Identification in Criminal Cases*，2008)。由于发表了大量高质量的论文，他于1995年获得博士学位。

西尔维·克莱门特 (Sylvie Clément)，获法国埃夫里大学社会学研究生学位。自2000年以来一直在法国国家宪兵队工作。作为前瞻性中心 (Centre de Prospective) 的成员进行了几项社交方面的内部研究。她的主要研究之一是法国国家宪兵队的询问和讯问技巧，她正在撰写以此为主题的博士论文。

伊瓦尔·A. 法辛 (Ivar A. Fahsing)，探长、挪威警察大学学院助理教授，发表过很多关于侦查询问、证人证言、侦查技能、知识管理和有组织犯罪的研究成果。曾担任法庭专家证人，多年来一直在斯堪的纳维亚培训执法人员。他曾在奥斯陆警察局和挪威国家刑事侦查局担任杀人犯罪案件侦探，长达15年。

罗纳德·费舍尔 (Ronald Fisher)，佛罗里达国际大学 (迈阿密) 心理学教授，也是该校法律心理学项目的主任。他是《实验心理学杂志：应用、法律和犯罪心理学》的编委会成员。费舍尔博士与他人联合开发了增强证人记忆的认知询问术 (CI)，并就认知询问术与许多警察和其他调查机构 (如美国联邦调查局、英国警察局、美国宇航局、以色列空军、美国国家运输安全委员会) 进行培训性质的研究课程。费舍尔博士曾任职于美国司法部计划委员会和技术工作组，以制定收集证人证言的国家指导方针。他的研究兴趣还包括识别谎言的认知理论以及证人回忆一致性与证词准确性的关系。

迈克尔·G. 盖勒斯 (Michael G. Gelles)，现任位于华盛顿特区的德勤咨询公司（Deloitte Consulting）联邦业务有限责任合伙公司的高级经理，负责人力资本管理、系统和运营领域的咨询工作。盖勒斯博士是关键业务领域的思想领袖，曾主持战略规划、人力规划和部署以及领导力发展等领域的项目，这些项目直接支撑了若干联邦执法机构的相关项目。此前，他在海军犯罪侦查处（NCIS）担任首席心理学家超过16年。他曾是犯罪侦查特别工作组的行为咨询小组首席心理学家，也曾是工作场所暴力犯罪、国家安全的内部威胁和国家安全咨询中的伦理等领域的多个工作小组负责人。在1990年加入海军犯罪侦查处之前，盖勒斯博士曾担任美国海军的临床心理医生，经常授课，并发表了许多专业论文，主题涉及业务场景中的组织管理、司法心理学、执法、恐怖主义和反情报等。

乌尔夫·霍姆伯格（Ulf Holmberg）（理学学士、理学硕士、博士），曾是瑞典警察部门服务了30年的资深警官；曾在多个部门任职，包括担任15年的探长，以及暴力和性犯罪案件侦探。目前担任瑞典克里斯蒂安斯塔德大学学院心理学中心高级讲师和心理学项目主任，同时是司法心理学远程学习课程的负责人。除了在克里斯蒂安斯塔德大学学院的工作以外，他还对警察、检察官和法官进行侦查询问方面的培训。乌尔夫博士的研究兴趣是侦查询问的互动及其与治疗法学、询问结果的关系。

史蒂文·M. 克莱曼（Steven M. Kleinman）（心理学学士、法庭科学硕士、战略情报学硕士），职业情报官，在人力情报、特殊行动和特殊生存训练方面拥有超过25年的业务和领导经验。曾在三次重大军事行动中担任审讯人员，并担任美国空军作战审讯课程的课程负责人；曾多次受邀在美国国内和国际上就情报与审讯政策进行演讲或授课，包括伦敦情报与恐怖主义会议、纽约城市大学法学院、美国心理学协会、新加坡内政群英学院和海军研究生院。他还在美国参议院情报特别委员会和军事委员会就审讯政策提供说明。

xiii

莎伦·莱尔（Sharon Leal）（荣誉理学学士、博士），英国朴次茅斯大学国际司法心理学研究中心研究员。她的博士研究专注于注意力和认知需求的中枢和外围生理学；目前的研究重点是说谎过程中认知负荷的行为和生理反应。这项研究与如何监测"利益攸关"的欺骗在语言、非语言和生理上的反应有密切联系。莎伦博士与国家和国际层面的政府机构、警察建立了工作上的合作。

萨曼莎·曼（Samantha Mann）（荣誉理学学士、硕士、博士），英国朴次茅斯大学心理学系研究人员。对欺骗行为和谎言识别做了十多年的研究，从其创新性博士论文开始，萨曼莎博士研究了有较强动机的说谎者（侦查询问中的犯罪嫌疑人）的行为和警察识别这些谎言的能力。目前，萨曼莎博士正在为一个旨在开发询问技巧以提高谎言识别能力的项目工作。

贝基·米尔恩（Becky Milne）（荣誉理学学士、博士、持证心理医生、持证科学工作者、英国心理学协会成员），英国朴次茅斯大学刑事司法研究所首席讲师，是专门为侦查人员开设的远程学习学位课程"侦查与证据"的课程负责人。贝基博士是持证司法心理学家、英国心理学协会副研究员，以及《警察科学与管理国际杂志》（*International Journal of Police Science and Management*）副编辑。贝基博士是警察局长协会侦查询问战略指导小组成员，与警方和其他刑事司法机构密切合作提供加强版认知询问术的培训、证人询问咨询、询问弱势人群（五级询问培训中的第三级和第五级）、为案件提供建议。

罗德·摩根（Rod Morgan），布里斯托尔大学刑事司法学教授，卡迪夫大学警察科学研究所和伦敦经济学院访问学者。2007 年之前担任英格兰和威尔士青年司法委员会主席，在此之前（2001 年 4 月）担任英格兰和威尔士皇家缓刑总督察。罗德教授是欧洲委员会和大赦国际监禁条件和预防酷刑方面的特别咨询专家，也是《欧洲防止酷刑公约》欧洲委员会官方指南《欧洲的禁止酷刑》（斯特拉斯堡：欧洲委员会，2001 年）的合著者。

xiv

斯蒂芬·莫斯顿（Stephen Moston）（荣誉理学学士、理学硕士、博士），澳大利亚詹姆斯库克大学司法心理学高级讲师，担任该大学司法心理学研究生培训项目协调员。曾是警察局长协会侦查询问战略指导小组成员。斯蒂芬博士为英国内政部和皇家刑事司法委员会等机构进行了多项关于英国和澳大利亚侦查询问类型和犯罪嫌疑人行为的重要研究。斯蒂芬博士目前的研究兴趣是评估侦查询问的类型和策略、公众对侦查询问的看法，以及犯罪嫌疑人有罪否认的策略。

妮可·尼罗普（Nicole Nierop）（理学硕士、法学硕士），拥有临床心理学和刑法学学位，自 1994 年以来担任荷兰国家警察局行为分析处的高级行为分析顾问，为性侵害犯罪案件提供咨询并进行学术研究。妮可的研究专长是审讯和性虐待指控评估方面的心理学和司法。这些内容也是她正在撰写的学位论文的主题。自 1999 年国家性虐待指控专家委员会成立以来，妮可一直是其成员。

阿斯比约恩·拉赫勒（Asbjørn Rachlew），挪威奥斯陆警察局探长，目前正在奥斯陆大学法学院攻读博士学位。拉赫勒于 1999 年在利物浦大学获得侦查心理学硕士学位，曾在挪威大学学院讲授侦查询问。他曾发表侦查询问方面的文章，并作为专家证人就侦查询问的专业问题作证。拉赫勒曾在联合国驻黎巴嫩办事处和挪威司法部的多个项目中担任侦查人员。

斯蒂芬·P. 萨维奇（Stephen P. Savage），朴次茅斯大学犯罪学教授，于 1992 年组建了朴次茅斯大学刑事司法研究所并一直担任研究所所长。他发表了大量警务工作和刑事司法政策方面的著述，包括他的最新著作《警察改革：变革的力量》（*Police Reform: Forces for Change Oxford University Press*，2007）和《警务工作与劳伦斯的遗产》（Policing and the Legacy of Lawrence）[与内森·霍尔（Nathan Hall）和约翰·格里夫（John Grieve）合著，威兰（Willan）出版社 2009 年]。他最近研究并发表了冤案和审判方面的文章，目前正在开展投诉警察事件的独立调查。

安德里亚·肖耶（Andrea Shawyer），朴次茅斯大学刑事司法研究所心理学高级讲师。曾在萨里大学学习司法心理学，她目前的研究兴趣和博士论文主题是侦查询问，侧重于欺诈案件侦查和谎言识别。

米歇尔·圣伊夫（Michel St-Yves），2002 年以来一直担任魁北克大学行为分析服务的司法心理学家。他是一名关键事件法（Critical incident）专家，积极参与刑事侦查中的心理画像和审讯准备工作。自 1997 年以来，他在魁北克警察学院讲授审讯心理学；最近，他在该学院讲授危机谈判。此外，自 2002 年以来，他一直是蒙特勒大学犯罪学学院的讲师。1988 年至 2002 年，他在加拿大惩教署工作，先是从事成人罪犯的风险评估，后来从事性罪犯的研究。他的著作和论文集中在性侵犯、危机谈判和警察审讯方面。他是《侦查询问中的心理学：从研究到实践》（psychology des entrevues d'enquête: de la recherche à la recherche de la pratique）一书的作者，该书于 2004 年由伊冯·布莱斯出版社（Éditions Yvon Blais）出版。

马克·范德普拉斯（Marc van de Plas），拥有犯罪学和工业心理学学位的比利时警察，曾为特种部队提供心理学支持，并成立了比利时行为科学部，其任务是研究心理画像、劫持人质谈判和询问技术，尤其是儿童询问和测谎。他写了一本关于基本询问技巧的著作。目前，他是中央打击人身安全犯罪（谋杀、性侵犯、暴力犯罪和失踪人员案件）部门的负责人。

xvi　保罗·范登埃霍夫（Paul van den Eshof）（理学硕士、法学硕士），拥有社会心理学和刑法学学位。自 1989 年以来一直在荷兰国家警察局行为分析部门工作，目前担任负责人，提供案例咨询、研究、教学和决策。他擅长的额领域是性侵犯、审讯心理、评估性虐待指控和失踪人员案件侦查。自 1999 年成立以来，保罗一直是国家性虐待指控专家委员会的协调员。

阿尔德特·弗里吉（Aldert Vrij），英国朴次茅斯大学心理学系应用社会心理学教授，他是 E-PRODD 的联络人。截至目前，发表了 300 多篇论文和著作中的章节，主要内容是关于欺骗的语言和非语言线索（即说谎者会有哪些行为表现和会说什么），以及谎言识别。他研究提出了一种识别谎言的认知方法，他的《识别谎言和欺骗：陷阱和机会》（*Detecting Lies and Deceit: Pitfalls and Opportunities*）一书于 2008 年由威利（Wiley）出版社出版，该书全面研究了欺骗和谎言识别。他为警察实施犯罪嫌疑人询问提供咨询，并受邀向来自世界各地的实务工作者和学者讲授谎言识别。他曾获得英国科学院、荷兰科学研究组织、荷兰政府、经济和社会研究理事会、勒沃胡姆（Leverhulme）信托基金、纳菲尔德（Nuffield）基金会、英国政府和美国政府的研究资助。目前，阿尔德特是英国心理学协会出版的法医学杂志《法律与犯罪心理学》（*Legal and Criminological Psychology*）的编辑。

汤姆·威廉姆森（Tom Williamson），2007 年 3 月去世之前担任朴次茅斯大学刑事司法研究所客座教授。作为一名持证司法心理学家，他在肯特大学获得了侦查询问研究的博士学位。他是 PEACE 询问模型的创始人之一。汤姆曾是一名警察，在新苏格兰场担任警长，2001 年从诺丁汉郡警察局副局长的职位上退休。

序

基于在 1990 年肯特大学博士学位论文中对冤案和粗暴讯问的分析，xvii威廉姆森站在了侦查询问技巧和培训发生根本性转变的最前沿，以前那种强调不惜任何代价"获取有罪供述"的做法应该被中立地寻求可靠和稳定的证据所取代。作为一名虔诚的基督徒，威廉姆森从 20 世纪 70 年代初在伦敦警察厅廉政部门 A10 担任警员时，就一直致力于他所称的"合乎道德的警察工作"。A10 是伦敦警察厅廉政专员罗伯特·马克爵士（Sir Robert Mark）设立的部门。

在 2001 年退休后，威廉姆森的第二个已经萌芽的学术生涯进一步蓬勃发展，担任朴次茅斯大学刑事司法研究所（英国最大的犯罪学系）的高级研究员。威廉姆森在十年前帮助建立该研究所。在死于间皮瘤（这种癌症与接触石棉有关）前，**他仍在撰写几篇学术文章和著作，朋友们都说，他始终保持着强烈的求知欲。**

除了是一名思想家、作家和改革者，威廉姆森还是一名**卓越**的侦探。

大卫·罗斯（David Rose），《卫报》讣告，2007 年 3 月 14 日

这本书是大卫·罗斯提到的项目之一，我很乐意为本书作序——我认识汤姆超过 30 年了。我和他有几次密切的合作，第一次见面是在 20 世纪 70 年代，当时他在伦敦警察厅的 A10——一个新成立的警察投诉部门工作，而他当时在调查我！后来他离开了那个与我们结识时完全不同的部门。他非常谦虚，从不承认自己对它产生过巨大影响。

汤姆对警察科学做出最重要的长期战略性贡献是他在约克大学读了三

年心理学（1979—1982），当时，他几乎是独自构思和创作，然后开始传播他的战略和战术思想，这些思想构成警察询问犯罪嫌疑人的基础。这些思想在法律上是对《警察和刑事证据法》要求侦查人员大幅转变询问模式的回应，在道德上反映了汤姆在《警察和刑事证据法》颁布之前的研究发现。起初，令人难以置信的是，作为一名探长（尽管受到了一些不了解情况的高级官员的阻碍），他通过三年本科学习形成了这些思想。然后，他作为高级警官时的博士研究使这些思想更加成熟。最后，作为一位受人尊敬的学者，他坚定地推动侦查询问发展。先是在伦敦警察厅，然后是在全国，最终是在国际上，他在询问犯罪嫌疑人过程中追求自己的道德目标——什么是有效的，什么是可能的。

他是一名优秀的警察，对未来的汹涌动荡和当前的问题本质有深刻的思考。年轻警察们，就像他后来的学生一样，从他耐心细致的质疑和指导中获益。他指导警务人员撰写论文，不仅是心理学的论文，还包括其他很多学科的论文，这对警务知识体系产生了广泛而有益的影响。

他理智地、诚实地、纯粹地、坚定不移地相信只有正确的方法才能完成某些警务任务。他对自己所做的事情有着简单的信念，那就是：在伦敦臭哄哄的贫民窟里，在复杂、混乱、模棱两可、有时腐败、肮脏的警界中生存。维护人权成了他的热爱之一。他写下了这些信念，他和我共同讲授侦查询问的课程，这些课程是他教学生涯中最重要的部分。在一生中，他常常去教堂做礼拜。

生前他仍在撰写和编辑大量材料，反映他对警察科学的构想。这些材料以他的学识为基础，通过交流与人共享，就在他去世前两周，我还在与他讨论一些想法。他广泛涉猎法律、历史和警察科学，他是出色的健步者和健谈者。在他生命的后期，他是一丝不苟做研究的作家和老道的编辑，编辑了他人和我的文字。

在这里，对汤姆的强调丝毫没有贬低本书合作者和参编者的贡献。但我知道他们以此书向汤姆致敬，使本书成为汤姆这个时代最伟大的警务改革者之一的永久贡献。

约翰·G. D. 格里夫于朴次茅斯大学

前　言

　　这本书的内容来自2006年7月5日至7日在朴次茅斯大学举行的第二届国际侦查询问研讨会上的论文和讨论。这次研讨会吸引了许多国家的近300名代表参加。已故的汤姆·威廉姆森博士是我们尊敬的同事，他首先提出了编写这本书的想法，并召集了一批撰稿人，目的是在系列丛书第一部的基础上编写出版系列丛书的第二部：第一部书名是《侦查询问：权利、研究和法律》(*Investigative Interviewing: Rights, Research, Regulation*)，它是2004年在加拿大魁北克举行的第一届国际侦查询问研讨会的成果。《侦查询问：权利、研究和法律》关注侦查询问的实践，包括美国军方在关塔那摩湾虐囚的问题；对北美询问培训中普遍采用的"里德技术"进行了批判性分析，查找最佳侦查询问方法的共同特征，并以促进监管效率因素的讨论作为总结。

　　这本新书则解决其他一些问题。世界上许多国家对侦查询问的兴趣日渐浓厚。原因之一是冤案让这些国家的刑事司法系统蒙羞，引发了政治运动和法律变革，促进了侦查询问方法和培训计划的现代化，就像在英格兰和威尔士发生的那样。尽管每个国家都制订了自己的培训方案，但各国之间有明显的知识转让，使培训方案呈现出一些共同性。推动改革的冤案调查结果显示，导致冤案的询问有一些共同特征，如侦查人员和检察官过分依赖口供和"思维狭隘"。从第二届国际侦查询问研讨会的论文可以看出，似乎询问模式的转变正在全球范围内展开，即从传统的强调劝说犯罪嫌疑人承认有罪的审讯模式，转变为新的强调查明真相和收集准确、可靠信息的询问模式。

　　两种模式的三个差异是：首先，过度依赖口供会导致低质量的侦查，因为获取口供是定罪的捷径，而询问模式的改进之处是迫使侦查人员实施更彻底的侦查，包括更充分地运用刑事科学技术，更充分地获取证人证言和被害人陈述。这一点与科学研究成果相符——人们是否愿意供述，最重要的因素之一是他们对证据作用的认知（Monston et al., 1990）。

　　其次，从犯罪嫌疑人、证人、被害人那里收集准确而可靠的信息是新的信息引导侦查的一部分。这种新的侦查方式依赖不同专业手段获取的信息，包括犯罪现场勘验、刑事科学技术、秘密监视和刑事讯问专业数据库。因此，侦查询问的发展与这些以信息为基础或以知识为基础的新侦查模式保持一致。

　　最后，讯问模式想要达到的目标是定罪，而有罪供述是实现这一目的的有效手段。然而，最近的研究（Holmberg, 2004）表明，更人性化地询问犯罪嫌疑人和证人可以获得更多的信息，而且这些信息的质量更高。因此，人性化的询问方法对于侦查人员而言有实际的好处。这种方法也开启了定罪以外的可能性。在这种新出现的询问模型中，更好的结果是控制犯罪嫌疑人继续实施犯罪的风险。人性化询问着眼于治愈性和恢复性，是罪犯管理方法的重要组成部分之一。例如，旧的讯问模式没有考虑定罪之后的事，如对于性犯罪者，在定罪之后尽力使其改过迁善。新询问模式有不同的眼界，它与犯罪嫌疑人打交道的方式促使一部分人（倘若不是全部），安全地踏上重新融入社会的道路。询问模式为与具有继续犯罪风险的人持续合作以控制风险提供了基础。这也是侦查询问观念在风险管理和治疗法学方面的重大理论发展。

　　因此，本书将分两部分探讨侦查询问在国际上的发展。第一部分探讨在一些国家导致询问模式发生转变的案例。第二部分讨论当前实践从业人员和学者关注的问题，包括一直存在的刑讯嫌疑人的呼吁，是否有可能识别谎言，以及侦查询问方法对治疗性司法和恢复性司法理论的贡献。

第一部分：主要国家的侦查询问和讯问

　　本书第一部分的第一章由澳大利亚詹姆斯库克大学的斯蒂芬·莫斯顿

博士撰写，他考察了澳大利亚的侦查询问。莫斯顿对这一司法管辖区的案件和询问研究进行了批判性的历史回顾。他还研究了在询问室内对询问进行录像的问题，这在澳大利亚是首创。然后，本书的内容转移到欧洲，其中有三章分别研究了英国、北欧地区各国，以及比利时、荷兰的侦查询问和讯问。

在第二章中，肖耶、米尔恩和布尔概括了英国侦查询问的历史发展历程，并探讨了社会思潮变化的原因，这些社会思潮变化致使询问模式从讯问转变为询问，并引发侦查在整体上向更专业的方式发展。在第二章的最后，作者考察了英国的最新进展，包括警察部门的一个新的侦查询问管理计划。

在第三章中，挪威警察大学的心理学家伊瓦尔·法辛和阿斯比约恩·拉赫勒讲述了导致挪威讯问向询问发展的几起冤案。他们也考证了其他北欧国家的案例和发展，包括丹麦、瑞典、芬兰和冰岛。最后，他们阐述了挪威开发的一种"沟通、法治（正当程序）、道德和同理心、主动意识、以开放获得信任、信息（未经确认）、有效的科学基础（KREATIV）"的询问技术，这是一种以询问犯罪嫌疑人收集信息的方法。

xxiv

第四章是欧洲询问发展的最后一章，由比利时国家警察行为科学部门的负责人马克·范德普拉斯编写，法国宪兵队的西尔维·克莱门特、荷兰警察局的保罗·范登埃霍夫和妮可·尼罗普协助编写。这一章概述了这些国家的发展情况，比利时和法国为冤案所苦，导致政治家和法官一起做出根本性的改变。2006 年 1 月在巴黎举行的由欧盟 AGIS 项目赞助和法国宪兵队组织的研讨会上讨论了其中一些变化。同样，本章在荷兰一节中考察了引起巨大变化的富有争议的讯问策略和冤案。

在这之后，本书的内容跨越大西洋来到北美，分别以两章阐述了加拿大和美国的询问和讯问。其中的第一章由魁北克大学行为科学心理学家米歇尔·圣·伊夫撰写，描述了加拿大的几起冤案，这些冤案促使人们寻求更有效的侦查询问方法。作者表示，加拿大的发展仍受里德技术的强烈影响。在第二章里，南佛罗里达大学的兰迪·博拉姆教授、美国海军刑事调查处首席心理学家迈克尔·G.盖尔斯、职业情报官员史蒂文·M.克莱曼介绍了美国的发展概况，包括军事和执法机构使用的方法。这一章探究了一个棘手问题：如果"定时炸弹"情境真的发生，酷刑能有多大效果？这一章很好地将读者带入本书的第二部分，该部分考察了当前审问和侦查询问方面的热点问题和相关问题。

第二部分：当前对侦查讯问与询问的争论

xxv　　　这一部分从第七章开始，由欧洲委员会预防酷刑委员会前任主席罗德·摩根教授和汤姆·威廉姆森博士撰写。本章探究人们为什么以及如何成为施虐者，进而批判性地研究了一些受人尊敬的学者和组织仍在主张的酷刑功利主义论点。瑞典克里斯蒂安斯塔德大学学院的乌尔夫·霍姆伯格博士撰写的第八章以类似的方式，阐释了为什么人性化的询问方法更有效，以及人性化的询问方法如何为恢复性和治疗性司法模式提供支持。

本书的最后两章谈论的是我们能否有效识别谎言。这是刑事司法领域内询问的组成部分之一。第九章由阿尔德特·弗里吉教授和他的同事罗纳德·费舍尔教授、萨曼莎·曼博士、莎朗·莱尔博士撰写。本章认为，研究表明谎言和欺骗很难被发现。本章还批判性地评价了专业领域内的谎言识别准则。本书最后一章是彼得·布尔博士撰写的关于识别谎言的第二章。它对一些传统研究及其方法进行了批判性分析，阐明了同时对语言和非语言方式的交流进行微观分析的新方法，这种新方法可能在将来的谎言识别分析中产生很有价值的结果。

我们不会给出任何结论，我们已故的同事汤姆·威廉姆森博士本应为这场探讨画上句号。在逝世之前，汤姆请我们为他完成这本书，作为他的遗产之一。而我们想说的是，如果没有汤姆·威廉姆森博士，侦查询问不会是今天的模样。这本书是为了纪念汤姆·威廉姆森博士而编写，我们希望没有辜负他的期望。汤姆提升英国和世界各国侦查询问实践的热情和坚定应该得到赞扬，这一点得到了2008年在加拿大举行的第三届国际侦查询问研讨会的承认。在会上，汤姆因维护人权和侦查询问方面的贡献而被追授荣誉。我们都非常想念他，将永远铭记他为改变所做的努力。

第一部分

主要国家的侦查询问与讯问

第一章
澳大利亚的犯罪嫌疑人询问 ①————

斯蒂芬·莫斯顿

不同的观点

在澳大利亚，刑事司法系统主要由（六个）州和（两个）领地组成，每个州和领地都有自己的警察部队、法律和司法系统。在澳大利亚英联邦层面，有成立于 1979 年的澳大利亚联邦警察，负责在国内外侦查少数犯罪及维和工作（Fleming，2004）。

令人意外的是，在澳大利亚，犯罪嫌疑人询问的基础性研究非常少。研究大多集中在从法官、检察官、辩护律师、警察、社会公众乃至被告人的视角认识侦查程序（e.g. Dixon，2006；Moston and Fishers，2006；Kebbell et al.，2006）。形成这一研究重点的原因很复杂，但主要是学者和警察之间根深蒂固的（双向的）不信任。在本章中，我们将主要以一些（小范围的）审计委员会的数据，刑事司法系统中不同参与者对侦查询问立

---

① 本书中将与犯罪嫌疑人的问话交谈分别称为 interview（询问）和 interrogation（讯问）。从近年来的研究成果看，一个明显的趋势是：无论是与被害人、证人的询问交流还是对犯罪嫌疑人进行问话，都是平等主体之间的语言和心理交流，遵循语言学和心理学的基本原则、受人权观念和法律规则的规制。因此，与询问被害人、证人一样，对犯罪嫌疑人进行问话也称为询问。本章原文使用的是 interview 一词，译为犯罪嫌疑人询问，与我国通常所说的犯罪嫌疑人讯问有所不同。但是以下其他章节中，尤其是审讯恐怖主义犯罪嫌疑人时，原文使用的是 interrogation 一词，译为讯问，故本书中会出现"询问犯罪嫌疑人"和"讯问犯罪嫌疑人"两种说法。更多关于从讯问到询问的发展变化，请参见本书第八章的相关内容。——译者注

法、技术及实践的看法为依据，客观地阐述我们对当前澳大利亚犯罪嫌疑人询问实践的理解。本章关注以犯罪嫌疑人为对象的侦查询问，因此，不包括询问儿童犯罪目击者方面同样值得关注且颇具创新性的研究（e.g. Wilson and Powell，2001；Powell et al.，2002；Powell and Thomson，2003）。

4
一个糟糕的开始

根据昆士兰犯罪和不当行为委员会（Queensland Crime and Misconduct Commossion）的最新民意调查（2006），约四分之一的受访者（26.7%）认为"昆士兰警察的形象很差"。自1991年第一次进行这项调查以来，同意这一说法的受访者百分比表现出非常稳定的下降。当时，大多数人（59.3%）持这一观点。这一专项民意调查是非法活动和警察不当行为调查委员会在1989年发布最终报告（现称为《菲茨杰拉德报告》）后推出的。

《菲茨杰拉德报告》对一些最初在报纸文章中出现、随后被电视报道的昆士兰警方腐败指控展开司法调查（调查记者的视角，参见Dickie，1988）。调查最初预计将持续约六周，但最后持续了近两年，直接导致州政府垮台、警察局长因腐败被定罪。该报告指出（第200页）：

> 昆士兰警察部队因行为不端、效率低下、无能和领导不善而软弱无力。在复杂的现代社会中，这种情况因组织和管理不善、资源欠缺以及执法技术和技能不足而变得更加复杂。其结果是警察变得缺乏纪律、玩世不恭、冷漠、沮丧、愤怒和缺乏自尊。这种糟糕的情况支持并构成蔑视刑事司法制度、轻视法律和警察拒绝守法、无视真相和滥用权力的文化。

《菲茨杰拉德报告》认为，最常见的警察不当行为之一是由于对司法体系的无力感和蔑视所导致的"口头表达"过程（在这一程序中，警察编造有罪供述或其他有害的陈述）。编造口头表达的做法主要有两个目的：一是攻击警察的敌人，二是作为一种辩护方式保护被指控的警察。这种做法

5 有着悠久而奇特的历史。"悠久"的意思是：早在1893年（的英国），在

汤普森案件（R v. Thompson）中，警察声称犯罪嫌疑人自愿认罪，然后改变了主意，凯夫（Cave）法官对这一说法的可靠性表示怀疑（Findlay et al.，2005）。"奇特"的意思是：除非一项言词证据是荒谬的，或者与确凿证据相矛盾，澳大利亚法庭似乎非常愿意确认这些证据的真实性，此外，即使言词证据被查明是彻头彻尾的谎言，警察也很少因为试图编造证据而受到惩罚。

迪克森（Dixon，2006）认为，广泛采用言词证据的做法，反映了司法体系严重依赖犯罪嫌疑人的口供。例如，根据斯蒂文森（Stevenson，1980）所做的档案研究，在澳大利亚刑事法庭审理的案件中，有口供的案件令人吃惊地占到了 96.6%。

尽管理论上法院可以通过排除非法证据来控制警察的不当行为，但这种控制作用并不明显。事实上，对询问犯罪嫌疑人的控制非常有限，这是因为，直到 1997 年，澳大利亚警察才无权在逮捕和起诉过程中基于侦查目的扣押犯罪嫌疑人（Dixon，2006）。

聋人的对话

在评述警察研究和侦查实践的关系时，佩雷斯和什图尔（Perez and Shtull，2002：169）评论道："美国警察在历史上曾经不愿意分析、接受和将研究成果应用于日常工作，但这种情况已经慢慢退出历史舞台近 25 年了。"澳大利亚的高级警务人员也有同样感受。例如，维多利亚州的警察研究人员大卫·布拉德利（David Bradley，2005）承认近年来有一些进步，但很可惜在将研究、评估和警务政策紧密联系在一起的方面缺乏改进。

换个角度，在英国，在过去的 25 年里，有几项关于警察询问程序和犯罪嫌疑人行为的大规模研究（Moston et al.，1992；Baldwin，1993；Moston and Stephenson，1993b；Bucke and Brown，1997；Phillips and Brown，1998）。此外，还有一些聚焦于特定人群（如青少年，Evans，1993）或特定主题（如心理脆弱对供述的影响，Pearse et al.，1998）的小规模研究。

在同一时期，澳大利亚只有一项关于警察讯问的研究（Dixon and Travis，2004，2007）。在很长一段时间里，史蒂文森（Stevenson，1980）对新南威尔士州地方法院刑事案件的研究是唯一公开发表的有关口供的研 6

究。史蒂文森（第 106 页）曾希望她的研究能够"将经验数据注入以推测和武断为特征的争论中"，并希望在随后的研究中对初步结论进行评论。遗憾的是，这些研究没有发生。一个可能的原因是，对于那些被解读为或被误解为袒护犯罪嫌疑人的措施，很难展开讨论（Dixon，2006）。

在进行研究时，人们倾向于关注客观可验证的问题，而不是更主观或更难以量化的问题，如询问能力。例如，刑事司法委员会（the Criminal Justice Commission，1999）和犯罪与不当行为委员会（the Crime and Misconduct Commission，2004）在昆士兰州所做的审计调查中，研究人员分析了侦查询问录音（n=136 和 n=125 分别随机采样）以确定（也包括其他目的）被告知沉默权的犯罪嫌疑人百分比（分别为 93.6% 和 95.6%）。这些当然都是重要的数据，因为所有犯罪嫌疑人都应被告知沉默权，但两项研究都没有调查有多少犯罪嫌疑人实际行使了这一权利。尽管这一数据超出了上述研究范围，但没有对此展开研究显然错失了一个发展的机会。

在某种程度上，这反映了警察和学术研究人员（主要是犯罪学家）之间长期存在的对立。这里有两个关键问题，首先是普遍轻视研究，这一问题只能慢慢解决。例如，《警察实践与研究》曾发表过对高级警察的系列采访。澳大利亚联邦警察局长米克·基尔蒂（Mick Keelty）曾作为高级警察接受采访（Fleming，2004）。米克·基尔蒂说（第 322 页）："我们认识到了警务工作的理论价值，近年来已经开始与学者们密切合作……我们是一个可以向研究工作和学者们敞开的，让研究者们观察我们的所作所为、度量我们的所作所为和批评性地分析我们的所作所为的强大机构。"

维多利亚州警察局长克莉丝汀·尼克松（Christine Nixon）在接受《警察实践与研究》特刊采访时也表达了类似的观点（Prenzler，2004）。她说："对我来说，学术研究影响了我对警察工作的看法。与研究的接触使我开始思考警务工作要做什么，而不是经验化的'我感觉是这样'之类的思考。"

7　　对于澳大利亚以外的读者来说，这种观点似乎是显而易见的。研究和实践当然应该携手前进，但这种想法显然没有考虑到第二个关键问题，即警察和犯罪学家之间的敌对历史。克里斯汀·尼克松局长曾作如下描述：

新南威尔士州警察局有一篇著名文章，将警察和犯罪学家之间的关系以及他们如何从不同的角度看待问题称为"聋人的对话"。一个人说："为什么他们只想曝光我们做错的事情？"而另一个说："为什么他们总是想掩盖自己做错的事情？"（Prenzler，2004：310）。

尽管文章实际描述的是英国的警察和犯罪学家之间的关系[原文为巴里·麦克唐纳（Barry MacDonald）在1987年为英格兰和威尔士警察协会所撰写]，但显然，澳大利亚的情况也令人关切。警察局长尼克松对犯罪学家抨击警察的行为发表了评论，他说："这样做毫无益处。有些人从中获得好处。尽管警察也要为没有对研究开放负责，但如果犯罪学家们能在研究警察工作时抱有更积极的态度将会更好。"（Fleming，2004：310）

这种对立不仅存在于警察工作领域，在澳大利亚，许多法庭科学研究主题实际上都是禁区，因为各种机构在越来越严格的伦理限制面前都退缩了。例如，为了对侦查询问实践进行基础研究，如分析询问录像首先必须去除身份。这一过程意味着必须首先删除犯罪嫌疑人的图像（避免分析视频的价值而不是分析录音的价值），同样地，可识别犯罪嫌疑人和案件的任何细节也必须从音轨中删除。这并不是说基础研究是不可能的，但它往往非常困难。在一些刑事司法机构中，研究伦理委员会认为其应该抑制独立研究，常常收紧年度研究配额。因此，我们对警务实践中的侦查询问的了解，直接来自于警察工作本身，以及一些监督警察工作的调查机构，主要致力于调查侦查询问的合法性，如下文所述。

侦查询问的立法与实践

ERISP

询问犯罪嫌疑人电子记录条例（ERISP）在1991年首次引入新南威尔士，尽管直到1995年才修订证据法（如新南威尔士、塔斯马尼亚岛和南澳大利亚），使严重刑事犯罪案件侦查中对犯罪嫌疑人询问进行电子记录成为口供可采性的先决条件（Dixon，2006），但警察依据询问犯罪嫌疑人电子记录条例（注意：各州的表述不同）对正式的犯罪嫌疑人询问都做了例行记录。对询问过程进行录像被广泛采用似乎是因为警方试图消除人们对言词证据的指责，而不是为了控制警方的询问行为。

根据 1995 年的法律，在一般询问程序中获得的口供或有罪供述不具有可采性，除非警方能向法庭提供询问录像，在该录像中被告人做出供述并承认有罪，[《塔斯马尼亚岛刑法（关押和审讯）》第 8 条，1995 年]，或者对未能录像做出合理解释，并且被告人通过录像说清楚他们此前做出有罪供述的客观环境。

当犯罪嫌疑人在非 ERISP 规则中做出"供述、承认有罪和陈述"时，警察必须完整记录询问内容并让犯罪嫌疑人在笔录上签名。在所有随后的 ERISP 规则的询问中，应向犯罪嫌疑人宣读笔录内容，并要求犯罪嫌疑人对该笔录做出评价（参见新南威尔士州警察局 2005 年的《监管、权利、侦查、管理和证据实务守则》，第 26 页）。这一特殊做法可能被视为对预先询问的纵容，即在没有录音设备的情况下进行非正式询问。事实上，根据一项迪克森（2006）对警察的调查数据，大多数警察（63%）报告说在 ERISP 规则之前，他们就会对刚发现的犯罪嫌疑人进行询问。与此相类似的是，刑事司法委员会（2000）曾做过一项调查，受访者是 1005 名在昆士兰地方法院出庭受审的被告人，结果发现，49% 的被告人声称他们在第一次与警察接触时就接受了询问，另有 33% 的被告人声称曾在警察局接受过非正式询问。该研究还发现，48% 的犯罪嫌疑人想起来曾在警察局接受过正式询问。

迪克森（2006）指出，尽管 ERISP 之前的询问可能令人忧虑，但大多数案件中，此类询问是无害的，警察会询问犯罪嫌疑人将在正式询问中做何反应（承认有罪或否认有罪），这也是正式询问的准备工作之一。

不出意外的是，出于对 ERISP 前询问的担忧，现在的澳大利亚警察与其他国家的官方和非官方做法一样，在工作中会携带个人录音设备。刑事司法委员会（2000）的被告人调查显示，大约 33% 的"现场"询问得到了录音，另有 2% 的"现场"询问得到了录像。

澳大利亚法庭为警察提交非 ERISP 规则（或者任何形式的录音录像）的询问笔录提供了很大的空间。立法局限性在凯利案件中得到了诠释。在一段询问录像中，谢恩·凯利（Shane Kelly）坦白，他曾在之前未做电子记录的询问中承认谋杀了一名警方的线人。然而，在做电子记录的询问中，凯利说之前的供述都是假的。在电子记录询问结束后 30 分钟至 1 小时，凯利被押送出警察局，送往医院获取血液样本。据说，在停车场凯利做出如下陈述："对于这次询问我很抱歉，我没有恶意，我只是在闹着玩。我想我不该说这些，我想你们也会记下来。"警察没有回应，也没有把他送回询问室。然而，这样的"有罪供述"在法庭上被认可。迪克森（2006）认为，这一决定导致了程序败坏。

　　ERISP 规则对可观察到的行为（如定罪、供述和使用沉默权）的实际影响是未知的，因为没有 ERISP 规则出台之前的数据作为参照。在缺乏实证数据的情况下，相关人员的观点可以说明问题。迪克森（2006）进行了一项调查，询问了警察（123 人）、检察官（71 人）、辩护律师和公设辩护律师（77 人）以及法官（49 人）一系列关于 ERISP 规则的问题。调查发现，大多数警察（62%）和检察官（73%）认为 ERISP 规则提升了新南威尔士州有罪答辩的人数，大约一半的辩护律师和法官（均为 49%）表达了相同的观点。有趣的是，在被问到 ERISP 规则对供述的影响时，警察（41%）和检察官（48%）认为做出供述的数量降低了。

询问时法律顾问在场

　　在侦查询问中，犯罪嫌疑人有权获得法律咨询，但却没有法律援助或律师值班制度。因此，毫不意外的是，犯罪嫌疑人在被起诉前或在询问程序中有律师在场的情况非常罕见。迪克森和特拉维斯（Dixon and Travis，2004）在观察了 262 份询问样本后发现，律师在场的询问只有 2 次（略低于 1%）。同样，刑事司法委员会（2000）以 385 起被告人在警察局接受正式询问的案件为研究对象，发现只有一起案件中有律师在场，另外两起案件中被告人曾与律师交谈过。因此，在所有正式询问中，有律师介入的案件不到 1%。

　　斯蒂文森（1980）报告说，从她的研究样本来看，在 147 起案件中有10 起案件（大约 7%）犯罪嫌疑人在审讯期间或审讯之前接触过律师。有趣的是，所有与律师接触过的犯罪嫌疑人都认罪了。这些研究表明，在澳大利亚，律师很少参与到警方对犯罪嫌疑人的询问之中。此外，尽管史蒂

10

文森（1980）、迪克森和特拉维斯（2004）都只有有限的研究样本，史蒂文森和刑事司法委员会的数据可能会失真，但由于案件已经上了法庭（斯蒂文森）和排除了仍在关押候审的犯罪嫌疑人（刑事司法委员会），研究显示，似乎律师的介入将减少诉讼耗时。

询问时其他辅助人员在场

迪克森和特拉维斯（2004）也发现，相比律师在场，更为多见的是其他辅助人员在询问时在场。这些辅助人员有家庭成员（观察到有 41 次，或大约 16% 的比例），甚至有救世军[①]或其他宗教团体（观察到 5 次，大约 2%）成员。类似的情况也出现在由昆士兰犯罪和不当行为委员会（2004）做的一项审计调查中，其目的是确定警察在询问犯罪嫌疑人时的守法程度。在这项研究中，16% 的犯罪嫌疑人行使了要求询问时有朋友在场的权利。

辅助人员通常在询问中很少发挥作用，这种情况很大程度上是因为询问室里的座位安排，警察通常让辅助人员坐在犯罪嫌疑人的后面（Dixon and Travis，2004）。辅助人员的活动受限表明他们难以发挥出预期作用。例如，新南威尔士州警察局认为（2005：17）：

> 当辅助人员到达警察局时，警察要告诉他们来这里的目的是在询问中帮助和支持犯罪嫌疑人；观察询问是否适当及公平；发现对话中的任何问题。在可能的情况下，允许辅助人员和犯罪嫌疑人在警察的视线范围内随时进行私人交流。

识别弱势群体

大多数州的法律规定［例如新南威尔士州警察局 2005 年的《执法条例（权力和责任）》第 24 条］，属于以下一个或多个特征的人是"弱势群体"：

（一）儿童；

（二）智力有缺陷的人；

---

① 救世军（Salvation Army），是一个成立于 1865 年的基督教教派，以街头布道和慈善活动、社会服务著称。——译者注

（三）身体有缺陷的人；

（四）原住民或托雷斯海峡岛居民；

（五）母语为非英语的人。

对于上述弱势群体，大多数情况下，只有在有辅助人员在场时才能询问。在澳北区有询问原住民和托雷斯海峡岛居民的特别规则，称为"阿努加规则"（Anunga Rules）。例如，应该有一名"囚犯的朋友"在场，宣读权利义务书以后必须让犯罪嫌疑人自己再读一遍，不能采取引导式提问，拘留所管理人员应联系原住民法律援助人员。这些规定反映出人们意识到，对原住民的询问可能由于一些因素而变得复杂，如由于使用不同的语言和基于不同的社会文化背景可能产生误解（Powell，2000）。

警察们被建议询问犯罪嫌疑人一些问题，以便确定他们是否属于弱势群体。在有些州，警察们必须询问一些问题。问题的样例（NSW Police，2005）有： 12

・你是否吸毒（违禁毒品还是处方药品）？

・你今天喝过酒吗？

・你有精神疾病吗？

・你正在服药吗？

新南威尔州警察局（2005）的《刑事实务守则》（第114页）明确规定了确认犯罪嫌疑人是否为弱势群体原因：

在许多犯罪案件中，犯罪嫌疑人具有毒瘾或酒瘾，或有精神疾病，这些情况可能成为法庭审理中的一个议题。例如，为了减轻罪行，犯罪嫌疑人可能声称海洛因成瘾是他们犯罪的原因。因此，建议对犯罪嫌疑人询问一些关于他们是否吸毒、酗酒或是否有精神疾病的问题。

昆士兰犯罪和不当行为委员会（2004）的审计调查发现，在被确定有特殊需要的犯罪嫌疑人中，仅有不到一半（45%）的人（在录音询问中）被问过一些用于评估他们理解权利能力和参与正式询问能力的问题。

沉默权

在澳大利亚，犯罪嫌疑人享有保持沉默的普通法权利，除非在特定情况下法律要求他们提供信息（NSW Police，2005）。在新南威尔士州，最初的权利警告是：

> 我要问你几个问题。如果你不想，你不必说或者做任何事。你明白吗？我们会记录下你的一言一行。我们可以在法庭上使用这些记录。你明白吗？（NSW Police，2005：46）

尽管有法律规定，但犯罪和不当行为委员会（2004）的审计调查发现，大约12%的犯罪嫌疑人（在录音中）没有被告知他们享有保持沉默的权利以及他们所说的任何话都可能成为证据的法律规定。此外，18%的犯罪嫌疑人没有被告知他们有权请律师，同样比例的犯罪嫌疑人没有被告知他们有权请亲友参加询问。

询问方法

澳大利亚的现场勘查

直到最近，澳大利亚警察都很少接受询问技巧的培训，即使是专门的犯罪侦查部门也是如此。培训计划（由外部顾问机构提出）只是逐步在推行。到目前为止，对于询问技术的效率问题很少有批判性的思考。这反映了侦查技能日益依赖科技的趋势。一个普遍性的错误认识是：大多数犯罪案件通过可用科学手段证实的证据［如指纹和脱氧核糖核酸（DNA）］破获。实际上，大多数案件是通过询问目击者或讯问犯罪嫌疑人破获的。人们不是去培训询问技能，而是普遍推测案件是通过客观证据（主要是科学证据）而非主观证据——如证人或犯罪嫌疑人提供的信息破获的。这通常被称为"CSI效应"[①]（Goodman-Delahunty and Newell，2004；Mirsky，2005）。

----

① "CSI效应"即犯罪现场勘查效应（Crime Scene Investigation）。它是指因美国电视剧《犯罪现场调查》之类破案题材影视节目中夸大刑事科学技术的破案作用而产生的影响。——译者注

CSI 效应可以在很多法庭科学领域内看到。例如，霍瓦特和米西格
（Horvath and Meesig，1996）通过分析实证研究结果发现，大多数刑事案件
侦查中都不涉及任何物证。此外，即使有物证，也不并不总是有用。他们
（Horvath and Meesig，1998）随后指出，刑事侦查教科书高估了法医证据的
实际作用，从而延续了法医学证据的神话。

"伪劣的心理学"

应当指出的是，目前的犯罪嫌疑人询问电子记录包括同步录像和录音。
最初的设想是：警方、律师和法院主要依赖询问录音，录像的目的局限于
确认录音的真实性。然而，迪克森（2006：333）发现，法院通常依赖的是
询问录像。其中缘由值得注意。

> 新南威尔士州的法官对解读犯罪嫌疑人询问录像表现出浓厚的
> 兴趣，特别是用于发现询问中的欺骗行为。在我们研究的早期，一
> 个令人不安的发现是，在与一位法官的接触中，他自信地声称能够
> 通过观察证人是向左看还是向右看判断出他们是否撒谎。法官对发
> 现欺骗行为的兴趣对在法庭上展示询问电子记录造成很大压力。

14

迪克森（2006）的调查进一步支持了这一观点，超过一半的检察官和
法官（分别是 56% 和 57%）同意这样的说法："犯罪嫌疑人在询问中的行
为表现反映出他或她是否实话实说。"只有四分之一的警察和辩护律师（分
别为 28% 和 26%）认同这一观点。

迪克森（2006）的调查表明，警察可能不相信他们可以察觉欺骗，新
南威尔士州警察局（2005：25）的《刑事实务守则》提出以下建议：

> 如果共同犯罪嫌疑人在录像中做出供述或认罪，法律不禁止
> 向犯罪嫌疑人展示这一录像，尽管需要保持适当的谨慎。可以考
> 虑在电子录音装置上放置一台电视或录像机，并在询问中播放共
> 同犯罪嫌疑人有罪供述的录像片段。这可能会导致犯罪嫌疑人出
> 现一些明显的肢体语言。

迪克森（2006）特别严厉地批评了关于肢体语言价值的流行看法，认为通过分析肢体语言发现欺骗，需要刑事司法专业人员（包括法官）接受系统的教育和培训，反对"通过杂志文章或短期专业教育课程广泛传播劣质心理学知识"（第334页）。是否可以通过身体语言发现欺骗的争论还在持续（Colwell et al.，2006），但澳大利亚警察充分利用了观察者们常常相信他们能够通过身体语言识别欺骗而不管他们实际能力如何的事实。对能力的自信并不等于能力本身（如Colwell et al.，2006）。澳大利亚警察明白这一点，与此同时，也意识到刑事司法系统内的很多其他专业人员并不明白这一点。

使用证据

研究表明，对犯罪嫌疑人不利的证据是询问结果——承认有罪、否认有罪或沉默不语的最有力的预测指标（Gudjonsson and Petursson，1991；Moston et al.，1992）。

莫斯顿等人（1992）认为，不利于犯罪嫌疑人的客观证据数量可能不如犯罪嫌疑人对该证据的认知重要。也就是说，如果证据确凿（如盗窃行为的视频），但犯罪嫌疑人认为证据不足（认为自己没有被看到），那么认罪的可能性就不大。相反，如果证据薄弱，但犯罪嫌疑人认为证据确凿，那么认罪的可能性就很大。这一点后来在坎贝尔等人（Kebbell et al.，2006）的一项模拟犯罪嫌疑人研究中得到了证实。在研究中，与面对准确的证人证言相比，面对含糊的证人证言时，犯罪嫌疑人不太可能做出供述。

如果犯罪嫌疑人相信有证据证实他们的罪行，有力的证据更有可能使犯罪嫌疑人认罪。当证据在询问中被过早地使用时，犯罪嫌疑人就有机会针对被发现的证据做出另一种解释，让期待犯罪嫌疑人做出供述的询问人员挫败（Moston and Stephenson，1993a；Moston et al.，2006）。新南威尔士州警察局（2005）特别警告了使用证据的问题（如指纹）。

> 如果在提出指控后犯罪嫌疑人承认实施了犯罪，正常询问继续进行。但是，如果犯罪嫌疑人否认犯罪，不要"提前"拿出指

纹来指控，因为这会让犯罪嫌疑人有机会解释为什么他们的指纹会出现在现场（第 56 页）。

《刑事实务守则》建议，如果犯罪嫌疑人声称对警察所侦查的案件一无所知，则应按下列方式继续询问。犯罪嫌疑人可能会被问及：

> 你知道 ××× 在哪里吗？如果犯罪嫌疑人声称不知道该处所的位置，则向犯罪嫌疑人出示该处所的照片。我给你看一张照片……你认得照片上的房子（或商店等）吗？你去过那所房子（或商店等）吗？如果是，询问：什么时间、什么地点、是否进入？进入哪一个房间？在房间里做了什么？是否认识住户，请在照片背面签名、写上日期和时间。你现在的职业是什么？在（犯罪行为发生的那段时间）是否有工作？你认识 ××× 的住户吗？你认识叫 ×××（被害人名字）的人吗？对这起入室盗窃案你有什么了解吗？是你破门而入的吗？你知道是谁干的吗？如果犯罪嫌疑人完全否认，那就提出指纹的问题（NSW Police，2005：56）。

这种询问方法与其他一些国家的询问方法有很大的区别（例如，在美国，曾经流行的"里德技术"认为应当避免犯罪嫌疑人的否认。参见 Inbau et al.，2004）。这种方法更接近于荷兰的询问方法（van der Sleen，2006），莫斯顿等人（2006）将这种方法称为"预期否认询问法"。在这种方法中，重点是让犯罪嫌疑人提供详细的陈述，以防止有罪的犯罪嫌疑人否认犯罪证据所反映的事实，同时也让无辜的犯罪嫌疑人有机会解释他们是怎么陷入犯罪嫌疑的。然而，在确定澳大利亚警察实际使用的就是这种询问方式之前，还需要对当前的询问实践进行基础研究。新南威尔士州的警察很可能并不采取结构化询问，这一结论在迪克森和特拉维斯（2004）的观察中得到了证实，这表明询问技能和规划的水平较低。

立法发展

最近几年里颁布的最有意义的法律规范也许就是 2000 年昆士兰州颁布的《警察权力和责任法》。该法的目的是将大量警察权合并在一部单一法案中，这在澳大利亚尚属首次。昆士兰警察局局长吉姆·奥沙利文（Jim O'Sullivan）在颁布这项法案时说："从《菲茨杰拉德报告》可以清楚地知道，扩大侦查权将不会得到昆士兰社区或联邦政府的支持，除非人们深信警察能够运用权力更好地保护社区安全。"（O'Sullivan，2000：4）前文中引用的民意调查表明，现在的澳大利亚公众对警察有（相对）较高的信心。这非常令人惊讶，因为媒体常常曝光警察腐败的证据和指控。例如，2007年 1 月，前法官唐·斯图尔特（Don Stewart）指控维多利亚警方腐败。这个问题将在本章后面讨论（见下文"暴力录像"）。

随着特殊侦查机构（当地媒体经常称其为"星室"）的成立，几个州的警务工作也在其他方面取得了重大进展。例如，昆士兰犯罪和不当行为委员会（见 http：//www.cmc.qld.gov.au/）是一个打击公共领域的有组织犯罪、恋童癖和腐败的独立执法机构。通常，根据澳大利亚法律，被拘留的人提供信息必须出于自愿。犯罪嫌疑人有权拒绝回答问题，不能强迫他们回答问题（NSW Police，2005）。然而，这些新机构最引人注目的一个方面是，其承认重大犯罪和腐败往往具有"沉默之墙"[①]的特点，因此特别机构委员会有权进行"强制审讯"。也就是说，犯罪嫌疑人必须回答问题，他们没有保持沉默的选项。社会公众对这些新机构的意见目前还没有测评但如下文所述，有一些令人不安的证据表明，社会公众对警察的不当行为可能会越来越宽容。

暴力录像

2006 年 9 月，位于维多利亚州的警察廉政公署（OPI）就特警对被拘留的犯罪嫌疑人施暴的案件进行了聆讯。在听证会期间，这个部门的警察被指控殴打了几名犯罪嫌疑人，这些特警否认指控，尽管其中一名被告

---

①　即如果犯罪嫌疑人保持沉默将导致案件难以突破。——译者注

[高级警探达伦·帕克斯顿（Darren Paxton）]说他记不清了，哈托格·伯克利（Hartog Berkeley）法官深表怀疑，他说，"这种事情没人能忘记"。当一名警察站在证人席上否认指控时，警察廉政公署提供了几份重要的新证据。警察廉政公署曾经在特警的审问室里秘密放置了摄像机，在法庭上他们播放了殴打一名犯罪嫌疑人（代号为 A100）的录像。该视频值得关注的地方不仅在于它提供的证据，还在于它展示了警察面对社会公众指责其行为不当时的反应。下面是这段录音中的"精彩部分"[《先驱太阳报》（*Herald Sun*），2006]。

> 2006 年 5 月 10 日 18:01:05
>
> 警察：好吧，你打算怎么做，你要怎么玩？
>
> A100：我能坐下吗？
>
> 警察：不准坐。你会很懂事，乖乖地告诉我们一切吧？你想照顾好你的女朋友吗？你想这样呢，还是想惹麻烦，惹很大很大很大的麻烦？你想怎么做，嗯？
>
> （A100 似乎被猛推到房间的另一边）
>
> 警察：欢迎来到反武装抢劫犯罪特侦队。
>
> A100：我在想，我在想啊，伙计。
>
> 警察：快点儿想，快点儿想。
>
> A100：我在想呢，伙计。
>
> 警察：快点想清楚。
>
> A100：我正在尽力想，我在想呢。
>
> 警察：好了，枪在哪里？枪在哪里？
>
> A100：我会告诉你的，我会告诉你的，我会告诉你的。我把枪卖了。
>
> （回到画面中并坐了下来）
>
> 警察：你什么时候卖的？别摇头！
>
> （似乎又开始动手了）
>
> 警察：你……到处开枪杀人。

A100：你错了，不是……

警察：不，是你错了。

A100：我还没有跟你说事情的经过呢。

警察：别坐在那儿，别摇你的脑袋，它让我恶心。你坐下，我没让你站起来。你现在搞清楚状况了吗？我们不喜欢你用猎枪指着别人的脑袋。你想清楚是怎么回事。我等会儿回来，希望你的情绪能好点儿，然后我们再谈。

18：04：30 结束。

18：05：57 继续。

警察：坐下，长官要跟你好好谈谈。

警察：对你来说，这将是漫长的一天……这将是漫长的一天，明白吗？我建议你听一下这些警察给你的建议，你可能会少点儿痛苦，轻松一点儿，明白吗？

18：06：35 结束。

18：17：04 继续。

警察：枪在哪儿？

A100：我没有枪啊。

警察：我知道你现在没有，你把它藏到哪儿了？不准摇头，我一站起来你就该难受了。

A100：你要我说什么？

警察：很简单，告诉我们枪在哪儿。

A100：我能先抽根烟吗？

警察：先告诉我们枪在哪儿。

A100：我已经跟你们说了那么多了……我只是想跟我的女朋友谈谈，我要确认她没事。

（似乎开始殴打了，但听不到呼喊和尖叫）

警察：你真是……在我的办公室里让我觉得……

A100：我错了大哥，我错了，我错了，我都告诉你。

（殴打似乎还在继续）

　　警察：枪在哪儿？

　　警察：知道我们的厉害了吧——我们可是反武装抢劫犯罪特警队！

　　不出所料，证人席上的警察［高级警察罗伯特·达布（Robert Dabb）］在看到录像后晕倒了。政府对这一证据反应是：立即解散特警队。但在一周之后警察局长尼克松同意恢复这个部门，只是换了一个新名字："特警工作组。"在一些媒体看来，此举是一个重大的让步（如 Hughes，2006），而其他人似乎不那么惊讶。例如，《澳大利亚人报》（Rintoul，2006）曾有一篇文章就此事发表了如下评论："是的，这段录音看起来很糟糕，但从全局看，问题是：如果一个警察以暴力手段从暴力犯罪嫌疑人身上获取有关猎枪地点的证据，陪审团会认为这名警察有罪吗？"

　　这个案例很好地反映了澳大利亚侦查询问的现状。尽管人们正在努力消除腐败，提高询问能力，但警察、司法部门和社会公众却对腐败甚至无能非常宽容，错误判决的案件都不能激起公愤。一个著名的例子是西澳大利亚州的安德鲁·马拉德（Andrew Mallard）案件。安德鲁·马拉德在1995年被判谋杀罪。对马拉德不利的主要证据是一段二十分钟的有罪供述录像。在录像中，有人向马拉德展示了凶手如何杀害帕梅拉·劳伦斯（Pamela Lawrence）的推论，而询问马拉德的其他八小时没有摄录。经过近十二年的多次上诉，此案的真实细节才大白于世。

　　最终查明的是，警察隐藏了一些证据，这些证据可能使马拉德犯罪的推理不成立（警察的测试表明，马拉德所说的武器无法造成帕梅拉·劳伦斯身上的损伤），警察还隐藏了一些与马德拉有罪相矛盾的证人证言（例如，一名证人说凶手长着络腮胡而不是八字须，但马拉德是八字须而不是络腮胡）。当马拉德最终从监狱释放时，检察总长罗伯特·科克（Robert Cock）丝毫没有歉意，而是公开声称马拉德仍然是这起谋杀案的头号嫌疑人。然而，侦查该案的警察表示他们发现了一个新的"犯罪嫌疑人"（基于重新分析1995年案发时犯罪现场发现的一枚掌纹）。在被指认为新的犯罪嫌疑人后不久，因谋杀女友而被判终身监禁的西蒙·罗克福德（Simon

Rochford）在狱中自杀。

在未来几年，很可能还会有类似案件曝光。坐看警察部门如何应对事态发展将是一件有趣的事情，也许最重要的是，这些案件会如何影响社会公众的看法。当前，外界漠不关心的氛围普遍存在，因此，很可能新举措将来自警察内部，而不是由州政府从外部强制推行。

第二章

英国的侦查询问————————————

安德里亚·肖耶

贝基·米尔恩

雷·布尔

引　言

在过去几十年里，英国警察的侦查询问发生了巨大变化。侦查询问的目的已从寻求招供转变为以公平和合乎道德的方式收集高质量的信息支持侦查。甚至对侦查询问的称谓也从"讯问"（说服）转变为"侦查询问"（问询，enquiry），表明这是一种对抗性和侵略性较弱的方法（Rabon，1992）。询问犯罪嫌疑人、证人和被害人的重要性不应被低估，因为它构成了刑事侦查的基础，是刑事侦查工作的主要内容（Milne and Bull，1999）。

在英国，侦查询问的形式和步骤发生转变，很大一部分原因是一些冤案［如吉尔福德（Guildford）四人案、伯明翰（Birmingham）六人案］，这些冤案引发了立法（《警察和刑事证据法》，1984年）和相关执法指南改变，由此带来了新的询问政策和培训。此外，对询问室里的行为研究（Moston et al.，1992；Baldwin，1993）强调了这样一个事实：警察对于询问犯罪嫌疑人、证人和被害人所获信息的质量和数量具有重大影响。本章将讨论英格兰和威尔士犯罪嫌疑人询问和证人、被害人询问的发展演变（这些发展演变大部分发生在英国）。本章将从询问犯罪嫌疑人开始，简要介绍相关案件和立法沿革，然后讨论对证人和被害人的询问。最后，介绍英国侦查询问的最新进展。

询问犯罪嫌疑人

询问犯罪嫌疑人是关键的侦查工作，它为侦查工作的推进提供必要的信息，指导后续的侦查方向，并提供重要证据促进破案（Schollum，2005）。因此，以能够确保供述准确性和完整性的方式实施询问非常重要。在 20 世纪 70 年代，随着越来越多的冤案被曝光，社会公众对警方询问犯罪嫌疑人的策略表示担忧，英国警察面临巨大压力（Savage and Milne，2007）。这些冤案集中反映了导致虚假供述的警察腐败行为（Gudjonsson，1992）和糟糕的询问技巧（Bull and Cherryman，1995）。当时，法律没有要求对询问犯罪嫌疑人的过程进行录音录像，尽管欧文和希尔根多夫（Irving and Hilgendorf，1980）为皇家刑事程序委员会（the Royal Commission on Criminal Procedures，1981）所做的观察性研究了解了一些警察询问犯罪嫌疑人的实际做法，但询问室并不对外部监督开放。欧文和希尔根多夫认为，询问人员使用操控性手段迫使犯罪嫌疑人招供。直到 1984 年《警察与刑事证据法》（PACE）对询问犯罪嫌疑人进行强制录音录像后，人们才得以更多地了解侦查询问过程。因此出现了大量对询问室内的询问行为和做法的研究（Baldwin，1992）。

相关法律提供了对询问在押犯罪嫌疑人的指导（例如，对询问进行录音录像和让犯罪嫌疑人获得免费法律咨询），强调使用以收集信息而不是获得供述本身为目的的非强迫性询问策略（Williamson，2006）。这一变化的主要目的是减少"出于正当动机引发腐败"的风险，以及不惜一切代价以不道德的手段获取供述的做法。然而，尽管法律保护"犯罪嫌疑人"（《警察与刑事证据法》），并朝着"公平"的诉讼文化方向发展，仍有一些因不当询问方法导致的冤案被曝光。例如，在 1988 年的卡迪夫（Cardiff）三人案中，妓女勒奈特·怀特（Lynette White）被谋杀，导致三名男子被定罪，两年后他们在上诉审中被全部释放。南威尔士警察局目前仍在调查此案的侦查工作，到目前为止，四名在初审中作证的证人因作伪证被指控，另有十四人仍在被调查中（Crown Prosecution Service，2007）。特别是对其中一名犯罪嫌疑人的询问受到上诉法院的批评："宣判时，泰勒（Taylor）大法官在接受史蒂夫·米勒（Steve Miller）的采访时说，'警察对犯罪嫌疑人最具敌意和恐吓性的方式是身体虐待'。"（BBC，2003）

此外，尽管《警察与刑事证据法》提出了建议，但鲍德温（Baldwin）在 1992 年的重要报告中强调了警察询问中的一些严重问题，包括拙劣的询问技巧和有罪推定（Milne and Bull，1999）。这些对案件的批评和冤案反映了使用不道德询问方法涉及的两个根本的人权问题：无辜者被监禁和真正的犯罪人逍遥法外，可能再次实施犯罪。简单地说，压制性和有偏见的询问并不是为侦查提供依据、收集高质量信息以成功破案的明智做法。

因此，很明显，询问应当更合乎道德，侦查询问理念以及公平、公开和问责等相关价值观开始出现。合乎道德的询问方式绝不是一种"软性选择"，而应被视为所有侦查询问的理性选择。（英格兰和威尔士）警察局长协会（ACPO）和内政部（政府）侦查询问指导小组在 1992 年审批通过的侦查询问七原则，包括开放、公平、虑及弱势群体询问对象，以及提出问题的权利——如果与案情相关，犯罪嫌疑人可以持续提问等（国家犯罪学学院，1996）。这些原则表明，询问人员的作用更为中性，强调收集信息而不仅仅是获得供述（Williamson，1994）。随后，这些原则和与之相关的询问方法发展成为一个标准化的、合乎道德的询问模式，被称为 PEACE 询问模式，其内容包含在为期五天的培训课程里和由中央规划和培训部（CPTU）向英格兰和威尔士 127000 名警察发放的两个小册子——《询问指南》（1992a）和《询问人员规则手册》（1992b）中。

PEACE 一词由计划和准备（Planning and Preparation）、与询问对象建立友好关系和解释询问程序（Engage and Explain）、陈述（Account）、结束询问（Closure）和评估（Evaluation）的首字母简写组成。该询问模式鼓励以开放思维和合乎道德的方式询问犯罪嫌疑人，每一阶段的目的都是提高询问所获信息的质量和数量（Shaw，1996）。PEACE 询问模式以心理学原理和理论为基础（例如，非语言行为、弱势群体和记忆理论），反过来又从实践中获得更多的影响力。询问前的计划和准备阶段要求询问人员收集

27

所有与该案件相关的必要证据和信息，确定询问主题、提问内容和需要证明的事项。接下来的三个阶段（与询问对象建立友好关系和解释询问程序、陈述、结束询问）发生在询问过程中，有助于使询问以一种合乎逻辑的方式进行，在每一个阶段，询问人员都被鼓励提出开放式问题，有逻辑地推进询问主题并不断总结。在陈述阶段，询问人员可以使用两种技巧来鼓励询问对象说话：会话管理法（CM）和认知询问术（CI）。会话管理法可用于不合作的询问对象（大部分是犯罪嫌疑人，但也可能是证人），涉及一些最大限度地收集信息和促进询问人员和询问对象交流的技巧（Shepherd，1986）。在这一阶段，积极倾听、建立融洽关系和话轮转换是鼓励询问对象开口说话的关键，也是收集准确和详细信息的关键。另一种询问技巧是认知询问术（Fisher and Geiselman，1992）。

　　强化版认知询问术（Enhanced Cognitive Interview，ECI）（详见 Milne and Bull，1999）运用心理学关于记忆的理论从合作的询问对象（主要是目击者和被害人，但也有犯罪嫌疑人）那里收集高质量的全面陈述。认知询问术将在证人询问一节中详细讨论。最后一个阶段（评估）是指对询问内容和询问质量的评估，询问人员借此考量询问工作的好坏，并对获取的信息进行评估。

　　PEACE 询问模式的首要精神是公平和公开，不提倡为了得到供述而实施诡计和欺骗。PEACE 询问模式鼓励询问人员摒弃有罪推定，保持开放的心态和寻求"真相"。卡辛等人（Kassin et al.，2003）认为，询问前的有罪推定将导致询问过程中产生"确认偏误"，询问人员因此寻找能够支持他们想法的动作行为和信息，虽然他们的想法可能是错误的（Ede and Shepherd，2000）。这种做法很可能导致一种主观态度和封闭思维，反过来意味着重要的新信息被遗漏或忽略。思维封闭也可能导致强制性询问，因为询问人员试图突破询问对象的心理防线，获得供述。

　　除了上述行为，如果询问人员也在寻找欺骗的迹象来支持他们的假设，那么关于可能表明欺骗的非言语行为的不准确信念将会使问题进一步复杂化（Vrij，2000），它会增加将询问变成一个有缺陷的"确认循环"的风险，在这样的循环中，询问人员积极寻找他们认为能够显示欺骗的行为动作

（如坐立不安和缺乏眼神交流），但这些行为动作更有可能与欺骗无关，只是因为询问人员引起的紧张不安（Vrij，2000）。图2-1说明了在相关条件下，侦查询问中出现的确认循环。询问人员的假设和询问对象的行为循环存在的风险是，询问人员在询问犯罪嫌疑人的过程中为确认可能错误的假设而表现得咄咄逼人或有压制性［这很可能导致犯罪嫌疑人的行为被（错误地）认为是欺骗］。

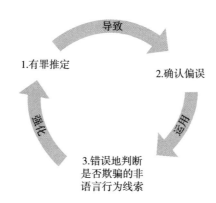

图 2-1 询问中的循环（出自 Shawyer，待出版）

PEACE询问模式的主旨是摒弃以往询问犯罪嫌疑人时采用的"问与答"的模式，而采用以询问对象为主导的询问方式。通过这种方式，询问对象有机会表达他们对事件的看法，而收集到的信息对于证明事项更有价值。开放式的提问（请告诉我你那天做了什么）比封闭式的提问更容易得到更为详细的、以询问对象自己的话来表述的回答（只要询问人员没有打断询问对象的陈述）（Griffiths and Milne，2006）。对询问对象陈述内容的质疑会在稍后合适的情况下展开。此外，在鼓励使用开放式提问和适当的封闭试探性提问（为什么、是什么、什么时候、什么地方和怎么样的提问方式，旨在对询问对象曾提到的事情进行进一步的追问）的同时，同样重要的是避免诱导性提问，因为诱导性提问不仅可以增加弱势群体询问对象做出虚假供述的风险，还会误导询问对象后续将要提供的信息。

对询问犯罪嫌疑人进行录音录像，使警察能够接受细致的审查、承担更多的责任，意味着在刑事诉讼中的任何后续阶段都可以对询问中收集的

29

证据的真实性和证据质量进行评估。其他很多机构也在其询问中采用类似方法，其中一些将在下一节讨论。

古琼森（Gudjonsson，2003）认为，虚假供述是侦查询问的潜在风险，其特点如图 2-1 所示。当询问对象面临强制性询问，他或她可能会抗拒认罪，或者相反，特别是弱势群体如年轻人或有心理疾病的人可能会错误地认罪。尽管犯罪嫌疑人仍然相信自己是无辜的，但也可能会做出有罪供述（强迫—顺从），甚至更令人担忧的是，他或她甚至可能内化询问人员的信念，并开始接受自己是有罪的（强迫—内化）（Gudjonsson，2003）。第三种类型的虚假供述被称为"志愿者"，与不道德的警察行为或外部压力无关（Gudjonsson，1992；Kassin1997）。那些特别容易受到暗示或特别顺从的人更有可能受到诱导性提问和压制性询问方法的影响。询问情境和询问对象的性格（易受暗示、顺从、有服从权威的倾向）都会影响"强迫性"虚假供述的可能性。因此，PEACE 询问模式就是为解决第一个因素（询问情境），而对弱势群体询问对象的了解（第二个因素）将有助于询问人员优化询问方式。

因此，PEACE 询问模式的技巧和相关原则的目标是将虚假供述的风险降至最低。虽然应该理解和最大化可能导致真实供述的条件，但这不应妨碍询问人员在获得供述后寻求进一步的信息，以便（1）有助于评估供述的真实性，和（2）减少翻供的可能性（CFIS，2004）。正因为如此，PEACE 询问模式远不是一般认为的"软性选择"，而是一种询问犯罪嫌疑人的明智方法。

可以合理设想的是，以 PEACE 询问模式为基础的侦查询问更有可能得到可靠的供述，因为询问对象受到了尊重，并有公平的机会讲述他们的故事。同样地，由于没有被胁迫或没有对询问对象施加不当压力，PEACE 询问程序中似乎不太可能得到虚假供述。PEACE 询问模式有效吗？新的侦查询问理念是否改变了询问人员的行为？ 1993 年起英格兰和威尔士全部警察部门采用 PEACE 询问模式以来的研究表明，情况总体上有改进但仍有一些方面需要注意（Clarke and Milne，2001），至少询问录音录像减少了早些年曾使用的不道德手段和压制策略（Bull and Milne，2004）。最近，来自森垂克斯（Centrex，一个政府资助的负责警察培训和研究警察最佳实践的机构，2007 年 4 月成为国家警务改进局的一部分）的咨询报告显示，为成功实施询问，一些核心的询问技巧需要加强，如精心准备、倾听的技巧和建立融洽关系的技巧（National Crime Faculty，2004），这引起了好的询问技能是天生的还是任何人都可以通过学习获得的争论（Shepherd and Kite，1989；Williamson，1994；Milne and Bull，1999；Cherryman and Bull，2001）。提问技巧仍然是一个问题（Griffiths and Milne，2006），犯罪嫌疑人在询问中仍然会被问到一些不可接受的诱导性提问和不恰当的提问，并且，如前所述，这些问题会增加某些弱势群体询问对象虚假供述的风险。将培训课程中的技能应用于实践的问题和有必要对培训效率进行充分评估和监管的问题也凸显出来（Clarke and Milne，2001）。格里菲斯和米尔恩（Griffiths and Milne，2006）强调，与"培训结束"时的评估相比，询问人员的水平随着时间的推移整体有所降低，但是，这可能是由于培训后的测试和实际侦查询问有不同的特点，并不一定意味着询问技能衰退。侦查询问的最新发展就是为了解决这些问题。其中的一些进展，包括致力于警察培训的新"五级"方案（Griffiths and Milne，2006）将在稍后讨论。下一节将考察非警察机构运用 PEACE 询问模式的情况。

31

PEACE 询问模式和公共机构

在英国，PEACE 询问模式也被修改适用于许多不同领域的调查工作，包括公共机构和私营领域的调查。就业与退休保障部（DWP，负责调查与各种失业救济金欺诈有关的案件）和其他政府部门为欺诈案件调查人员制定了一项培训计划，旨在使调查技术规范化，包括监视、使用专家证人和询问。这套被称为保安专业化（PinS）的培训课程，目的是培养一批专业的反诈骗调查人员，他们使用的是经刑事侦查实践确认为有效的技能。关键的问题是 PEACE 询问模式是否能被修改后适用于公共部门的欺诈调查询问。聚焦这一问题的少量研究发现，特别是就业与退休保障部的研究表明，在调查询问中，PEACE 询问模式的某些方面比其他方面更有效（Shawyer and Milne，2006；Walsh and Milne，2007，2008）。对公共部门反欺诈案件调查人员来说，使用开放式提问似乎比较困难，询问中充斥着封闭式提问或者更令人担忧的引导性提问（Shawyer and Milne 2006 ；Walsh and Milne，2007）。欺诈案件调查人员在接受采访时表示，该模式对于**某些**欺诈案件的询问来说太麻烦，一位欺诈案件调查人员用"铁锤砸核桃"来形容 PEACE询问模式在欺诈案件调查中的应用（Shawyer，待出版）。这可能是一个管理和实践应用的问题，因为在培训中学习和练习的技能没能在实际工作中得到充分应用。

32　　　下一节将侧重于使用强化认知询问术从配合的犯罪嫌疑人、被害人和证人那里收集信息。

询问证人

从历史上看，与询问犯罪嫌疑人相比，警察部门研究人员和实践人员很少研究对证人的询问，很可能是因为与不道德的犯罪嫌疑人询问有关的冤案备受关注，也可能是出于对将供述作为证据的重视。然而，从询问证人中获取信息是侦查最重要的工作（Milne and Bull，2003）。未能收集足够的证人证言，将对后续的侦查方向产生负面影响，或可能导致错误定罪（Savage and Milne，2007）。因此，确保在询问中获取大量高质量的、对侦查工作有价值的信息非常重要。自 20 世纪 80 年代以来，研究人员专注于从询问对象那里获取大量高质量信息的方法，并转向心理学理论以支持这一努力（Milne and Bull，1999）。

认知访谈术基于心理学记忆理论的实际应用发展而来，用于从"愿意配合"的询问对象那里获取尽可能多的准确信息。基于记忆是易受破坏的和易错的这一原则（许多因素都可能影响记忆的准确性和记忆信息量），认知询问术包括一系列具体方法，这些方法有助于增强记忆，并支持准确回忆事件信息的交流。对证人和被害人使用认知询问术，将获取更准确的信息（Koehnken et al.，1999），这显然有利于侦查工作。强化版的认知询问术（Fisher and Geiselman，1992）提倡以询问对象为主导的方法，向询问对象提供描述事件的空间和时间。提问必须是开放和中立的，以避免询问人员将任何偏见带入询问中。询问证人的根本目标应该是在不损害信息准确性的前提下增加回忆信息量。

《警察与刑事证据法》没有对证人和被害人给予与犯罪嫌疑人同样的对待，但英国有两项重要的立法需要注意。第一个是1991年的《刑事司法法》允许一些严重犯罪案件中的儿童证人询问录像成为法庭审理的主要证据。1992年出版的《刑事诉讼中儿童证人询问录像优秀做法备忘录》（Home Office and Department of Health，1992）指导警察和社会工作者询问儿童，因为如果以不适当的方式实施询问（如基本使用引导性提问）可能会导致询问录像丧失证明力。在虐待儿童的案件中（法庭科学证据往往很少），儿童的陈述对于认定案情至关重要。如果不能恰当地获取儿童证言，犯罪嫌疑人非常可能逃脱法律制裁。基于心理学知识和研究成果，该备忘录概括介绍了能够收集完整而准确陈述的最佳儿童询问方法，而不是把侦查人员需要的话灌输给他们。那么，为什么只允许对儿童采取这种特殊措施呢？1999年的《青少年司法和刑事证据法》扩大了这些措施的适用范围，使对询问"弱势群体"或"受到威胁"的成年证人或被害人进行录音录像成为可能。这些措施适用于某种形式的身体残疾或精神障碍的人，或经历了一定程度的恐惧或痛苦的人。因此，在2001年，一份题为《在刑事诉讼中获得最佳证据——包括儿童在内的弱势群体证人和受威胁证人取证指南》的文件扩大和更新了《刑事诉讼中儿童证人询问录像优秀做法备忘录》（Home Office and Department of Health，2001）的内容，为询问更多的弱势群体人员（不仅包括儿童，还包括成年的弱势群体人员）提供全面指导。还应指出的是，对证人询问录像还有其他好处，例如，如果证人成为犯罪嫌疑人，询问录像可以为后续的侦查提供依据。

因此，以合乎道德的方式询问证人与询问犯罪嫌疑人同等重要。不仅因为证人可以在询问中提供重要信息——因此必须准确和详细，还因为他们应得到适当的对待，以最大限度地提高他们在后续侦查中主动提供信息的可能性，确保他们接受询问的经历没有消极影响，对于大多数人来说，目击犯罪本来就令人精神紧张，因为目击犯罪而被卷入刑事诉讼将造成额外的负担，询问人员应当意识到证人所面临的压力。

下一节将考察最近英国和威尔士侦查询问培训和特点的变化，包括犯罪嫌疑人询问、证人和被害人询问方面的培训和特点。

34　　　　　　　　　　　　**侦查询问的最新发展**

　　PEACE 询问模式培训的出现对询问犯罪嫌疑人的质量有一些积极影响，但效果并不持续或一致（Clarke and Milne，2001），还需要有一个更恰当和全面的培训制度来培训询问犯罪嫌疑人、证人和被害人的人员，才能使侦查询问达到更高的水平。2004 年，根据克拉克和米尔恩在 2001 年提出的建议，警方开始了一项新的举措，根据警察们不同的经验、技能、培训经历以及不同询问类型的复杂性采取五级培训方案（表 2.1），使培训更加适当和更有针对性。警察们应配备满足特定情境需求和与其级别或岗位相适应的有效工具。

　　五级培训方案包括每一级的全面培训（为期一至三周），以及持续的实践评估和指导（更多细节参见 Griffiths and Milne，2006；Milne et al.，2007）。此外，全国警察询问技能中心（CFIS，2004）的指南提出了获取可靠、准确和完整陈述的策略，避免警察习惯性地认为询问目的是获取供述。

　　除了上述方案，英格兰和威尔士的警察部门实施了侦查专业化计划（PIP），通过向所有询问人员提供充分的培训，提高他们在侦查中的总体表现。这些询问人员经过评估和认证，得以在各级警务工作中保持高水准。
35　五级培训方案与这一国家规划一起，为培训及其评估提供了一个系统性框架，使所有类型的询问能够达到令人满意的水平。

表 2.1　五级询问培训

级别	询问培训
1	为新警察提供入门询问培训（入职两年以内）
2	为有经验的警察提供一级培训基础上的扩展和深入培训
3	严重或复杂刑事案件中的犯罪嫌疑人询问和证人询问
4	询问现场的监督
5	统筹协调严重或复杂刑事案件侦查中的询问工作

　　随着英国的侦查询问技术日益合乎道德且更加公正，侦查询问变得程序正当、尊重询问对象、旨在获取信息而不仅仅是认罪，在押犯罪嫌疑人

的待遇得到了改善，虚假供述的可能性降到了最小。

PEACE 询问模式的发展凸显了学术研究人员和侦查人员共享信息的好处。不仅学术研究成果熟悉实践应用情况，而且侦查人员的经验和遇到的问题也可以指导和引导研究方向。最近一次侦查询问研讨会的目的就是促使观点、问题和解决办法的相互交流。在朴次茅斯（2006 年 7 月）举行的这次研讨会使英国的研究人员和侦查人员能够向来自世界各地的代表介绍和解释英国当前的实践情况。由此，会议对识别谎言的方法（这个问题将在第 9 章和第 10 章讨论）和获取供述的询问策略展开了热烈讨论。美国和其他许多国家都在使用这些策略。但由于 1984 年的《警察和刑事证据法》为保护被拘留后接受询问的犯罪嫌疑人规定了一些限制和指导原则，致使一些询问策略在英国几乎不能使用。此外，使用诡计和欺骗来鼓励犯罪嫌疑人认罪，会因为公平、开放和道德方面的质疑而破坏 PEACE 询问模式的精神。使用最小化的策略，即淡化犯罪的严重性，并提出认罪可以获得较轻的刑罚，其目的在于提高犯罪嫌疑人供述的可能性。遗憾的是，这种策略同样可能增加虚假供述的风险（Gudjonsson，1992）。因此，英国没有采用这种策略。同时，对于以压制性或欺骗性的方式获得的供述或证据，由于证据质量和供述的真实性可能会因获取方式而被认为不具可采性，因而有被法院排除的风险。

威廉姆森（Williamson，2006）强调了一个全球性的刑事司法难题："在保障公众安全的需求和尊重人权之间保持平衡困难重重"（第 3 页），而英国开始实现这种平衡。在英国，侦查询问已经变得透明、公正，PEACE 询问模式和相关询问技术的开发和使用使警察（和公共部门）的询问前所未有地公开接受社会监督。这一做法的另一个好处是建立英国警方的声誉和提高公众对警方的信心——在过去几十年里，英国警方一直为一些被广泛报道的冤案所苦。事实上，侦查依赖于证人和被害人首先站出来作证，所以这一做法还有一个附加好处是，证人和被害人愿意站出来作证的可能性增加了，犯罪嫌疑人也更可能合作。在英国刑事司法体系内，改善犯罪嫌疑人、证人和被害人权利保障的连锁效应是必然趋势，这应该是所有侦查工作的最终目标：冤案风险最小化、公平审判的可能性最大化。

第三章

北欧地区的侦查询问————————

伊瓦尔 A. 法辛
阿斯比约恩·拉赫勒

引　言

北欧地区包括五个国家：丹麦、芬兰、冰岛、挪威和瑞典。该地区通常由小而安定的社会组成。然而，几起备受瞩目的与警察实施侦查询问直接相关的冤案引起了改变的必要。我们的目的是向读者简要描述北欧地区侦查询问的整体发展趋势和区域内国家间的差异，也包括评论案例、阐释研究和培训的重要性。最后，本章提出一个由决策者和学者密切合作构思出来并不断发展的询问策略模型。

斯堪的纳维亚半岛国家（丹麦、挪威和瑞典）的政体是君主立宪制，而芬兰和冰岛是共和制。所有国家都有专门国家警察机构（unilateral national police forces）。[1] 刑事诉讼程序相当相似，所有法院都采取控告式诉讼方式。在丹麦和挪威，地方检察系统的职能也是警务工作的组成部分。该区域的基础警察培训通常为期三年，其中约有一年是在警察部门实习。刑事诉讼程序和基本侦查技能是所有北欧国家基础警察培训的内容之一。

_____

[1]　由于丹麦、挪威和瑞典等北欧国家人口相对较少，经济发展水平和公民素质较高，治安状况良好，地方警务事务相对轻便。此类国家基本采用专门的警察组织体系，也即由中央警察部门垂直管理地方各级警察部门，不再赋权地方政府主管警务。具体内容可以参照刘为军：《欧盟警务一体化的现状、制约因素与发展趋势》，《欧洲研究》2004 年第 6 期。——译者注

在北欧地区，对于刑警并没有特别要求。但该区域的所有国家警察培训机构都提供各种自愿学习的专业侦查培训课程。传统上，对于侦查询问这一重要技能没有什么特别培训。但目前，除芬兰外的北欧国家都已经或即将开设侦查询问的特定培训课程。这是受英国 PEACE 询问模式、认知询问术和侦查询问领域内研究机构的影响。但是，在询问犯罪嫌疑人的方法和询问的道德基础方面存在很大差异。我们的数据来自对每个国家的主要撰稿人进行问卷调查和半结构化访谈，[1]以及充分检索欧洲防止酷刑和不人道或有辱人格的待遇或处罚委员会①（CPT）十七次访问北欧地区的大量资料。

欧洲防止酷刑委员会每访问一个国家，都会提供欧洲禁止酷刑或不人道或有辱人格的待遇或处罚条例遵守情况的一般说明，包括被警察羁押的人员的处遇。整体上欧洲防止酷刑委员会对北欧各国都给予了积极评价。除了一些在逮捕时过度使用武力的指控，没有不当侦查询问的指控。然而，欧洲防止酷刑委员会一直（反复地）鼓励该地区各国政府就警察讯问制订更详细的操作守则，并建议探讨将警察讯问录音录像作为标准做法的可能性。欧洲防止酷刑委员会还对延迟提交犯罪嫌疑人权利报告表示关切。以下各节将讨论欧洲防止酷刑委员会对该区域个别国家的一些评论。

41

由于篇幅有限，本章将只讨论一般的侦查询问，不涉及儿童询问中值得关注的发展。

挪　威

· 君主立宪制
· 人口：460 万人
· 警力：1.1 万人
· 监狱人口比率（每 10 万人）：59

挪威警察部门在 1997 年遭遇重大挫折。一个年轻人对谋杀罪供认不讳，刑事法庭却宣告他无罪释放。这份有争议的供述由一名警察获得，他当时被认为是挪威最优秀的询问人员之一。他曾在挪威国家刑事侦查局

---

① 以下简称欧洲防止酷刑委员会。——译者注

担任杀人案件侦查员，该部门的专业精神从未受到过严重挑战。后文将更详细地描述，法庭指定的刑事鉴证专家指出，询问似乎受到北美讯问文献（Inbau et al.，2001）中的信条所影响，通过操控和各种诡计实现一个目的：获得一份有罪供述。

　　该案表明，挪威在司法心理学领域几乎没有正式的专业知识。因此，挪威警察当局为两位侦探（也就是作者）提供了全额资助，让他们在英国学习心理学硕士课程。第一篇论文（Rachlew，1999）作为白皮书促进了挪威的第一个询问培训计划（KREATIV）。拉赫勒的论文证实了挪威警察很少甚至没有接受过侦查询问方面的培训。他们的技能基于经验和观察学习，他们仅达到大约十年前英格兰和威尔士同行的"生存水平"（survivallevel）[2]（Shepherd and Kite，1988）。同时，少量的挪威语侦查询问教科书大部分是由警察编写的，且注明"仅限警察使用"。评阅这些教科书（Rachlew，2003a）可以证实刑事鉴证专家在谋杀案件庭审中描绘的令人沮丧的画面。这些教科书都是由经验丰富的警察以咨询的形式写的，他们当时被认为是全国最老练的询问人员，在内容上教科书充实着操控他人、注重获取供述的方法。

　　　　你从一开始就要利用你的影响力去"软化他"。你的目标是
　　成为唯一一个他在困境中可以给予他安慰和支持的人。你控制他
　　可以接触的人，这样就可以阻止他从别人那里得到心理上的支持
　　（Rachlew，2003：4）。

　　欧洲防止酷刑委员会显然从未知悉这些"秘密"资料。但在20世纪90年代，欧洲防止酷刑委员会一再对挪威的犯罪嫌疑人询问表示关切。据报道，"警察经常向受到限制的囚犯施压，向他们建议，如果他们提供有助于侦查的信息，可以放松或取消限制。与欧洲防止酷刑委员会代表团交谈的一些警官表示，这些指控并非毫无根据"（CPT，2000：22）。欧洲防止酷刑委员会会见的在押人员表示，"限制的目的是对他们施加心理压力，在证据不足的情况下，限制最为常见。即使警察没有明说，在押人员也会因为与警方合作而被放松或取消限制"（CPT，1997：12）。

基于作者在英国的大学攻读理学硕士学位的研究工作，挪威警方内部开始了一项扭转局面的行动。在奥斯陆地方警察局、挪威国家刑事侦查局和检察总长的支持下，国立大学学院受托举办了一个全国性的侦查询问培训班，该培训班以一个试点培训计划（KREATIV）为基础，深受英国PEACE 询问模式培训课程的影响。

雷·布尔（Ray Bull）教授和默西塞德郡的侦缉总督察（DCI）大 43卫·默斯韦特（David Murthwaite）被请到挪威培训教官并启动该计划。教官从警察部门内部征聘，自 2001 年以来，约有 50 名警官完成了为期 6 周的教官培训课程，培训内容包括教学方法、人权、合乎道德的沟通技巧（PEACE 询问模式）、目击者的记忆、认知询问术、询问策略和虚假供述等。

为了避免米尔恩和布尔（1999）发现的问题，即英格兰和威尔士的一些教官培训其他人 PEACE 询问模式，而他们自己才刚刚完成培训学习，学者们被引进培训中。幸运的是，奥斯陆大学心理学系也开始增加对司法心理学的研究（Magnussen，2004；Wessel et al.，2005），因此，他们能够与警方展开合作。可是，在挪威，这一领域的科学研究也是新近才出现的，所以国外的学者们——主要是来自瑞典的学者协助挪威展开教官培训工作。

在教学中，培训教师鼓励这些接受培训的教官即兴发挥和举例说明他们的经验教训。然而，为了确保一致性和避免在英格兰和威尔士出现的另一个问题——一些内容被淡化而另一些被过分强调（Shaw，2001），挪威为接受培训的教官提供了一套包含 22 个简短但强制执行的课件。培训教师每年对其进行评估，并由学者进行更新，以使教官培训计划与该领域的科学发展保持同步。根据鲍德温（Baldwen，1993）的结论，这个课程"脚踏实地"，没有任何心理学上的先进技巧，现在已经培训了近千名侦探、高级警官和检察官。与最初的 PEACE 询问模式培训课程一样，该课程也是一个为期 5 天的强化训练项目，培训前必须预习相关文献。

在挪威，对警察询问进行录音录像越来越普遍。总检察长鼓励警察对犯罪嫌疑人询问和重大案件中的关键证人询问进行录音录像。由司法部发起的一项试点项目（1998—2003 年）证实了国外研究发现的录音录像的积极影响（Milne and Bull，1999；Kassin，2006）。这项试点项目研究了 598

份询问录音录像，没有发现任何不当行为。证人（169 名）和犯罪嫌疑人（419 名）在法庭上认可录音录像中的陈述内容。警察们很高兴他们的行为得到更好的评估，并认为录音录像增强了交流，使他们能够更精心地组织询问（Rachlew，2003b）。于是，一项更广泛、更持久的项目开始了。试点研究开发和完善了专门用于警察询问录音和录像的数字软件（Indico）。[3] 该软件运行顺畅，已成为国家培训计划的内容之一，这种结合使警察和法院都越来越满腔热忱地使用询问录音录像。这既是在促进公平公正、改善交流和提高询问培训质量方面取得的令人鼓舞的发展，也是进一步研究和发展的重要信息来源。

伯吉特·滕斯（Birgitte Tengs）案

1995 年 5 月，一名 17 岁的女孩伯吉特·滕斯在挪威卡尔莫伊岛被谋杀。这个案子在 18 个月里一直悬而未决，直至她 19 岁的堂兄因谋杀而被捕。这位堂兄被羁押和隔离。尽管欧洲防止酷刑委员会一再建议挪威当局探讨将警察询问的电子记录作为一种标准做法，但不幸的是，在这个臭名昭著的案件之前，对询问进行电子记录只是一种个别的做法，并未普遍采用。但最终，通过询问人员所做的询问笔录可以清楚地看到，这个年轻人在长时间的询问中遭受了"高明"的操控性讯问。起初，犯罪嫌疑人坚称自己是无辜的，警察将其与外界隔离。在询问人员的要求下，这位堂兄在牢房里草拟了一份"电影剧本"。剧本描述的是一桩他坚称自己完全不记得的谋杀案，而警方告诉他，他们可以证明他实施了这桩案件。但结果发现这是虚张声势。随后，在 180 个小时的询问人员与犯罪嫌疑人之间的"非正式谈话"后，电影剧本逐渐变成了有罪供述。在原剧本中，主角是中立的第三人称，被替换为更具个人特色（也更具牵连性）的角色："我"。询问人员向犯罪嫌疑人保证，他对犯罪事实的记忆会逐渐浮现出来。但犯罪嫌疑人说，事实并非如此。因此，他觉得有必要撤回他的"供述"。但警察认为修改过的剧本证实了他们的怀疑，至此，挪威最成问题的刑事案件进入法院。刑事法庭了解警方对书面陈述的解释后，判定该堂兄有罪。随后，最高法院认可了法院指定的两名刑事鉴证专家吉斯利·古琼森（Gisli Gudjonsson）和巴里·欧文（Barrie Irving）的观点，认为从长时间询问中获取的信息可靠性存疑，因而宣判这位堂兄无罪。正如古琼森（2004：606）指出的那样，该询问的根本问题是过度使用隔离措施，并以建立有助于精神放松的融洽关系为手段，目的就是从询问人员认为有罪的人那里获得有罪供述。询问中的另一个根本缺陷是完全没有任何可靠的方法来记录所获得的信息。刑事鉴证专家发现的问题后来得到了挪威最高法院（2003）的认可，拉赫勒（2003a）对挪威国家刑事侦查局颁布的机密警察手册的检讨也证实了这一点。

弗里茨·莫恩（Fritz Moen）案

1976 年 9 月，在挪威西北部城市特隆赫姆西格丽德·海格海姆（Sigrid Heggheim，20 岁）遭到强奸（未遂）后被勒死。11 个月后，20 岁的托伦·芬斯塔德（Torunn Finstad）在同一社区被强奸和勒死。她们都是位于特隆赫姆的挪威理工学院的学生。具有缺陷的弗里茨·莫恩随后承认实施了这两起犯罪。虽然莫恩在很多方面都属于弱势群体，包括独臂这一明显残疾，但法庭相信挪威警方获得的有罪供述是真实的，尽管他的血型甚至与其中一名遭受性虐待的被害人体内发现的精液不同。弗里茨·莫恩被判 21 年监禁，并已服刑完毕。莫恩在审判前撤回了有罪供述，声称警方曾迫使他承认谋杀了这两名年轻女性。他在 2005 年 5 月 1 日去世前一直坚称自己无罪，等待向新成立的刑事案件审查委员会提出上诉。可悲的是，在莫恩去世几个月后，另一名男子承认了谋杀，他的清白才为人所知。挪威司法部长下令展开独立调查，以确定为什么弗里茨·莫恩会承认他从未犯过的罪行。弗里茨·莫恩是个聋哑人。目前查明的情况是：他的第一次供述是由国家刑事侦查局的警察在询问室里单独获得的，他的手语翻译也未在场。这次独立调查最重要的是弄清楚了为什么挪威法院没有质疑这种一眼看上去就不可靠的证据。

丹 麦

· 君主立宪制

· 人口：540 万人

· 警力：13600 人

· 监狱人口比率（每 10 万人）：59

在丹麦，还没有曝光过任何令警察询问难堪的案件。欧洲防止酷刑委员会报告了一些延迟向犯罪嫌疑人宣读权利的问题（CPT，1997b），但没有关于施加不当心理压力的指控。因此，丹麦警方没有任何直接或间接的动力转变询问理念。丹麦的侦查询问技巧主要是通过个人经验的积累和资深同事的指导培养起来。但近年来，丹麦在这一领域出现了值得关注的发展。丹麦警察学院与国家专员、科研人员密切合作，开办了为期一周的全国侦查询问培训班。该培训课程开始于2005年，到目前为止，大约有150名侦查人员接受了培训。丹麦的询问理念以认知询问术和北欧近期的研究成果为基础。其培训方案建立在前述挪威询问培训计划的基础上，但是，在犯罪嫌疑人询问方面，挪威和丹麦的发展进程有很大差异。挪威的培训方案提倡尽量淡化询问犯罪嫌疑人和询问其他人员的差别，而丹麦警方则计划展开一个单独的专门针对犯罪嫌疑人询问的培训。因此，丹麦警方与他们的挪威同行不同，后者专注于改变传统的以获取供述为中心的询问方式。

47　在丹麦，电子记录设备的使用也不普遍。我们认为，很可能是因为丹麦没有经历过任何像他们北方邻居经历过的与电子记录缺失和致力于获取有罪供述有关的重大司法丑闻。在丹麦，询问犯罪嫌疑人的技巧从来没有系统研究，让人继续相信询问犯罪嫌疑人需要一套不同的技巧，而这种观念在有关侦查询问的研究文献中已经被彻底淡化了（Shepherd，1991；Alison，1998；Sear and Williamson，1999）。

瑞　典

· 君主立宪制
· 人口：900万人
· 警力：2.2万人
· 监狱人口率（每10万人）：68。

瑞典在很多方面都是司法心理学的先驱（Granhag，2001）。在瑞典哥德堡大学和斯德哥尔摩大学的斯文奥克·克里斯蒂安森（Sven Åke Christianson）、安德斯·格兰哈格（Pär Anders Granhag）和他们的同事所做的富有意义的研究使这一传统保留至今。以这些学者为代表的北欧心理学和法律研究网络（NNPL）于 2004 年成立。因此，瑞典是北欧地区第一个对侦查询问展开正式培训的国家。第一个培训项目于 1994 年启动。这是一个"高级询问管理培训班"，为期 3 周的课程包括法学、社会学和司法心理学、沟通技巧、询问策略和实践课程。这个培训项目由经验丰富的侦查人员和来自相关学科的学者们联合授课。该培训关注以司法心理学研究为基础的合乎道德的交流技巧和基本理论，不关注询问结构（如 PEACE 询问模式），也不关注以供述为导向询问方式的危险性。不关注以供述为导向询问方式的危险性并不令人意外，因为在过去，瑞典警方还没有因任何与询问方法直接相关的公开丑闻而感到难堪。但在 2004 年，一个基于 PEACE 询问模式的新理念取代了以前的培训理念。这是一个在斯德哥尔摩国家警察学院进行的为期五周的培训计划。该培训的主要内容是：

48

- ·侦查询问的术语及其理解上的疑难；
- ·专业和合乎道德的询问方法的含义；
- ·询问和沟通技巧；
- ·证人证言的心理学；
- ·谎言和欺骗的心理学；
- ·侦查询问中强化记忆的技巧；
- ·PEACE 询问模式；
- ·进一步开发的方法。

该项目由哈丽特·雅各布森耳（Harriet Jacobson Öhrn）开发和管理，她是一位社会科学家，拥有警察询问实务方面的博士学位，她与经验丰富的侦探、心理学家们密切合作。到目前为止，大约 110 名警察接受了这项新的、内容全面的培训。瑞典在这方面的独特之处是，除了警察学院提供的培训，还有很多地方性的培训。地方性的培训由各地区和营利性机构组织。因此，全国各地各种询问培训可能会导致询问实践差异巨大。在瑞典，警察询问的电子记录也有地方差异。有些地方的警察会在重大案件侦查中常规化地对所有询问做电子记录，而有些地方的警察则不会这样做。但是，根据欧洲防止酷刑委员会向瑞典当局提出的建议（1992），似乎可以看到一种更广泛地采用电子记录的趋势。

遗憾的是，在 2005 年，瑞典曝光了一起司法丑闻。这一司法丑闻揭示出，案件中的询问策略明显不符合合乎道德的原则，而更多地与因保等人描述的高效讯问理念有关，如从询问人员已经认定为有罪的人那里获取口供的操控技术（Kalbfleisch，1994）。但是，与前述挪威案件不同的是，这些询问都录音了，因而使评估警察的可疑行为成为可能。

汤米·卡里姆（Tommie Karim）案

2005 年 3 月的一个早晨，瑞典中部城市耶夫勒警方接到了一个年轻男子汤米·卡里姆的电话。他和他的女朋友安娜（Anna）以及他们 3 个月大的儿子住在一幢 5 层楼的公寓里。他报警说，他早上一醒来就发现一个身份不明的男人在厨房捅刺安娜。汤米惊慌地跑了出去，下楼来到父亲的房间，在那里他拨打了报警电话。几分钟后，警察到达现场，发现安娜躺在厨房地板上，已经死亡，身上有大约 30 处刀伤。汤米和他的两个同父异母的姐妹简要描述了在警察到达之前逃离现场的凶手模样。汤米被带到警察局，在那里他被指控谋杀并立即遭到讯问。"讯问"（interrogation）这个词是特意挑选的，因为没有其他词可以形容警察对汤米·卡里姆的问话。下面是汤米向当地一家报纸透露的他当时的想法。随后，国家电视台播放了询问录音，证实了汤米的说法［卡拉·法克塔（Kalla Fakta）的纪实广播节目，2006 年 2 月 15 日］：

"很明显，警察并不相信我。他们竭尽全力想让我崩溃，让我认罪。有两名警察询问我。其中一位对我不错，另一位则态度恶劣。"汤米·卡里姆说，后来他们俩换了角色。

他记不清自己被审问了多少小时，但估计自己"至少一百次"声称无辜。

汤米·卡里姆只看过那个穿着格子衬衫的凶手几秒而已，他开始对这件事的记忆慢慢失去了信心。

"最后，我觉得我有精神病，所以杀人。虽然我是无辜的，可我还是担心 DNA 测试结果。"

汤米·卡里姆其实没理由担心 DNA 测试结果。三周后，在公寓里发现的血液 DNA 证明了另一个人的存在，这个人的血液和被害人的血液混合在一起。尽管如此，警察仍继续使用他们的讯问策略，其中包括向汤米展示残缺不全的女友尸体的特写照片。警察告诉汤米他就是凶手，并强加理由地认为他杀死自己的女朋友是因为她不爱他，她认为他是个"混蛋"，是个糟糕的父亲。汤米哭着求他们停止，但警察的讯问一直持续了两个多月。他们继续施加越来越大的压力，声称除了汤米本人，没有人知道真相。七个月后，附近有一名妇女在家中被杀。这起案件中的 DNA 样本将两起谋杀案联系了起来。凶手是两名被害人都认识的熟人，后来他供认了罪行。

值得注意的是，当地警察和检察部门的高级官员后来多次表态支持讯问汤米·卡里姆的方式。毫无疑问，如果用更合乎道德的方式询问汤米·卡里姆，他就不会遭受痛苦和羞辱。我们只能推测，如果在前期侦查中采取更开放的态度，包括对主要证人汤米·卡里姆进行询问，是否能够挽救第二名被害人的生命？

50

芬　兰

· 共和制

· 人口：520 万人

· 警力：1.1 万人

· 监狱人口比率（每 10 万人）：59

负责预防犯罪和刑事侦查培训的芬兰国家警察学校的学者和警务人员认为，芬兰的公众普遍不关心侦查询问。虽然由心理学家分别在基础层面和高阶层面讲授侦查询问，包括认知询问术，但培训时间很短。芬兰没有侦查询问的专门培训课程。不过，该专题被纳入一般的预防犯罪或刑事侦查培训中，如芬兰警察学院的大学课程。

1996 年，芬兰出版了一本题为"讯问策略"的学术著作（Ellonen et al., 1996）。这本书（一共 286 页）用芬兰语和瑞典语（芬兰的两种官方语言）写成，已售出 2000 本。它借鉴国际上的证人研究，详细回顾和介绍了认知询问术。但书中提到的犯罪嫌疑人询问技巧更像是警察的实务守则，类似于因保等人（1986）编写的手册。

除了儿童询问外，对警察询问进行电子记录在芬兰并不常见。欧洲防
止酷刑委员会曾建议考虑将询问电子记录作为标准做法的可能性（CPT，
1993a），但芬兰当局犹豫了，认为："在大多数情况下，录音录像会使讯问
对象（有时包括讯问人员）不自然，因此导致警察一直试图营造的亲密氛
围被破坏"（CPT，1993b：21）。分析芬兰人对欧洲防止酷刑委员会的反
应，可以发现一些值得注意的问题。全球各国的报告都清晰地显示：经过
一段时间的尝试，警察认可对询问进行电子记录的做法（Schollum，2005：
84-93），认识到对询问进行电子记录不仅能有效防止刑讯，而且对警察也
有好处。因此，芬兰犹豫不决的态度反映了芬兰警察当时还没有或者就是
不愿意对询问实施电子记录。不过，在杀人案件和其他对犯罪嫌疑存疑的
重大案件侦查中，使用电子记录的情况有所增加。

芬兰学者在北欧心理学与法律研究网络（NNPL）中发挥积极作用，于
去年在图尔库大学成功主办了会议。尽管司法心理学在芬兰仍然是研究议
题，但目前还没有关于警察如何询问犯罪嫌疑人的研究成果公开发表。

冰　岛

·共和制
·人口：304400 人
·警力：700 人
·监狱人口比率（每 10 万人）：38

侦查询问领域最资深的研究人员之一吉斯利·古琼森教授就是冰岛人。
虽然他主要在英国工作，但冰岛的司法心理学正在蓬勃发展（Sigurdsson
and Gudjonsson，2004）。不过，冰岛警察并没有正式的侦查询问培训计划，
它还有待启动。近年来冰岛没有发生过与警察询问有关的司法丑闻，不过，
法院严厉批评了 2005 年的一起虐待儿童案件中的询问。因此，人们清楚地
认识到有必要提升警察询问所获信息的证明力。冰岛警方于是发起了一个
以 PEACE 询问模式为基础的全国培训项目。冰岛的高级检察官代表曾参加
挪威的侦查询问培训项目。

自 1997 年以来，雷克雅未克警察局已经拥有对询问进行录音或录像的设备。然而，由于缺乏操作规程和培训，这些设备只是偶尔使用。目前，冰岛当局正在计划执行新的操作规程，计算机软件 Indico 也已经从挪威语翻译成冰岛语。冰岛国会拨款购买了必要的设备，2009 年冰岛所有警区都收到了录音录像设备。

在犯罪嫌疑人询问中使用潜在证据的策略

如前所述，KREATIV 询问培训项目的进展建立在对侦查询问展开研究的基础上。前面讲到，提倡使用信息收集技能是为了避免使用对抗性或操纵性的"精选有罪供述的技巧"（confession-electing techniques），挪威的古琼森和欧文在 1998 年明确了这一点。1993 年，莫斯顿和恩格尔伯格（Engleberg）发现，研究中有 43% 的警察在询问犯罪嫌疑人时会提出一个包含直接指控的问题和一个要求认罪的问题，或者一个在直接指控的同时展示该人有罪证据的问题（图 3-1）。莫斯顿和恩格尔伯格认为这种策略毫无益处，因为很多犯罪嫌疑人完全否认了解案件或实施过犯罪，这样一来，询问人员和询问对象之间几乎没有回旋余地（Baldwen，1992），并且如前文所说，这种策略很难让犯罪嫌疑人改变说法。

尽管英国 PEACE 询问培训课程得到了各国认可，但一些学者仍表示担忧，指出这一"新"方法中存在的一些问题。有人认为，培训方案未能向英国警察提供询问不合作犯罪嫌疑人的有效方法；因此，艾莉森（Alison，1998）指出，"（犯罪嫌疑人的）基本方式是防御性的"，"对制定更好地从犯罪嫌疑人那里获取信息的策略几乎没有积极指导或帮助"。艾德和谢泼德（Ede and Shepherd，2000：85）阐述了英格兰和威尔士警察在询问犯罪嫌疑人时采取的三阶段法，而挪威警察大学学院独创性地解决了这些问题，在 PEACE 模式的结构化询问中植入一种策略模型。在我们看来，这种策略模型是对信息收集询问技术理论的详细说明（Baldwin，1992；Shepherd，19931993；NCF，1998）。详见下文。

53

在挪威，第一批接受培训的警察的反馈非常好。但遗憾的是，挪威的警察询问缺乏系统的录音录像，使生态效度研究难以很好地展开。不过，在 2006 年，挪威警察学院向第一批 464 名完成培训的侦查人员发送了一份调查问卷（Fahsing and Rachlew，2006）。49 名侦查人员没有回复（因为换了工作，休假等），一共有 241 名侦探（32% 为女性）匿名回复了问卷，回复率为 58%。被访者平均年龄为 38.8 岁，平均有近 9 年的侦查工作经验。

54　　　　问卷被访者首先被问到，在接受培训计划之前，他们是否使用过以供述为中心的讯问技巧。75% 的人说他们"经常"或"有时"使用这种技巧，14.2% 的人说他们"通常"或"总是"使用这种技巧。其他 10.8% 的被访者表示他们"从未"使用过这些技巧，或者"不确定"他们是否使用过。

大多数（96%）的挪威侦查人员表示，培训项目使他们更加了解操控性方法的潜在危险。88.8% 的侦查人员认为，培训项目以某种方式改变了他们的犯罪嫌疑人询问。98% 的侦查人员评价询问策略模型在实际工作中"有用"（占 52%）或"非常有用"（占 48%）。在 241 名参与调查的侦查人员中，有 239 名（99%）表示，在完成培训后，他们"有时"（19%）、"经常"（32%）、"通常"（33%）或"总是"（15%）在询问犯罪嫌疑人时使用这一询问策略模型。

询问策略模型（TIM）向警察提供了一种策略，即通过在询问早期出示证据避免犯罪嫌疑人耍花招。在特定情况下，良好的询问将强化潜在证据。此外，这种方法激发了开放性思维，防止警察落入预断的陷阱（Ask and Granhag，2005），因而被认为是合乎道德的询问的重要内容（Shepherd，1991）。哥德堡大学的玛丽亚·哈特维格（Maria Hartwig）和她的同事对这个询问策略模型进行了实验测试，结果令人鼓舞（Hartwig，2005）。

询问策略模型

在引入询问策略模型之前，挪威警察（也包括作者）很难解释成功的询问策略有哪些特点。我们无法描述有哪些关键要素或组成部分，将良好的询问和良好的询问策略区别开来。

我们相信，难以明确表达的主要原因在于这样一个令人沮丧的事实：询问策略的唯一可用资源是以下其中之一：

（1）已公开出版的警察工作手册（主要是北美洲的）是为推动识别谎言、施压、操控、诡计和欺骗的法律体系而编写。

（2）未公开出版的仅供内部使用的警务工作手册则包括一些法庭审理中暴露出来的不适当的诡计。

（3）由经验丰富的警务人员传授的不成文做法，也包括一些法庭审理中暴露出来的不适当的诡计。　　　　　　　　　　　　　　　　　　55

（4）已发表的文献中毫无根据的、主要以观察肢体语言解读犯罪嫌疑人思想和识别谎言的方法。

我们认为，如果忽略这些资料中提倡的不道德和（或）违法的诡计、操控策略，无论是学术界还是警察本身，都无法成功建立讲述实施询问策略的规范化模型。科恩克维斯特（Kornkvist）对国际上的 20 本侦查询问手册所做的广泛研究（Kornkvist，2006）支持了我们的这个观点。对侦查询问的国际文献研究综述（如 Shepherd，1991；Baldwen，1993；Williamson，1993；Milne and Bull，1999；Clarke and Milne，2001）清楚地显示，并非只有挪威警察没有充分利用案卷中潜在证据的策略。

因此，通过与罗恩·尼尔森（Royne Nilsson，前侦查部门的探长和瑞典警察学院讲师）合作，我们提出并完善了一个侦查询问策略模型的实例。改进后的询问策略模型（见图 3-1—图 3-3）于 2001 年首次提供给挪威杀人案件侦查部门，并于同年应用于实践。该模型蕴含的理念是罗恩·尼尔森在 20 世纪 90 年代中期向瑞典警察部门提出的延迟出示证据，目前，该模型正在进行进一步的实证检验（Vrij and Granhag，2007）。

询问策略模型的第一步——计划

确认案卷中所有可能成为证据的信息。任何有效的询问，第一步都是扎实的准备工作（Baldwin，1992；McGurk et al.，1993；Stockdale，1993）。询问策略模型同样如此。如果认为不清楚指控犯罪嫌疑人的案件信息却能有效实施策略性询问，那就太天真了。在进入询问室之前，询问人员必须能够回答以下问题：你打算策略性地处理哪些信息？

也就是说，每一项有可能成为证据的信息都应该精心地进行策略性的处理。在这一阶段，信息是否明确或是否能将犯罪嫌疑人与犯罪关联起来　　56
并不紧要。

询问策略模型的第二步——准备

对于所有可能成为证据的信息，找出所有可能的解释。如果犯罪嫌疑人是有罪的，想要逃脱惩罚，他或她就必须为每一个表明自身有罪的潜在证据提供一个貌似合理的虚假解释。因此，为了掌握情况，询问人员将尽可能地在询问准备阶段想好这些解释。这就是演绎——侦查的典型思维方法。询问人员的水平就取决于这些手头的信息和创造力。

谢泼德（1991）、阿斯克与格兰哈格（Ask and Granhag，2005）指出，在对现有证据持确定观点的情况下开始询问是非常危险的。如果犯罪嫌疑人是无辜的，或在犯罪中的作用与侦查人员的预想不同，试图发现所有可能的解释可以激发出开放性思维，减少过早定论的风险。

如果不实施这一步骤——例如，在第三步之前就提出直接而正面的质疑将给犯罪嫌疑人创造机会去构建一个可能无法反驳的合理却虚假的解释。如图3-1所示，箭头1过早地质疑，箭头2表示没有疑义的、真实或虚假的回答。对询问策略模型有深刻理解的侦查人员能够立即察觉到可能失败，意识到如果犯罪嫌疑人有罪，潜在的证据很可能变得薄弱或完全失去价值。

为了避免图3-1所示的策略失误，侦查人员必须考虑在采取质疑（步骤四）之前仔细完成第二步和第三步。

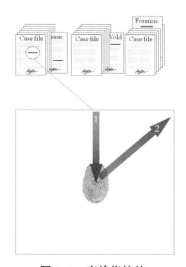

图3-1　直接指控法

注：用直接指控法询问犯罪嫌疑人（箭头1），可能会促成虚假的、坚决的否认（箭头2）。

询问策略模型的第三步——收集信息的询问

在进入下一步之前，通过详细研究犯罪嫌疑人的全部陈述内容，设法排除步骤二中确定的所有可能的解释，排除对犯罪嫌疑人任何回答的可能的解释。

由于合乎道德和非对抗性的交流可以获取很可靠的信息（Holmberg and Christianson，2002；Hartwig，2005），在这一阶段，询问人员应该对所有话题都提出开放式问题，必要时可以提出一些试探性问题来引出信息，从而排除所有看似合理的其他解释。在（第四步）质疑之前，侦查人员必须立即细致审查犯罪嫌疑人提供的所有解释（无论真实或虚假）（图 3-2）。所以，实际上询问人员是在寻找各种可能的解释。这个过程可以激发开放思维，当然，需要认真计划和保持灵活。

如图 3-2 所示，在这一阶段中，至关重要的是，询问人员提出的问题不能透露询问人员掌握的潜在证据。如果提问暴露了潜在证据的内容，聪明的犯罪嫌疑人就会想到办法，在询问人员排除合理解释之前编造出看似合理却虚假的解释。

57

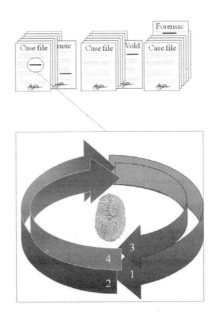

图 3-2　策略性地接触可能成为证据的信息

58　　　　总而言之，一个良好的策略性询问既是有效的，也是合乎道德的，因为它可以围困有罪的犯罪嫌疑人，而对于无辜的犯罪嫌疑人，开放的态度将促成询问的公平、理性。有人认为，延迟出示证据违反了埃里克·谢泼德（Eric Shepherd, 1991）提出的侦查询问六项原则之一，即"披露原则"。然而，在刑事案件侦查中，披露原则应与合理组织现有证据的需求保持均衡。在我们看来，只有试图欺骗的实施了犯罪的犯罪嫌疑人才能从过早出示证据中获益。

询问策略模型的第四步——提出质疑

对于第四步，最好举例说明。假设在一起人员失踪案件中，刑事科学技术人员搜查了犯罪嫌疑人的车。在后备厢里，他们找到了一缕头发，DNA 检测结果属于失踪人员。在第一步和第二步中，询问人员确认了证据和所有可能的对于头发为何出现在车内的解释。询问人员在考虑所有可能的解释后制定了询问策略。随后的询问按计划进行，犯罪嫌疑人没能提出其他解释。

至此，询问人员有理由相信犯罪嫌疑人不能提出任何站得住脚的解释。在结束第三步和开启第四步之前，有策略和有条理的侦查人员现在应该已经能够确定（例如）犯罪嫌疑人在被害人失踪前购买的车（图 3–3 中的箭头 1），他也是最近一个月唯一使用过这辆车的人（图 3–3 中的箭头 2 等）。犯罪嫌疑人没有遗失过车钥匙，他的车没有被偷，也没有被撬过，他也没有为任何人运送过物品。犯罪嫌疑人还说在过去一个月里，除了自己的妻子，他没有搭载过任何乘客。

现在，在所有合理解释似乎都被排除后，询问人员就有信心展开质疑了。询问人员首先总结犯罪嫌疑人对车子的解释，让他再次确认这些解释。在这一阶段，询问人员应该澄清或纠正可能的误解，防止犯罪嫌疑人在后面的询问中辩称是因为误解。询问人员现在应该就可能成为证据的信息与犯罪嫌疑人进行对质（图 3–3 中的箭头 6）。最好用平静的语气和明确的语言主动提出问题，例如："先生，我们刑事科学技术人员已经检查了您的住所。您能解释一下为什么失踪女孩的一缕头发会出现在您的车里吗？"

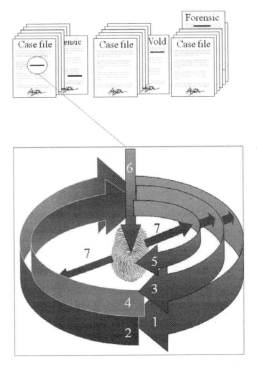

图 3-3 以排除所有解释后的潜在证据与犯罪嫌疑人对质

　　此时，询问人员表示他可以透露信息来源，以便犯罪嫌疑人对信息可 　59
靠性和是否存在偏见和预断做出恰当的判断。在提出问题后，询问人员应
该给犯罪嫌疑人足够的时间静静地思考以便做出回答。如果犯罪嫌疑人的
确有罪，那么前面排除可能性的步骤会使这一阶段的任何答案都与他之前
的至少一个陈述发生矛盾（图 3-4 中的箭头 7）。询问人员应该根据犯罪嫌
疑人的回答重复这一问题，并准备好明确解释证据是如何获取和分析的。
但是，询问人员不应详细说明证据内容，因为如果犯罪嫌疑人在回答中提
供了解释，那么，这些引而不发的细节将发挥控制作用。如果犯罪嫌疑人
不能做出合理解释，那么，询问人员必须明确无误地记录这一事实。我们
建议，最好是进行录像。

　　案卷中通常包含多项潜在证据，因此，应当在所有潜在证据都于第三 　60
步的程序中处理完毕之后才能进入第四步。提前展开质疑常常对沟通和犯

罪嫌疑人的回忆能力产生负面影响（Hartwig，2005）。同时，在所有需要证明的问题隐蔽好之前，过早地质疑将暴露询问策略。

上述询问策略模型需要周密计划和精心准备。即便犯罪嫌疑人保持沉默，或者只是回答"无话可说"，第一步和第二步中的创造性工作对警方来说也绝不是浪费时间。询问人员发现的每一种合理解释都是一个重要的侦查方向，都应当进行核查，这才是开放性的侦查，同时，这样做可以消除犯罪嫌疑人成功实施"伏击辩护"（ambush defence）的机会。这种询问犯罪嫌疑人的方法并没有什么革命性的东西，而且，正如警觉性很高的读者可能已经注意到的那样，它肯定不是无所不能的。虽然如此，我们仍然相信这些理念符合时代和伦理要求。挪威的调查（Fahsing and Rachlew，2006）显示，经验丰富的侦查人员很看重这些策略模型的实践价值。哥德堡大学的研究人员对模型背后的一些基本理论展开研究，正在撰写一本题为"有罪和无罪的心理学"的书。

前进的道路

如上所述，北欧地区侦查询问的发展在某种程度上可与英国和威尔士的发展相媲美，它为侦查询问打下了一个合乎道德、细致严谨的新基础。北欧侦查询问发展的范围、速度和深度似乎取决于以下两个因素：第一，有关人员的动机和能力；第二，各国司法丑闻的数量和规模。挪威似乎采纳了英国同行的大部分观点，而其他国家，如冰岛，现在也准备走这一条路。然而，除了挪威在2004年成立了与不合格的侦查询问没有直接关系的刑事案件审查委员会，迄今为止北欧国家都没有采取结构性改革，也没有任何国家为侦查询问制定任何官方的、标准化的行为准则。这表明，警察部门的行政人员和政府部门仍然没有充分认识到制定反映领域内知识成果的国家准则的必要性。前面提到的瑞典案例表明，人们对合乎伦理的询问研究文献一无所知。具有讽刺意味的是，警察和检察部门的内部观点与霍尔姆伯格[5]（Holmberg）和克里斯蒂安森（Christianson）在瑞典所做的一项开创性研究中强调的方法形成了鲜明的对比。因此，我们应该对新知识的重要性持更谦逊的态度。另一个关键问题是，应该根据研究人员（如

Milne and Bull, 1999）和欧洲议会（欧洲防止酷刑委员会标准，第 36 条）的建议，更普遍地对侦查询问实施电子记录。

研究是发展的核心。侦查人员似乎对产生于外部的观点有一种天然的怀疑，特别是在需要做出改变的时候。一些理论可能比其他理论更适用。然而，怀疑论似乎削弱了重要观点的影响，阻碍了实践应用。警察的生态系统和研究的生态系统保持密切联系至关重要。挪威在理解心理学研究成果不仅适用于询问证人，也适用于询问犯罪嫌疑人方面进步很大，对此，一个合理的解释是，可能是本文作者（两名经验相对丰富的侦查人员）获得了司法心理学硕士学位后又获得了从内部做出改变所需的职位。挪威设立刑事案件审查委员会表明，不仅警察内部需要进行改革，司法系统内的所有机构都应接纳新知识。最近，瑞典的国家法院管理局为该国所有法官举办了一个强制性的为期两天的培训会，邀请经验丰富的学者，如斯文奥克·克里斯蒂安森参会，促进司法心理学在司法程序中的运用，增强法官们对侦查询问知识的了解。前文提到，北欧心理学与法律研究网络的建立，是对北欧地区侦查询问发展的一个重要贡献。自 2004 年成立以来，学者们每年开一次会。该机构的目的可概括如下：

·促进北欧地区学院和研究机构之间的交流。
·为研究人员提供向北欧的同事们展示研究成果的机会。
·启动更大的研究项目。
·汇集资金以便邀请和接待国际研究人员。
·开设联合博士学位课程和开办研究学院。

62

除了比较稳定的司法心理学和对记忆的研究以外，还有许多值得关注的研究项目正在进行，这些项目直接聚焦瑞典、丹麦和挪威的侦查询问。有意思的是，其中几个项目的负责人要么本身是警察，要么受雇于警察部门。用一句话总结：整体而言，北欧地区各国拥有必要的经验和能力，能够创造出明智而普适的询问方法，为侦查询问的研究和实践开创了更富成效的未来。

注 释

〔1〕非常感谢：丹麦——库尔特·克拉（Kurt Kragh）、克里斯蒂娜·凯平斯卡·雅各布森（Kristina Kepinska Jakobsen）；芬兰——埃尔基·埃洛宁（Erkki Ellonen）和基默·基斯基（Kiimmo Kiiski）；冰岛——比亚尼·博加森（Bjarni Bogason）和奥拉弗尔·布拉加森（Olafur Bragason）；瑞典——哈丽特·雅各布森·乌恩（Harriet Jakobsson Öhrn）、罗恩·尼尔森（Royne Nilsson）和帕尔·安德斯·格兰哈格（Pär Anders Granhag）。

〔2〕"生存水平"，是指在大多数情况下取得一个看似可以接受的结果（Shepherd and Kite, 1988）。

〔3〕更多关于软件开发及其细节，参见 www.indicosystems.no。

〔4〕这份报告（492 页）发表于 2007 年 6 月 25 日 [Fritz Moen ognorsk strafferettspleie, NOU2007：7；在线下载地址：www.regjeringen.no/pages/1989602/PDFS/NOU200720070007000DDDPDFS.pdf（挪威文版）]。这份报告严厉批评了针对弗里茨·莫恩采取的大量强制性讯问。弗里茨·莫恩总共接受了 150 多个小时的讯问，其中包括一次持续时间超过 15 个小时的讯问。讯问人员大声指控他，说："我们知道就是你干的"，并用拳头捶打桌子。该报告还强烈批评了对证人的强制性询问，如 2001 年弗里茨·莫恩争取重新审理案件时的暗示性询问。

〔5〕他也曾是瑞典警察部门的一名探员。

第四章

法国、比利时和荷兰的侦查询问：
正在发生的变化————————

西尔维·克莱门特
马克·范德普拉斯
保罗·范登埃霍夫
妮可·尼罗普

近年来，法国、比利时和荷兰都对侦查询问产生了浓厚兴趣。然而，　66
其在各国的发展演变却有不同。法国和比利时正在从方法的角度制定结构
良好的培训方案，而荷兰则采取一些组织化的措施强化侦查询问的实践。
本章对这些国家的现行规定进行概览，并以对未来发展的讨论作为结束。

询问技能培训：以法国国家宪兵队 [①] 为例

西尔维·克莱门特

组织培训既费时又麻烦。首先，培训有特定的社会、经济或政治背景，
这些要素促使专业人士深入思考询问的实践情况和询问培训政策。明确这

---

① 法国国家宪兵部队是一支军事性质的警察力量，兼有维持军纪和社会治安两项职责。
具体包括侦查刑事案件、维护社会公共安全、处理交通事故、收集社会治安情报、预防和打击
军人犯罪、支援军事行动、保卫重要人员和军事目标安全等。——译者注

一点后，则要开始开发培训课程（包括创建课程内容、招聘和培训教官等），以满足先前分析所确定的内部需求。法国国家宪兵部队是一支具有军事性质的警察部队，它在调查听证（hearing）和审讯方面的培训经历了不同阶段。2002 年，法国开展了一个对调查听证和审讯进行培训的大型项目。下文对这项新培训方案的历史背景进行讨论。

对侦查询问展开争论的社会背景

在法国，警察权大于普通法国家的警察权，所以法国警察权受到很多控制。最近，警察和宪兵的职务活动受到强烈质疑，特别是在刑事侦查领域。无罪推定原则、刑法诉讼规则约束性的演变[1]、被害人的重要性日益提高，以及媒体对刑事侦查突然产生的兴趣，[2] 都是批评家们易于关注的方面，尤其是侦查方法。

同时，非常明显的是，一些冤案使刑事侦查和整个司法工作信誉扫地：2000 年的奥特鲁（Outreau）案件、2003 年的图卢兹（Toulouse）案件以及1987 年和 2002 年的迪尔斯（Dils）案件。这些案件的共同点是：造成侦查错误的部分原因是询问和讯问。有人指出，侦查人员的工作特别缺乏中立性，对在押犯罪嫌疑人施加压力、缺乏询问儿童的技巧。这些案件还有一个共同点，就是它们的主要证据都是言词证据而不是其他确凿证据。让人意外的是，这些冤案是在发展犯罪现场勘查和刑事科学技术、以视听记录防止此类错误等措施的背景下发生的。

冤案激起了公愤，特别是在涉及儿童的奥特鲁案件中，人们坚定地认为警察有必要重新考虑侦查人员的询问和讯问技巧。[3] 缓慢浮现的薄弱环节强化了保护需求。因此，一个积极的结果是：开展专业培训的需求增加了。

经验主义不持久

警察队伍的职业文化是：高度提倡在工作中学习（现场经验），而不是通过培训学习（Monjardet，1996）。询问和讯问方面尤其如此，直到最近，警察们还是采取纯粹的经验学习。人们经常会听到这样的话，要么你天生擅长审讯，要么天生就不擅长。这种态度并不适应当前要求越来越高的社会环境，在这种环境下，侦查工作必须走专业化道路。

在 2002 年设立的询问与讯问方法工作小组框架内进行的两项探索性研

究[4]证实了警方内部存在的经验主义。通过研究，人们都认为有必要组织这方面的培训，因为询问和讯问被一致认为具有技术难度大、智力要求高和操作困难的特点。学校里盛行的说教式和程序性学习不能满足实践需求。高等教育对这一内容没有有力的研究。考虑到以"多重价值目标"为核心的基础培训越来越复杂，就不难理解这一点（Clément，2006）。

考察实际案例可以发现，调查听证和讯问非常复杂，实施过程并非照章办事。此外，成功进行调查听证或讯问还取决于其他两个因素：（1）提出问题的人，（2）交流发生的环境。总之，困难和需求因询问人员是宪兵还是特定部门（侦查部门）人员而不同。

还有最后一个问题——侦查过程中询问和讯问的重要性。尽管缺乏统计，我们认识的侦查人员都强调，询问和讯问是调查的重要步骤，询问证人或被害人和询问犯罪嫌疑人一样有困难。

明确需求

除了考察实际案例，还有一项调查也清楚地表明了培训的必要性，在这项调查中，85% 的受访侦查人员认为培训很重要。然而，培训不必采用单一体系，以便更好地指导实践。调查问卷的答案及其分析也揭示了培训的基本需求（行为、评估、如何接触）和高阶技能需求（针对具体案件）。此外，培训专业化的要求也很高。

在讨论中，人们提出很多建议，涉及与大学或专门机构制订培训计划、优化现有资源（与专门机构就未成年人问题开展内部培训）、编制工作手册、发展司法机构之间的交流（自我培训），以及建立专门用于司法领域的文献体系（选择文档、深入整理和信息传播）。

总之，需求有很多。这些需求有的涉及基本内容，有的则聚焦在技能上，所以有必要分阶段培训。我们认为，可以增加一套补充规定，以便形成完整的基础教育和继续教育体系。前文曾说，应当提高培训的专业化程度，而这是一个复杂的过程。总之，培训计划必须满足上述需求。

有待推进的培训服务

观察和思考持续了很长的时间，大约是两年。而关于培训发展时间甚至更长，到现在还在继续。2004 年 11 月，当局组织了一个实验性的侦查询问培训，用来测试教学方法（注重实践经验和交流）和将要讲授的询问方法。培训对象是 15 名司法领域富有经验的侦查人员，为期一周，汇集了来自不同领域（如心理学家、法官、检察官、学者和宪兵）的教师。随后进行的评估证明效果良好，于是正式启动该项目。

在基本原则确立之后，就需要将其贯穿于有逻辑体系的教学单元之中。主要有两类培训：初级教育（针对初级警察）和高级教育（针对所有人员）。此外，还需建立教师队伍。针对有经验的侦查人员的培训也正在研究中。因此，警察学校和初级警察学校也必须相应地设立培训模块。在这一框架内，需要建立师资系统和调整现有培训课程。教材也是必需的：2007年拍摄了一部给培训学员观看的短片，目的是让他们理解实施询问的困难。

70　　为了满足需要，实施这些项目之前需要做大量的准备工作：确定教学目标，填写教学表格等。总而言之，培训服务依赖于两个基本原则：所有教学单元的共同基础，以及相似的教学方法（实践情况和经验反馈）。这一共同基础保证了不同类型的培训也能保持一致，使所有人受益。

当然还有很多工作要做，其他项目也正在商定中。无论是培训的组织实施方法（通过统计确定客观情况和明确培训需求，确定不同层级的培训服务，组织实验性培训会来测试培训设想），还是培训参与人员，都获得了成功。项目需要大量的人力和财力，表明相关机构对专业化非常重视。未来还有很多工作要做，未来充满希望。

比利时的侦查询问

马克·范德普拉斯

1. 冤案

据我们所知，比利时还没有发生过无辜的人被定罪或侦查人员在询问中犯明显错误的冤案。讨论最多的案件之一可能是 1996 年迪特鲁案中公开的所谓的 X 档案。[5]

这个案件曝光后，几名"被害人"站出来声称曾遭受性虐待，并且目睹了谋杀。阴谋论扩散开来，有传言说有组织的犯罪网络已经延伸到比利时高层。几名被害人或证人在催眠状态下接受了询问。但陈述内容无法得到证实，最终整个侦查工作被暂停。询问方式和将催眠作为一种询问技术受到质疑，特别是其中包含的暗示和偏见。确实，萨维奇和米尔恩（Savage and Milne，2007）认为，形成冤案原因之一是无能的侦查。

2. 运用询问技巧

2.1 法律体系

《比利时刑事诉讼法》规定，侦查询问是初步侦查或初步司法调查的一部分。这种初步侦查由一名治安法官（magistrate）以书面形式秘密实施，这一做法意味着：首先，侦查人员并不是独立行动，治安法官指导侦查工作以正确的方式展开。其次，侦查案卷中总是包含一份表现为情况说明的询问书面报告。

但是，《比利时刑事诉讼法》规定可以对询问进行录音或录像。如果被害人或证人在 18 岁以下，建议进行视频询问（video interviewing）。视频设备也可用于针对成年人的询问。治安法官决定是否需要对询问录音，他或她可以指定侦查人员实施询问。不难理解的是，询问儿童的法律规范更为严格，它因一份部长通函的颁布而得以推进，该通函中规定了询问儿童的程序，并且提到了询问的基本原则。根据规定，对未成年人的视频询问应以循序渐进、充分尊重和不得暗示的方式进行。

除了询问的一般规定和询问儿童的特别规定外，比利时还对在刑事侦查中使用测谎仪做出了规定。2003 年，一份部长通函详细规定了使用测谎仪的程序。测谎被认为是侦查询问的一种特殊形式，用以指明侦查方向。对于这种技术，法律有严格规定。只有在满足比例性原则和辅助性原则的条件下才能进行测谎。比例性原则是指不能在轻微案件中使用测谎技术；辅助性原则是指所有"传统"的侦查方法都已使用过却未得到足够物证。法律还明确规定了治安法官可以下令实施测谎的条件，必须确认测谎参与人的信息及其参与的自愿性，以及必须采用的测谎方法。此外，测谎过程必须全程摄像。

2.2 在比利时到底发生了什么？

2.2.1 总体发现

对于成年人来说，视频询问具有可选择性，因此，在实际工作中对成年人进行视频询问的情况很少见。一方面，这种做法使治安法官更难监督这种侦查询问。他（她）只能依赖于询问的书面报告实施监督，而许多研究表明，以书面形式记录询问是有问题的（更多内容见 Milne and Bull，2006）。另一方面，这种随意的政策也限制了比利时侦查询问方面的科学研究。据作者所知，目前仅有三项关于成年人询问的研究，这三项研究都是基于侦查人员的自我报告（在其中一起案件中也有来自询问对象的反馈）来了解政策和实践。下文依次分析这三项研究。

庞萨尔等人（Ponsaers et al.，2001）对 360 名侦查人员进行了一项关于审讯技巧的调查，发现审讯的主要目的是收集可核查的信息，而不是为了获取供述。在调查中，侦查人员看到 105 种审讯策略，并被问到他们在何种程度上使用了这些策略。调查结果是：大多数侦查人员都没有使用或很少使用这些策略。尽管如此，还是有一些惊人的发现。例如，23.8% 的受访侦查人员经常提到他们尚未确定的证据。在 9.1% 的案件中，侦查人员确信的证据其实并不存在。37% 的侦查人员经常使用刻意表达自己确信犯罪嫌疑人有罪的策略。10% 的侦查人员使用事实展示最小化的策略，5.9% 的侦查人员使用将犯罪归咎于环境的策略，2% 的侦查人员使用将犯罪归咎于被害人的策略。研究人员得出如下结论：比利时的审讯策略运用情况整体良好，但社会期许可能影响了调查结果。也就是说，警察们说自己做了什么和他们实际上做了什么，有可能是两回事（Ponsaers et al.，2001）。

在另一项研究中，德弗鲁伊特等人（De Fruyt et al.，2006）要求 230 名侦查人员描述自己的 66 种询问能力。调查结果将询问人员分为五类。然后，研究人员向他们展示了 20 种审讯情境，将询问能力与特定情境联系起来。五个能力分组的询问人员因询问对象不同而得到差异很大的分数，特别是对被害人、证人或犯罪嫌疑人的询问。在对被害人的询问中，研究人员发现，被害人询问与"善意"、[7]"敏感性"[8]和"惰性"[9]呈正相关性，而与"支配性"[10]存在显著负相关性。证人询问与"善意"、"敏感"与"谨慎"[11]有显著正相关性。犯罪嫌疑人审讯则与"敏感"、"谨慎"、"支配性"呈显著正相关性，而令人吃惊的是，审讯犯罪嫌疑人与"善意"能力呈负相关性。据此，研究人员提出了一份"警察询问能力量表"

（PICI），这可能是训练审讯人员和优化审讯流程的有用工具。同时，研究人员也指出前面提到的自我报告的局限性（De Fruyt et al., 2006）。实际上，在这项研究中最让我们震惊的是，许多警察认为，他们在实践中对待被害人、证人和犯罪嫌疑人的方式是不同的。大多数受访的侦查人员认为，为了获得成效，应以更具攻击性和更专制的方式审问犯罪嫌疑人。

范德哈伦（Vanderhallen, 2007）在最后一项也是最近一项研究中对询问风格进行了调查，研究人员对警察和 126 次真实询问的对象——被害人、证人或犯罪嫌疑人进行了采访。尽管询问人员认为其对待被害人、证人和犯罪嫌疑人的态度是一样的，但被害人、证人和犯罪嫌疑人的看法却明显不同。犯罪嫌疑人认为，与受访的被害人和证人相比，他们遭受了更武断、更缺乏人性关怀的对待。对他们来说，他们对询问的形势了解很少，受到的尊重更少而遭到的敌意对待更多。犯罪嫌疑人在采访中说他们非常害怕。而这与询问对象提供的信息量呈负相关性。他们还认为询问人员能力差而且不可靠。

德弗鲁伊特等人（2006）和范德哈伦（2007）的研究结果表明，比利时的大部分询问人员在询问犯罪嫌疑人时仍然从有罪推定出发，采用控制型的审讯方式，而不是人性化的审讯方式。研究表明，控制型审讯对建立融洽交流关系和相互理解有负面影响（Holmberg, 2004a, 2004b），犯罪嫌疑人做出充分陈述的意愿实际上是由受到尊重和融洽的交流关系激发出来的（Milne and Bull, 1999）。

范德哈伦的研究（2007）证实了连锁反应的现象，即在连锁反应中，询问人员对犯罪嫌疑人是否有罪的预判（Moston et al., 1992）引起确认偏误和信念固着机制，反过来使他们主要寻找有罪供述和收集有罪证据（Mortimer and Shepherd, 1999；Kassin et al., 2003；Kassin, 2005）。这种倾向影响询问风格，使其变得更具控制性和指控性。这种风格让询问对象思路更不清晰、更恐惧，会做出更多的防御行为（Vanderhallen, 2007）。另外，研究表明，侦查人员本身并没有意识到这一点，或者是不想向研究人员报告。因此，有必要对这个问题进行更多的研究。

2.2.2 询问未成年人

每年都有超过 1000 起未成年人询问被录像记录下来。最近的一项科学研究微观分析了 57 次询问（Dommicent et al., 2006）。其中，所有询问人员都接受了未成年人询问方面的专门培训。三分之一的询问人员接受了单独随访，三分之一的询问人员接受了集体随访，还有三分之一的询问人员没有接受随访。基于专门的未成年人询问培训所讲授的主要理论和能力，研究人员编制了一个由 127 个观察量表组成的网格，研究表明，三个基本原则（循序渐进、尊重和非暗示性）得到了基本遵循；接受个别随访的询问人员对询问对象更为尊重，接受集体随访的询问人员与未接受随访的询问人员则没有明显差异。研究还表明，自由回忆的时间与非暗示性正相关（Dommicent et al., 2006）。

2.2.3 测谎

自从比利时开始对询问人员展开测谎培训以来，已经进行了 1500 多次测谎，测谎对象主要是犯罪嫌疑人。测谎"需求"仍在逐年增加。[12] 测谎人员在加拿大警察学院接受培训，基本上都是使用控制性提问的技术。对该方法有效性的研究结果差异很大，其有效性一直受到许多学者的质疑。[13]

根据比利时的法律，测谎主要应用于证据很少或没有证据的案件侦查，这类案件侦查中存在着有罪推定，例如，对陈述内容进行有罪推定。在这些案件侦查中，超过 85% 的测试结果都是陈述内容"真实"。对于许多犯罪嫌疑人来说，这意味着测谎结束，然后在之后的很多年里都带着这一没有足够物证支持的有罪"标签"。

比利时司法部长明确将测谎作为初步侦查阶段中确定侦查方向的手段，但实际做法却与此相异。由于比利时不限制刑事证据的形式，测谎结果因此实际成为法庭审理的证据材料。在使用控制性提问的测谎中，"假阳性"是一种典型的风险，因此，比利时使用的"说谎话"的测试非常值得警惕（BPS, 2004）。

2.2.4 司法催眠

司法催眠也是一种受到学术界强烈批评的方法。科伦巴格和范科彭（Crombag and van Koppen, 1997）认为催眠使记忆消退，因为催眠对暗示

高度敏感。因此，当人们将催眠作为侦查方法时，会增加虚假记忆的风险
（Crombag and van Koppen，1997）。

　　虽然警察没有使用过这种方法，它也不是法定的侦查询问方法，但仍
有必要谈论一下这种方法。在比利时，心理学家或医生每年都会进行几十
次使用了催眠技术的询问。治安法官可以根据专家的评估提议使用催眠。
这些催眠询问总是在进行了一次或多次"标准的或传统的"询问之后进行，
而且只有在证人或被害人声称他们记不清具体细节，如车牌号码、犯罪嫌
疑人外貌时才会进行。尽管科学性上的批评，但我们必须指出，催眠收集
到的信息的确在一些案件侦查中发挥了作用。例如，在两起案例中，根据
催眠询问中绘制的照片锁定了犯罪嫌疑人。在另一起案例中，被害人在催
眠询问中说出了她在正常询问中记不起来的电话号码。当然，我们不知道
前几次的"标准"询问深度如何。

3. 政策和培训

　　在比利时，一线警察在 10 所省级警察学校接受培训。而二线警察（不
穿制服的侦查人员）在一所国家刑事侦查学校接受培训。2006 年，一个由
询问教官、行为科学家和治安法官组成的研究小组调查了现有的"询问"
培训在多大程度上符合实践的需要，一线警察培训和二线警察培训之间是
否存在必要的一致性，以及所教授的询问技能在多大程度上具有法律上和
科学上的可接受性。[14] 研究小组的结论是，在过去十年里，比利时在侦查
询问培训方面取得了丰硕的成果。20 年前，培训内容比较理论化，而现在
更多的是立足于侦查实践。然而，准备工作、询问中的质疑、如何获得基
本技能（沟通和基本的询问技巧），以及怎样实现足够的询问深度等问题则
没有获得足够的重视。

　　一项对省级警察学校的比较研究表明，在培训内容和实习数量方面，
基础培训之间存在很大差异。每个警官的基础训练中只有 22 小时的"询
问"培训单元（Volckaert，2005）。目前，负责培训的部门对这个问题给予
了特别关注。

　　就审讯技巧的可接受性而言，研究人员发现，在二线警官的询问培训
班中主要讲授的是里德技术（Inbau et al.，2001）。这样的培训特别强调罪

责最小化策略、负罪感投射、限定话题，以及提出可以解释为说实话或说谎的行为观察问题。一个值得警惕的发现是，一些培训教官陷入了这些技术"在实践中具有可识别性"，而"有罪的犯罪嫌疑人"会实施相应行为的陷阱①。在他们看来，"等待发现科学证据"意味着时间流逝和侦查停滞。这种情况是令人担忧的。这是因为，前文已经阐述过，这种询问技术已经受到学术界的严厉批评，被认为是不道德的（Gudjonsson，2003），它可能会导致虚假供述（Kassin and Kiechel，1996），并且教官们用幼稚的想法来解释有罪或无罪的行为表现（Mann et al.，出版中）。

　　除了上述培训（包括未成年人询问的培训）外，比利时没有其他有组织的培训，也没有系统的后续学习、工作中的监督和指导等。毕竟，这需要付出大量的才智，而且视频询问的不足也使情况更加复杂。同时，应当重点解决的是使现有的培训方案协调一致。

荷兰的犯罪嫌疑人讯问

保罗·范登埃霍夫

1. 引　言

　　与比利时不同，在荷兰，一些冤案引起了广泛关注。很大一部分原因是这些冤案常常与虚假供述和低质量的审讯有关。最近，已经证实在两起谋杀案中，无辜者被定罪：普滕案（Blaauw，2002）和斯希丹公园（Schiedam Park）谋杀案（van Koppen，2003）。当局特地设立调查委员会调查了另外三起有罪判决的刑事案件：恩斯赫德（Enschede）性虐待案（van Es，2003），伊娜·波斯特（Ina Post）案（Israëls，2004）和露西亚·德·B（Lucia de B）案（Derksen，2006）。根据调查结论，重审这些案件的请求现在已提交给荷兰最高法院。在本章中，我们将首先概括介绍荷兰警察使用的审讯方法，然后讨论上面提到的两起冤案，考察未来防止冤案的新政策，最后，简述这一领域内的其他相关发展。

---

① 即在询问实践中，难以识别询问对象身体动作的含义，确实有罪的犯罪嫌疑人并没有固定的行为模式，因此，很难对照分析出犯罪嫌疑人是否有罪。——译者注

2. 审讯方法

审讯犯罪嫌疑人的方法不同于社会心理学中的询问方法和临床心理学中的询问方法，因为审讯是在司法程序中进行的，因而审讯最重要信条就是查明真相。而且，要使审讯结构良好，就必须采用特殊的方法。在本部分中，我们将讨论一种由荷兰警察学院、国家警察培训中心设计的规范化的审讯策略（第 2.1 节）和一些有争议的审讯方法，这些方法直接源自应用（通俗）心理学且缺乏司法基础，例如，所谓的"扎恩斯·韦霍尔法"（Zaanse verhoormethode）（第 2.2 节）。本文将在最后介绍公诉机关内部的工作守则，它禁止使用某些审讯方法（第 2.3 节）。

2.1 规范化的审讯策略

荷兰警察学院研发了一套犯罪嫌疑人审讯方案（van Amelsvoort et al., 2006）。这种被称为规范化的审讯策略被用于预备侦查员的培训，适用于那些在某种程度上愿意作证但却不愿做出充分陈述的犯罪嫌疑人。理论上，这种方法适用于所有符合以下条件的案件：（1）有足够的审讯策略方面的证据和 / 或刑事科学证据，可以制订出审讯计划；（2）犯罪嫌疑人对压力有"正常"的承受能力；（3）犯罪嫌疑人愿意谈论案件。规范化的审讯策略包括四项内容：（1）尽量减少犯罪嫌疑人的抗拒；（2）以迂回的方式向犯罪嫌疑人出示证据，使其不能否认事实；（3）施加压力，使犯罪嫌疑人在证据面前只能说实话；（4）如果犯罪嫌疑人的陈述经过调整后能够反映真实情况，可以对犯罪嫌疑人给予奖励（van Amelsvoort et al., 2006）。审问以犯罪嫌疑人比较可能做出回答的话题开始，以犯罪嫌疑人很难做出陈述的话题结束。审问人员为每一个话题准备了一些迂回的问题，并在审讯过程中循序渐进地增加压力。循序渐进地增加压力是为了减少犯罪嫌疑人的抵抗，同时提升其做出充分陈述的意愿。

使用规范化的审讯策略，要求侦查人员认真准备审讯，并制定详细计划。该策略确实有一些缺点（Nierop and Mooij, 2000；Nierop, 2005）。例如，在有些情况下，由于没有有助于确定审讯策略的证据而无法运用这种方法，而且很难确定犯罪嫌疑人会如何应对压力。奖励犯罪嫌疑人也有风险，可能会导致记忆塑造（shaping），特别是审讯对象是无辜的和弱势人群

78

（Nierop，2007）。除了规范化的审讯策略外，警察学院还教授多种审讯方法，如使用证据矩阵的方法、以询问对象为导向的方法、以案件为导向的方法、激发犯罪嫌疑人陈述意愿的方法等（van Amelsvoort et al.，2006）。

2.2 有争议的审讯方法

荷兰警方使用的另一种方法是"扎恩斯·韦霍尔法"（Nierop and Mooij，2000），它不仅引起争议，也产生了大量的法律先例。这种方法由一位交际专家基于神经语言程序技术（Nierop and Van den Eshof，2002；Vrij and Lochun，2002）和其他理论提出。他提出了建立审讯人员库的想法，让不同的审讯人员在审讯中扮演不同角色。这些审讯人员使用的方法是：利用镜像（模仿犯罪嫌疑人的行为）、空间入侵（坐在非常靠近犯罪嫌疑人的地方）、关注焦点（基于神经语言学加工理论的注意力焦点）、照片拼贴（包括犯罪嫌疑人亲戚朋友的照片和犯罪现场的照片）、犯罪重演，以及由一名以上侦查人员同时提问（De Leeuw and hansen，1997；Slats，1997）。

79

在媒体曝光"扎恩斯·韦霍尔法"后，司法部长授权对该方法进行调查。调查结果是建议不再使用这种方法。荷兰有两起谋杀案向欧洲人权法院提出了上诉，其中确实使用了"扎恩斯·韦霍尔法"［埃宾厄（Ebbinge）案；耶格（Jager）案］。欧洲法院裁定，审讯中不存在心理折磨（《欧洲人权公约》第3章），鉴于荷兰法官公正地排除了供述，审判是公正的（《欧洲人权公约》第6条）（Myjer，2000）。然而，尼罗普和范登埃霍夫（Nierop and van den Eshof，2003）指出，判决中的以下文字值得注意："法院认为，从心理学角度看，它（'扎恩斯·韦霍尔法'）是一种复杂而有异议的方法，因为它通过精神刺激在犯罪嫌疑人和审讯人员之间制造一种亲密氛围实现最佳交流效果，其结果正如一名犯罪嫌疑人所说，基于信任的感觉而向审讯人员吐露心声，以便从沉重的记忆中获得解脱。"尼罗普和范登埃霍夫认为这段话表明，欧洲法院显然很反感这种复杂的心理手段，如以利用镜像、关注焦点、照片拼贴等手段在审讯中营造信任感，促使犯罪嫌疑人做出供述。尼罗普和范登埃霍夫指出，无论是在具体案件中还是在培训场合，在评估审讯方法时都应该考虑到这一点。

2.3 禁用的审讯方法

根据总检察长委员会"非正统的侦查方法"的训令（该训令于 2003 年
11 月 1 日生效），以下手段和方法被明令禁止使用：

·使用测谎仪；

·麻醉分析；

·对证人实施催眠；

·使用巫师；

·在审讯室里使用符合解剖结构的玩偶询问儿童。

检察机关认为：

　　　　原则上，公诉机关所遵循的高效和专业化的刑事诉讼方式不
允许使用那些经过科学方法评估认为不能保证客观可靠结果的侦
查方法。科学家的任务是发现哪些侦查方法能够获得可靠证据。
这方面的讨论不适合在法庭上展开。因而这些侦查方法获得的信
息也不能作为证据（NJ，1998/798）。即便侦查陷于僵局，这类方
法也应受到很大限制……在非常特殊的情况下，总检察长委员会
可以应总检察长的要求批准使用非正统的侦查方法。

对于询问证人，警察学院设计了一种叫作"引导记忆法"（guided
memory）的方法。做法是让证人重新体验特定情境，并清楚地了解到底
发生了什么。证人必须全神贯注——如闭上双眼——然后回答一系列开放
式问题。"这种方法主要调查听证中的证人询问"（van Amelsvoort et al.,
2006）。有时，引导记忆法也被用来说服最初否认犯罪的犯罪嫌疑人。但这
种做法存在异议，负责审查"扎恩斯·韦霍尔法"的委员会（见第 2.2 节）
反对让犯罪嫌疑人进行犯罪重演，因为只有当一个人确实实施了犯罪时，
才能进行"重演"（Recherche Adviescommissie，1996）。

3. 冤　案

3.1 普滕杀人案

1994 年，一名 23 岁的空姐被谋杀。在这起被称为普滕杀人案的案件

80

中，四名男子被逮捕并很快供认不讳。其中两人被指控强奸并杀害了被害人，而另外两名智力残疾人员则是在现场旁观。

81　　　这两个人的陈述不断变化且相互矛盾。1995 年，两名主要犯罪嫌疑人因强奸罪和谋杀罪被判处 10 年有期徒刑。有罪判决的主要依据是犯罪嫌疑人的供述，但他们同时撤回了供述。没有其他法医证据，而且现场发现的精液也不属于其中任何一人。上诉法院维持初审法院的判决，拒绝复核该案。

　　　一名刑事犯罪记者德·弗里斯（De Vries，2002）和一名前警察局长（Blaauw，2002）努力让媒体对此案保持关注，并最终扭转了社会舆论。在犯罪嫌疑人被送进监狱后，这位记者为此案制作了数十个重要节目，并与一名曾就该问题写过一本批判性书籍的前警察局长合作。德·弗里斯大量引用了审讯中的内容，对审讯方法表示怀疑，并强调犯罪嫌疑人的供述相互矛盾。在被告方的要求下，一名司法心理学专家对审讯进行了重新分析。他同意这种批评，并用科学术语表达出来，指出如下问题：频繁而长时间的审讯，有几次审讯持续到深夜；审问人员与犯罪嫌疑人之间过度信任；确认偏误；情境化的审讯（如提问：当时很可能发生了什么？）；假设犯罪嫌疑人抑制了谋杀的记忆；引导回忆；用被错误解读的同案犯供述及证据与犯罪嫌疑人对质。犯罪嫌疑人具有怀疑自己的记忆、顺从、易受暗示性和受教育程度低下等特点。最后，最高法院同意重审此案，因为有新的事实被发现。法医专家最初认为精液不是因为强奸而是因为之前的性交形成的，但在后来也推翻了这一证词。该案随后被莱瓦顿法院重审，法院严厉批评了该案中的审讯方法。2002 年，法院做出无罪判决。尽管司法心理学家毫不怀疑这两个人的清白，但许多法律专家仍然相信犯罪嫌疑人的供述是真实的。

3.2 斯希丹公园谋杀案

　　　另一起冤案是斯希丹公园谋杀案（van Koppen，2003）。2000 年 6 月，

82　一名 10 岁的女孩在斯希丹公园遭到强奸和杀害，一名 11 岁男孩被谋杀未遂。2001 年，法院（以及 2002 年的上诉法院）对一名最初作为证人出现的人做出有罪判决。案发当时，这名男子正在骑车穿过公园，听到男孩的

呼救后报了警。他作为犯罪嫌疑人被捕，后来据说在审讯中做出了供述。2004 年，人们发现这可能是一起冤案。在另一起性犯罪案件侦查中，犯罪嫌疑人在审讯中承认实施了斯希丹公园谋杀案，后续的侦查也证实了口供的真实性。2005 年，法院和特别法庭认定该犯罪嫌疑人有罪，判处 18 年监禁，随后根据入院令①羁押了该犯罪嫌疑人。在此之前被判刑的那名男子则被最高法院无罪释放。

4. 冤案促成的发展

4.1 波斯蒂默斯（Posthumus）委员会

基于斯希丹公园谋杀案中的错误判决，总检察长委员会成立了一个委员会对审讯进行评测。波斯蒂默斯委员会在报告中严厉批评了警察、检察机关和检察机关的咨询专家。委员会还对今后的审讯工作提出了建议：

·在警察（包括从事管理的人员和从事司法活动的人员）培训中，更加注重讯问方法；

·对有罪供述保持警惕，即使在审讯过程中没有非法施加压力，也没有使用法律禁止的方法；

·不要使用情境化的审讯，即要求犯罪嫌疑人或证人想象并说出可能发生的情况；

·在重大案件的讯问中事先制订讯问计划；

·在重大案件的询问中进行录像。

根据该报告和司法部长的命令，警察和检察机关制定了"加强侦查和起诉"方案，确定了以下目标：（1）增强公众对警察和检察机关的信心；（2）提高警察和检察机关的专业水平和工作质量；（3）保证透明和诚实。提出的措施包括将警察教育提升到一个更高水平，以便在未来至少 20% 的管理人员受到更高的专业化教育或大学教育，在大量案件侦查中建立抗辩和审查机制，实施审讯过程强制录音录像登记管理制度。

4.2 已结刑事案件评估委员会

考虑到前述评估报告的结论，检察机关决定调查是否还发生过其他冤

83

---

① 即将犯罪嫌疑人扣押于特定医院。——译者注

案。为此目的，成立了已结刑事案件评估委员会（CEAS）。该委员会的主要任务是查明在特定案件中出现的妨碍法官客观评价案件事实的错误，包括在刑事侦查、起诉过程中的错误，以及在法庭上出示证据中的错误。曾经的或现任警察或司法官员、荷兰法医研究所成员，或者分析了有关案件并就其发现发表科研文章的科学家，都可以向已结刑事案件评估委员会提交案件。提交重审的案件必须是已经终审的案件，所犯罪行必须严重威胁公共秩序和 / 或可判处 12 年以上有期徒刑。

已结刑事案件评估委员会也受到了一些批评：

· 标准过于严格：被判刑的人不能亲自向委员会提交他们的案件；

· 法官已经获得充分信息，但仍做出错误判决的案件不具备提交资格；

· 该委员会向检察总长委员会提供建议，因此不具独立性；

· 该委员会仅由司法专家和警官组成，不包括审讯方法和司法心理学领域的专家。

· 许多科学家认为，司法专家没有能力判断证据是否应该被采纳。不管是普通刑事案件，还是交由特别委员会审理的案件，这些问题都应该交给专家陪审团决定。

已结刑事案件评估委员会只是一个临时委员会。目前，当局正在研究是否可能采取更具制度性的解决办法。当局选择建立一个类似英国刑事案件审查委员会（CCRC）的机构的可能性很小。据检察机关最高级别官员和司法部长说，这样的委员会与荷兰的法律制度不相容。更有可能的是，以不同的方式让最高法院进行复核；接受新证据的标准可以放宽（van Dongen，2008）。

4.3 审讯犯罪嫌疑人的视听记录登记管理

在不久的将来，荷兰将立法规定对特定案件的审讯纳入电子记录登记管理。只要所有警察局建立起配备了必要设备的审讯室，这项立法就会生效。在立法生效之前，许多严重案件侦查中的审讯已经进行了电子记录。对审讯电子记录进行登记管理的目的是：使人们能够在后面的审判中审查审讯活动，并在撰写正式报告时将录音作为参考材料，以保证讯问弱势犯罪嫌疑人的询问质量；记录犯罪嫌疑人的情绪和其他非语言行为；从指导室指导审讯工作；便于行为科学家协助审讯；将这些视听记录资料作为警察学院学生的学习资料。

　　有下列情形之一的，应当强制录音：（1）有可能判处 12 年以上有期徒刑的犯罪；（2）杀人或致人重伤的犯罪；（3）可能判处 8 年以上有期徒刑的性犯罪；（4）被害人受犯罪嫌疑人抚养或赡养的性犯罪。在下列情况下，讯问必须录像：

　　·审讯对象为弱势群体（如 16 岁以下的未成年人和智力残疾人员）；

　　·审讯 12 岁以下的儿童必须在适应儿童特点和需要的审讯室内进行（见上文）；

　　·使用了特殊方法的审讯（如审讯人员向犯罪嫌疑人透露只有犯罪者才知道的信息、由行为科学家参与的审讯）。

85

　　视听记录登记管理的法律规定适用于审讯犯罪嫌疑人、有计划的被害人询问、询问提出正式申诉的人和证人。邀请行为科学家提供帮助，也必须对审讯过程进行电子记录。

　　立法提案中有几个问题值得注意。首先应注意的是，电子记录包含了非语言信号，而司法心理学认为非语言行为的重要性往往被高估（Vrij and Winkel，2002）。许多侦查人员认为非语言行为可以暗示犯罪嫌疑人是否说谎，但研究表明，这往往基于错误假设（Vrij and Lochun，2002）。即使侦查人员知道这些科学观点，也很难将其用于实践。同样值得注意的是，立法提案提到了弱势群体，但没有涉及此类审讯中的具体问题。根据作者的经验，在使侦查人员和法官了解可能影响审讯的社会心理过程方面，还需要做出很多努力。换言之，如果警察和法官不知道诸如顺从、暗示性、记忆塑造或怀疑自己的记忆等心理现象，就不可能让他们通过观看审讯录像分析出犯罪嫌疑人的弱势群体。实践中，在大多数情况下，需要专家证人对审讯进行评估并撰写报告（Nierop，2007）。

5. 进一步的发展

5.1 审讯时心理学家在场

　　在荷兰，在审讯犯罪嫌疑人时有心理学家在场是很常见的。警察学院和荷兰警察局都有心理学家，他们可以为审讯提供建议，地方警察部门也开始聘请心理学家，向警察提供服务的独立心理学家越来越多。这些建议通常包括两部分：可能采取的审讯策略和如何增加压力，以及指导如何询问弱势群体证人和避免虚假供述。鉴于最近发生的冤案，第二个方面的建议被认为尤其重要。

86   两年前，行为学家们聚集在一起，成立了全国"犯罪嫌疑人讯问工作小组"。该小组以国家法律为基础运作；成员们分享知识并经常讨论各自的经验。范登埃霍夫和尼罗普（2008）制定了一些在审讯中使用心理咨询专家的规则：

（1）心理咨询专家只在刑事司法体系内工作，而不是在那里照顾犯罪嫌疑人。

（2）心理咨询专家不得建议使用可能违反荷兰刑事诉讼法的技术，该法律的一项基本原则是犯罪嫌疑人不必合作（沉默权）。

（3）心理咨询专家接受过司法培训，了解相关立法和（欧洲法院）判例。

（4）心理咨询专家熟悉警察培训中讲授的审讯方法。

（5）心理咨询专家不会为了提供证据而就犯罪嫌疑人有罪或无罪发表意见。

（6）心理咨询专家并不与犯罪嫌疑人直接交谈；如有必要干预，应该通过侦查人员与犯罪嫌疑人交流。

（7）审讯过程中不适用诊断技术。如果有人因医疗原因被转介司法心理学家或精神病医生，心理咨询专家将在审讯室外对其展开询问。心理咨询专家在拟定审讯建议时可以使用心理学报告中的（诊断）结论。

（8）心理咨询专家熟悉心理学原理、概念和科学研究结果，了解顺从、暗示性、过度的信任关系、源监控、健忘、记忆塑造、引导回忆、想象、怀疑自己的记忆、确认偏差和非语言行为或说谎的非语言行为表现。

（9）不能对犯罪嫌疑人的陈述断章取义，必须在审讯整体背景下结合侦查人员的提问和言论做出判断。

87   （10）心理咨询专家根据书面指示提供建议，并撰写调查报告。

之所以制定这些规则，是因为心理学家对他们在审讯中的正式地位、要求他们在场的人的期望，以及在特定司法场景中使用心理学知识等问题缺乏明确的认识。

5.2 新的立法

直到最近，"供述"（confession）一词才出现在《荷兰（一般案件侦查）刑事诉讼法》中。这是几年前刚发生的改变。现在，犯罪嫌疑人的供述将产生特定程序后果。

2004 年 1 月 1 日，警方有权通过（警方执行的）罚款自行解决简单的商店盗窃案件，条件是行为人被当场抓住、是成年人、承认自己的罪行（关于在简单盗窃和贪污案件中与警方庭外和解的说明，注册号 2003A015）。

2005 年 1 月 1 日，关于法官如何处理认罪的犯罪嫌疑人的新法律生效。"犯罪嫌疑人实施了犯罪这一结论必须有判决书中所包含的证据支持，这些证据提供了判决所依据的事实和情节。除非犯罪嫌疑人后来另有说明，或者他或他的法定代理人主张无罪释放，否则，只要犯罪嫌疑人承认了已经证实的事实，有详细的证据说明就可以了。"（2004 年 11 月 10 日法令第 259 条第 3 款）是否做出了有罪供述是一个事实问题，必须由决定事实问题的法官（法院）做出回答，而在上诉时则只能根据其可理解性进行判断。该法案也适用于杀人案件（见最高法院 2006 年 9 月 26 日的裁决，LJN：AX5776）。

6. 结论

近年来，荷兰出现了多起冤案。人们提出提高刑事侦查质量的措施，对犯罪嫌疑人审讯的监督也更加严格。在当前的讨论中，司法心理学家和记者发挥了突出的作用。其原因可能是门外汉和法律界的专家很难想象一个无辜的犯罪嫌疑人会承认实施了犯罪。值得注意的是，近年来，法律界的专家扩大了供述带来的法律后果，而司法心理学家则警告不要过分依赖供词。一些司法心理学家甚至主张不再将犯罪嫌疑人的供述作为证据（van Koppen，2003）。显然，应将更多的注意力放在刑事诉讼中可能影响犯罪嫌疑人自由陈述的心理过程。因此（也为了发现案件真相），更加严格的制约犯罪嫌疑人审讯将是有益的。

注 释

〔1〕根据吉恩·达内（Jean Danet，2006）的说法，在过去的几年里，刑事司法一直在改革。

〔2〕社会舆论于是成了司法的替代品。

〔3〕说明一下：言词证据的弱点已经非常明确。

〔4〕第一项研究由一位社会学家负责，第二项研究由一位心理学家负责，两人都为国家宪兵队工作。

〔5〕马克·迪特鲁（Marc Dutroux）被判犯有绑架、虐待、谋杀儿童和成人罪。

〔6〕比利时立法者以尤耶等人（Yuille et al.，1993）的循序渐进询问法作为基础。

〔7〕特点是"理解"、"顺从"和"移情"。

〔8〕特点是"有感觉"、"善于交流"和"易于接触"。

〔9〕特点是"冷静"、"自我控制"和"有耐心"。

〔10〕特点是"攻击性"、"雄辩"和"专制"。

〔11〕特点是"彻底"、"坚持不懈"和"热情"。

〔12〕见比利时联邦警察年度活动报告，www. police. be。

〔13〕例如，参见英国心理学协会（BPS）工作组（2004）。

〔14〕联邦警察局内部文件，2007。

第五章

加拿大的侦查讯问：从寻求供述到查明真相——————

米歇尔·圣伊夫

加拿大的象征——枫叶代表着对人权的尊重。这一声誉很大程度上体 现在加拿大 1982 年颁布的《加拿大权利和自由宪章》中。[1] 宪章为生命权、自由权、安全权，以及在被判有罪之前的无罪推定提供了司法保障。这样的宪章使建立一套尊重差异性、人道主义和理性的司法制度成为可能。遗憾的是，这些有利条件并不足以建立一个完美的司法系统和防止冤案发生。冤案是一个没有国界的问题，加拿大也不例外。

尽管加拿大有冤案，但冤案极其罕见。而且冤案的发生都是因为审讯以外的因素，如错误的证人辨认，实验室错误检验和警察不当行为。尽管近年来加拿大媒体大量报道的很多冤案——大卫·米尔加德（David Milgaard）案、托马斯·索菲诺（Thomas Sophonow）案、盖伊·保罗·莫林（Guy Paul Morin）案、唐纳德·马歇尔（Donald Marshall）案和米歇尔·杜蒙特（Michel Dumont）案都是由警察审讯之外的原因造成的，但对冤案的调查还是提出了一些与审讯有关的建议。

本章将研究加拿大在与冤案公开调查提出的建议密切相关的发展中，关于供述作为证据的可接受性和防止错误定罪的问题。

93　　　　　　　　　　　　**侦查讯问和错误定罪**

　　据估计，严重犯罪案件中的错误定罪率不到 1%（Huff et al.，1986）。虽然存在虚假供述，但它们并不是错误判决的主要原因。在很大程度上，错误的证人辨认是最主要的原因（Borchard，1932；Brandon and Davies，1973；Rattner，1988）。虽然很难估计虚假供述的数量，但对该主题的研究和记录在案的案件数量 [见 "洗冤计划" [①]（Innocence Project）] 表明，人们的担忧是有道理的（Kassin and Wrightsman，1985；Leo and Ofshe，1998；Gudjonsson，2003）。不过，卡塞尔（Cassell，1999）和巴克利（Buckley，2006）对虚假供述现象的广泛性持怀疑态度。他们认为统计数字被夸大了。加拿大每年实施数以万计的审讯，而虚假供述导致的冤案数量非常少，这表明虚假供述的数量微不足道。

　　在美国，自 1989 年以来，"洗冤计划" 已经通过定罪后的 DNA 测试发现了 130 起无辜者被定罪的案件。这些冤案绝大多数都与证人的错误辨认有关，其他原因包括：法医实验室检验错误、警察不当行为、法律代理不充分和虚假供述（最近一项占 27%）（"洗冤计划"，2006）。

　　在加拿大，虚假供述导致的冤案非常罕见。已发现的少数案例表明，问题在于：在长时间的讯问中提出重复性问题和暗示性问题：

　　　　1996 年，在（萨斯喀彻温省的）里贾纳，乔尔·拉巴迪（Joel Labadie）和其他两名共犯因一级谋杀罪被捕，并因一桩并非他们实施的犯罪在监狱里待了近 4 个月半。经过 15 个多小时的审讯，拉巴迪承认了他没有实施过的犯罪。最后，DNA 证据发现犯罪者另有其人（哥伦比亚广播公司新闻，2003 年 1 月 28 日）。

――――――――――

　　① 美国的 "洗冤计划"（也译为 "洗冤工程" "无辜者计划" 等），是对旨在为无辜者平反昭雪的民间组织活动的泛称。最早的 "洗冤工程" 是 1983 年由麦克罗斯奇创建的 "百夫长事工"（Centurion Ministries）。而影响最大、最具标志性的 "洗冤计划" 在 1992 年由谢克和诺依费尔德在叶什瓦大学卡多佐法学院创建，其目标是通过定罪后的 DNA 检测帮助遭到错判的无辜者重获自由，并在此基础上完善美国的刑事司法系统。此后，类似的组织相继在美国出现。——译者注

在大多数情况下，一份以非法或不道德的方式获得的供述不具可采性，而不一定因为它是虚假的。这就是 1981 年在马尼托巴省军事法庭审理希克斯（Hicks）案件中发生的情况。负责审讯的一名警察对犯罪嫌疑人说："你要知道，你承不承认有罪都是一样的。你要否认犯罪吗？"就在警察说完这句话后，被告人做出了有罪供述，口供也被采纳为证据。法院发现，军事警察所说的劝诱被告人做出供述的话，有使无辜的人做出虚假供述的可能。因此，法庭不予采纳。

94

当一份犯罪嫌疑人陈述被法院驳回时，我们通常会提到"虚假供述"。供述不具可采性，通常是因为获得供述的方式——通常是承诺或提供好处——让人对供述的自由性和自愿性以及被告人的有罪性产生合理怀疑（参见 R.v.Warren，[1995]N.W.T.J.No.7（C.S.T.-N.-O.）；R.v.Minde，[2003]A.J.No.1184（Q.B. Alb.）；R.v.Spencer（2006）207 C.C.C.3d 47（C.A.C.-B.）；Rv.Thawer，[1996]O.J.No.989（C.Prov.Ont.））。有时，供述被认为不具可采性，只是因为在预审听证会上认为证据有问题（见 R. v. VanEindhover，[2006] Nu.J. No. 13（Nun Ct.）。审讯的背景也可能影响供述的可采性，如在一起案件中，一名卧底警察在长时间的卧底侦查期间获得了未经证实的供词。犯罪嫌疑人做了许多虚假陈述，甚至声称他杀了很多人，但对于正在对他展开侦查的杀人案件和他声称实施过的犯罪，却没有提供任何可信的细节（见 R.v.C.K.R.S.，[2005]B.C.J.No.2917（C.S.C.-B.））。

在魁北克，最近一次（已知的）由警方审讯导致的冤案是发生在 1997 年的西蒙·马歇尔（Simon Marshall）案。一名患有智力残疾的年轻男子——同时患有精神疾病——承认实施了 1995 年至 1996 年发生的一系列性侵害案件。1997 年 6 月，他承认了 15 项性侵害犯罪指控，被判五年有期徒刑。而能够证明他无罪的 DNA 测试在五年后才进行。

供述的风险

寻求供述通常与运用有争议的策略或方法有关，或者因为这些方法和策略是非法的，如刑讯，或者因为这些方法和策略引发风险或道德问题，如一些特殊情况使用的所谓的劝说方法（St-Yves and Tanguay，2009）。古琼森（1992，2003）认为，使用这些方法有时会限制犯罪嫌疑人权利，并可能导致虚假供述。但那些因为缺乏证据，因而只要不供述就不会被定罪的真正的犯罪嫌疑人应该怎么办呢？这是一个经典的问题，出现在几乎三分之一的案件中（Irving and McKenzie，1989；Moston et al.，1992；Leo，1996）。

决定侦查讯问方法的主要因素有两个。第一个因素是实施讯问的司法体制，第二个因素是出于尊重宪法权利——如果有的话——的需要。在加拿大和美国，法庭许可使用某些劝说策略和方法，如里德技术（见 R. c. Oickle，[2000] 2 R.C.S.3）。加拿大最高法院法官安东尼奥·拉默（Antonio Lamer）表示，刑事侦查和搜捕罪犯并不是遵循昆斯伯里侯爵规则[2]的游戏：

> 刑事侦查和查获罪犯可不是昆斯伯里侯爵规则下的游戏。警察在对付精明、老练的罪犯时，有时不得不采用诡计或其他欺骗手段，不应以规则阻碍侦查工作。应该大力压制的是让社会愤慨的行为（R. c. Rothman，[1981] 1 R.C.S. 640）。

里德技术

因保和他的同事（2001）撰写的里德技术的书无疑是对北美审讯实践影响最大的一本书（St-Yves and Landry，2004）。里德技术不仅是最常用的，也是最具争议的讯问方法（Kassin and Gudjonsson，2004）。

因保和他的同事明确区分了询问犯罪嫌疑人和讯问犯罪嫌疑人（Buckley，2006）。讯问之前的询问是非指控性的，主要目的是确认犯罪嫌疑人实施了犯罪。讯问的目的不是说服犯罪嫌疑人认罪，而是说服他说出真相（Buckley，2006）。

讯问前的询问

讯问前的询问旨在收集犯罪嫌疑人信息，以及他涉嫌的犯罪案件情况。讯问前的询问也有助于警察与犯罪嫌疑人建立友好关系、营造出有利于供述的信任氛围。警察与犯罪嫌疑人的关系无疑是对审讯结果影响最大的因素（Holmberg，2004；St-Yves et al.，2004；St-Yves，2006；St-Yves and Tanguay，2009）。很明显，询问的目的也是了解犯罪嫌疑人对事件的说法，一种没有被询问人员污染的不受限制的陈述。要得到不受限制的陈述，在理想情况下，询问人员应该提出开放式的问题，比如"请说一下上周六你做了什么？"在对犯罪嫌疑人的询问中，常见问题是在错误的时刻使用具体的或封闭式的提问，提出指向性或暗示性的问题，一连串的提问或强迫选择的提问（Griffiths and Milne，2006：183）。这种做法不仅没有成效，而且有很大的污染证人记忆的风险。这种做法使我们远离真相。

因保等人（2001）建议，在给犯罪嫌疑人机会说出自己的想法后，侦查人员应展开试探性提问。试探性问题通常是事先准备好的个性化问题。这些问题必须逐步提出，从一般性的、非指控性的问题开始，到犯罪嫌疑人很关心的问题。例如，"依你看来，什么样的人会做这种事？""为什么会有人做这种事？""你认为这个人现在在面对他的所作所为时会有什么感想？""这个人是否有必要证明自己无罪？"提出这些问题的目的是促使犯罪嫌疑人做出语言或非语言的反应，然后评估这些反应，进而确定其是否是实施犯罪的人。但即使侦查人员对这些问题感兴趣，有时它们帮助侦查人员发现或选择审讯主题，犯罪嫌疑人的反应和回答都不能可靠地确定犯罪嫌疑人是说谎还是说真话，更无法确定他是否实施了犯罪（St-Yves and Tanguay，2009）。大量关于谎言识别的研究证实，人们对于诚实的感知往往是错误的，基于主观指标而无科学依据（Vrij，2000，2004）。卡辛和方（Kassin and Fong，1999）观察到，接受过里德技术培训的警察在谎言识别方面并不比未接受过培训的学生更准确，但他们对自己的判断却很有信心。

通常，最后一个试探性提问涉及犯罪嫌疑人在犯罪中的作用。这个问题通常被称为"诱饵"，它促进证据收集，并使犯罪嫌疑人怀疑自己可能犯了错误或者泄露了信息。例如，"为什么有人说案发当时在犯罪现场看到了你？"这一问题完全根据假设提出，而虚构的或捏造的证据可能使供述不具可采性（R.c.Oickle，第61段）。这种操控性获取证据的方法（夸大证据或出示虚假证据）受到某些研究人员的严厉批评，他们认为这会导致虚假供述（Kassin and Kiechel，1996；Redlich and Goodman，2003；Kassin and

97

Gudjonsson，2004）。

对抗：里德技术的九个步骤

为了与撒谎或不断否认犯罪的犯罪嫌疑人进行对抗，因保等人（1986，2001）设计出一种询问程序，旨在突破犯罪嫌疑人的抵抗，在给予认罪机会的同时，将罪责最小化和维护其颜面。这种技术通常被称为里德技术，具体包括九个步骤。

第一步：积极的对抗

第一步主要是质问犯罪嫌疑人，指控他实施了正在接受讯问的犯罪："侦查工作清楚地表明你实施了这起案件。"此时，重点不在于犯罪嫌疑人是否实施了犯罪，而在于了解他为什么要实施犯罪。这一步中的问题是，对于犯罪嫌疑人实施了犯罪这一事实，侦查人员并没有任何客观依据。巴克利（Buckley，2006）指出，在这一对质过程中，侦查人员确认犯罪嫌疑人有罪必须有合理依据。但这种判断有时基本上是侦查人员的"直觉"，以及他对与说谎有关的语言和非语言表征的认知（St-Yves and Tanguay，2009）。然而，许多研究表明，以此甄别谎言的成功率很难超过 50%，相当于"硬币正面或反面"的概率（Vrij，2000；Mann et al.，2004）。

第二步：主题推进

询问中的主题是指犯罪嫌疑人可能的或合理的犯罪原因。主题[3]给犯罪嫌疑人一个机会，在不丢脸的情况下承认他的罪行，并相信自己能从坦白中获益。主题也让犯罪嫌疑人有机会为自己进行道德辩护或证实自己的清白。

98　　　　主题通常是长篇独白的形式，内容不仅限于犯罪动机，有时暗含着犯罪嫌疑人实施犯罪的过程——假设的犯罪过程。这一程序有一定的风险，例如，可能导致证人记忆受到污染、可能形成暗示导致虚假供述。如果犯罪嫌疑人有智力缺陷，这种风险尤其可能发生（Clare and Gudjonsson，1995）。这些主题只是对犯罪原因的推想，但往往成为侦查人员的判断（St-Yves and Tanguay，2009）。

第三步和第四步：处理否认和说服反对

因保等人（2001）建议以手势或目光转移表明犯罪嫌疑人的观点毫无根据，以此对抗犯罪嫌疑人的否认（第三步）和反对（第四步）。采取这种做法时，侦查人员必须非常谨慎，因为他可能因丧失相关信息而思维狭隘。正如彼得·科里（Peter Cory）法官所说：

> 思维狭隘是悄悄发生的，它可以影响警察，或者，事实上可以是所有参与司法活动的人，有时会带来可悲的结果。任何人，包括警官、律师或法官都可能感染这种病毒（Williamson，2006a：157）

第五步：获得并持续保持犯罪嫌疑人的注意力

在这一阶段，犯罪嫌疑人常常变得冷漠或充耳不闻。与犯罪嫌疑人的视觉或身体接触通常能让侦查人员重新获得或持续保持犯罪嫌疑人的注意力。

第六步：处理犯罪嫌疑人的消极情绪

在这一阶段，犯罪嫌疑人通常已经不那么紧张了，甚至可能出现顺从。他倾听侦查人员提出的主题。他也可能会哭。侦查人员通常专注于一个具体的主题，以一两个简洁的短语强调其主要内容。

第七步：提出选择疑问句

侦查人员向犯罪嫌疑人提供两种他实施犯罪的解释，一种解释是侦查人员想要的，另一种则不是。选择性问题通常将犯罪危害性最小化，使犯罪嫌疑人更易于接受。例如，"这是第一次发生（最积极的答案）还是不止一次发生？"侦查人员会鼓励犯罪嫌疑人选择最积极的答案。

这一策略无疑最具争议性，因为它只给犯罪嫌疑人提供了一种可能性，那就是自证其罪。虚假供述的风险也因此增加了（Gudjonsson，2003）。巴克利说，要记住还有第三种选项：犯罪嫌疑人是无辜的（St-Yves and Landry，2004：19）。

第八步和第九步：查明犯罪细节和书面记录供述内容

在加拿大和英国，重大案件中的犯罪嫌疑人询问通常都要录音录像（St-Yves and Lavallée，2002；St-Yves，2004）。在美国，越来越多的州要求对犯罪嫌疑人审讯进行录音录像（Buckley and Jayne，2005）。这样做的目的是让犯罪嫌疑人认罪，然后做出供述——一份得到侦查活动证实的真实的供述。

奥夫舍和里奥（Ofshe and Leo）认为，至少有三种方法可以确定供述的真实性（Ofshe and Leo，1997a；Leo and Ofshe，1998）：

1. 通过供述是否能发现警方所不知道的证据？例如，通过获取供述，侦查人员发现了实施犯罪的武器或找到了被盗的物品。在这种情况下，事实可以证实供述的真实性。

2. 供述中是否包含一般人不知道的特殊的犯罪细节？例如，在供述自己的罪行时，犯罪嫌疑人讲述了他为什么以及怎样在被害人腹部刻画了"大卫之星"[①]图案。

3. 犯罪嫌疑人是否描述了未公开的犯罪现场细节？例如，犯罪嫌疑人能够描述被害人的衣着类型，或者描述在犯罪之前他从未去过的发生犯罪的房间。

侦查人员必须确保供述不是受到污染而形成，即犯罪嫌疑人没有从其他途径（媒体、警方、现场照片或其他第三方，包括真正实施犯罪的人）获悉犯罪现场的细节（Ofshe and Leo，1997a；Leo and Ofshe，1998）。正如卡塞尔（Cassell，1999）所说，证明某人清白和证明他有罪一样困难。

100

劝说性方法的有用性

为了获得供述，警察付出了大量努力，但犯罪嫌疑人供述的比例仍然不高。英国的供述率约为60%（Clark and Milne，2001），北美的供述率约为50%（St-Yves，2004）。一些著述指出，劝说性方法对决定是否供述几乎没有影响，有些人甚至认为，这种方法几乎毫无用处，或至少不是必不可少的（Irving and McKenzie，1989；Moston et al.，1992；Baldwin，1993；Evans，1993，Pearse and Gudjonsson，1996，Pearse et al.，1998；Bull，2006）。因保等人（2001）相信，绝大多数嫌疑人最开始是打算否认自己与犯罪有关的，然而在后面的审讯中，得益于侦查人员使用的讯问技术，

---

① 此处大卫之星（Star of David）意指仅为犯罪嫌疑人知悉的现场细节。——译者注

大部分犯罪嫌疑人改变了主意，做出了供述。德斯劳里埃斯瓦林和圣伊夫（Deslauriers-Varin and St-Yves，2006）观察到，25% 的被判有罪的被告人说，他们在审讯中改变了最初的心态。然而，在这其中，有近一半（46%）的人说他们本打算承认自己的罪行，但后来改变了主意。这表明决策过程可能从两个方向受到影响。德斯劳里埃斯瓦林还指出，做出供述的犯罪嫌疑人中，有 43.5% 的人在审讯一开始就已经做好准备认罪了，而 31.5% 的人在审讯开始并没有准备这样做。为什么他们会改变主意？是因为证据的质量吗？因为悔罪吗？还是因为侦查人员的态度或审讯技术？

防止虚假供述的有效方法

在加拿大，错误定罪导致的公开调查引起了积极的转变。在联邦、州和领地（FTP）委员会检察官工作组（2004）提出的主要建议中，我们发现：

（1）尽可能对讯问进行录音或录像，否则法官可能做出负面推论（R.v.Moore-McFarlane，[2001]oj.No.4646（C.A. Ont.））。

（2）加强询问技巧的培训以提高供述的可靠性。

（3）对特定类型的犯罪嫌疑人（如智力残疾）给予特别关注。

（4）警察对避免思维狭隘及陷阱的方法保持敏感。

审讯的录音录像

101

在加拿大，录音录像并不仅限于犯罪嫌疑人的最后陈述（面对摄像机复述其供述内容），而是包括从权利宣读到供述结束的整个审讯过程。这种方法不仅对认罪率没有负面影响，而且视听记录似乎能比书面记录产生更多回答和更多定罪信息（Grant，1987；Geller，1992）。除了记录审讯中的准确措辞，录音录像还能激发侦查人员更好地实施审讯，保护自己免受不公正的指责（Pitt et al.，1999）。许多法庭都指出，"审讯的视听记录是一份客观案卷，法官可以根据供述不受限制和自愿性、供述所处的环境以及供述的内容做出判断，而不是依靠审讯人员主观和从自我立场出发得出的断言做出判断"[《讯问犯罪嫌疑人或被告人的视听记录：进度报告》（*L'enregistrement audiovisuel des interrogatoires des suspects ou des accusés: Rapport d'étape*），1996：51]。视听记录还有助于法官了解审讯的氛围、审讯参与人的态度和非语言行为，这也是防止冤案的有效手段。视听记录是审讯的最诚实的证人（St-Yves，2004c：122）。

侦查讯问的培训

侦查讯问培训对于确保所使用的方法合乎法律规定并能够对侦查结论产生积极影响至关重要。在魁北克省，必须通过讯问和询问的专门培训才能在重大犯罪案件侦查中进行录音录像的审讯。此外，培训可以传达道德准则，灌输询问是为了寻求真相而非获取供述的观念。

不管讲授的是什么技巧——里德技术还是改版过的技巧——都必须让警察了解与特定手段和策略伴随的局限性和风险。同样重要的是，让警察掌握讯问心理学知识（如供述过程中的心理和虚假供述心理）和了解影响犯罪嫌疑人理解自身权利并做出虚假供述的某些缺陷（如精神或智力问题）（Kassin and Wrightsman，1985；Gudjonsson，2003）。

102

警察应对思维狭隘保持警觉

"思维狭隘"是指"一门心思过于狭隘地盯着侦查或有罪的推测，因而非理性地、错误地评估获取的信息及他人对这些信息的反应"。在加拿大和其他地方，思维狭隘已被确定为错误定罪的主要原因之一（联邦、州和领地刑事检控委员会负责人工作小组，2004 年）。这正是莫林案和索菲诺（Sophonow）案中出现的问题（Savage and Milne，2007）。

运用复杂程度不一的审讯方法，常常与**技术**（savoir faire，即"如何做"）有关，除此以外，更重要的是培养相关能力，也被称为**软技能**（savoirêtre，即"如何能够做到"），它对审讯结果影响重大（Mucchielli and Clément，2006；St-Yves，2006）。关注他人、展现同理心、与他人建立融洽关系，这些都是**软技能**的主要体现。在刑事侦查中，**软技能**也意味着思维开放和公正的态度。在试图重建案件事实之前，需要全面获取各方面的信息。**软技能**是防止思维狭隘的最佳措施。

制定规则和原则

侦查讯问的政策因文化和司法系统的不同而不同，有时甚至因警察部门的不同而不同。因此，即使不是完全不可能，也很难建立适用于全球的标准化审讯程序。因而更简便和更现实的做法是，就建立尊重人权和提高程序效率的规则和原则达成一致（Williamson，2006b）。在英格兰，一个由警察、心理学家、律师和政策制定者组成的委员会在内政部的支持下制定了一套侦查询问的道德准则，并颁发给英格兰和威尔士的所有警察部门。该准则鼓励警察以查明案件真相为询问的目标，具体如下（见内政部第22/1992号通告）：

> 侦查询问的目的是从犯罪嫌疑人、证人或被害人那里获得准确可靠的信息，以查明正在被警方侦查的案件事实。
>
> 应以开放心态实施侦查询问。从询问对象那里获得的信息应全部结合已知信息或可以合理推断的信息进行核验。
>
> 无论询问什么人，无论是什么案件，警察都必须公正行事。警察不一定要接受第一个回答。质疑仅在警察一意孤行的情况下才是不公正的。即使犯罪嫌疑人行使了沉默权，警方也有权提出质疑。
>
> 在性侵害或暴力虐待被害儿童案件中，询问记录将于诉讼中使用，但除此以外，警察可以自由提问以查明案件事实；警察询问不受法庭上律师提问规则的限制。
>
> 对属于弱势群体询问对象，无论是被害人、证人，还是犯罪嫌疑人，都必须始终给予特别关注。

在魁北克的侦查询问的实践和培训中，形成了更好的控制审讯风险的五项基本规则：（1）保持开放和客观；（2）建立融洽关系；（3）集中注意力；（4）保持专业态度；（5）知道如何结束（St-Yves et al., 2004；St-Yves, 2006）。

规则一：保持开放和客观

阿什（Asch, 1987）的研究表明，我们会根据最初感知的信息迅速形成对他人的看法，之后很难摆脱它的影响，特别是当它是错误的时候。倾向（tendency）使我们确认自己的看法，而不是保持倾听和彼此敞开。这就是我们所说的皮格马利翁效应，更广为人知的是罗森塔尔效应（Rosenthal and Jacobson, 1968）。缺乏客观性也会表现为提出暗示性问题，或者是我们所说的"盲点化"（scotomisation），这意味着在我们的分析视野中排除了

103

令人讨厌的信息（Abric，2003）。为了与犯罪嫌疑人深入对话，我们必须打破基于个人背景和职业经历形成的行为习惯，清除刻板印象，抛弃偏见。我们必须像保护犯罪现场一样保护我们的感知，因为一旦感知被污染，就很难挽救。在侦查人员和审讯对象之间，只有一个人到过犯罪现场并知悉真相（St-Yves and Tanguay，2009）。

104

规则二：建立融洽关系

建立融洽关系就是要关注他人的需求和忧虑。还需要花必要的时间建立一种有利于透露秘密的信任氛围，并愿意接受他人的情感和观点。融洽的关系是询问的核心，而培训中的技巧只是补充。不通过技巧也可以建立融洽关系，但是技巧需要有融洽关系才能发挥作用（St-Yves，2006）。

规则三：集中注意力

法国的一项研究显示，超过 85% 的警察会快速打断证人陈述（Ginet and Py，2001）。这些中断平均发生于证人开始叙述后的 7.5 秒（Fisher and Geiselman，1992：21）。这些打断干扰了询问对象的注意力，随着打断次数的增加，询问对象变得越来越被动和缺乏动力，并且陈述质量也相应降低（Jou and Harris，1992；Py et al.，2004）。集中注意力可以让我们理解到底发生了什么，而不是我们猜想发生了什么（St-Yves 2006）。

规则四：保持专业态度

霍姆伯格和克里斯蒂安森（2002）观察到，**支配型**的询问人员与犯罪嫌疑人否认犯罪联系在一起，而**人性化**的询问人员与犯罪嫌疑人做出供述联系在一起。人性化的态度，其特点是积极关注、移情、诚实、思维开放、尊重和愿意发现真相，而不是通过一切可能的手段获取供述。这些人性化的表现在询问中发挥着非常重要的作用（Shepherd，1991；Williamson，1993；St-Yves et al.，2004）。

规则五：知道如何结束

知道如何结束，是指在询问已经解决所有需要了解的问题、犯罪嫌疑人没有补充并且已被告知接下来将面临什么时结束询问。知道如何结束，意味着保持专业，无论侦查人员是否获得了供述。知道如何结束，意味着抓住留下良好印象的最后机会，给犯罪嫌疑人留下一扇敞开的门，一种可

能或一个机会，让他或她在一个小时内、第二天或以后向侦查人员或其他 105
人坦白。总而言之，知道如何结束的意思就是记住询问是有规则的，这些
规则平等适用于每一个人（St-Yves et al., 2004 ; St-Yves 2006 ）。

结　论

供述弥补了物证缺乏的问题（Baldwin，1993 ）。在 25%—30% 的案件
侦查中，供述是破案的关键（Baldwin and McConville，1980 ; Stephenson
and Moston，1994 ; Phillips and Brown，1998 ; Cassell，1999 ）。供述，能
让人们了解和理解案件，防止错误判决。但当供述取代其他侦查活动，就
会增加虚假供述的风险（Mucchielli and Clément，2006 : 270 ）。

追求供述使用的审讯方法往往是有争议的，因为它们可能会有碍案件
事实的查明，并引发错误定罪风险。在加拿大，侦查讯问导致的错误定罪
非常少见。在确实发生过的案件中，错误判决通常是由法庭最终裁定不具
可采性的陈述导致的。此时，我们不能只责怪审讯方法。在大多数情况下，
它们是使用法律上禁止使用的策略的结果，供述的自由和自愿性受到影响，
或侵犯宪法规定的辩护权或沉默权。有时，毛病在于提出的问题暗示性太
强，可能会污染记忆和形成虚假供述。发生错误的其他原因是缺乏客观
性——通常被称为思维狭隘——和不专业的态度。

调查委员赋予我们从错误中吸取教训并做出积极转变的机会。国际交
流在警察机构与学术界之间架起了桥梁，对侦查审讯的实践产生了积极影
响。最近成立了一个国际科学委员会[4]。自 2004 年以来，该委员会每年举
办一次有关侦查询问的研讨会，以改善审讯实践，并传达致力于减少错误
定罪的道德理论和规则。所有这些变化都能帮助我们更接近真相。

106   **注 释**

〔1〕1982 年以前，为了保护个人权利和自由，加拿大颁布了 1960 年《加拿大权利法案》和 1977 年《加拿大人权法案》等法律文件。很多省还颁布了人权法律，以保护公民自由。然而，这些法律并不优先于其他法律，而且总是被废除。因此《权利和自由宪章》被纳入加拿大宪法，成为该国最高法律的一部分，从而凌驾于与其规定的个人权利和自由不一致的其他法律之上。（加拿大法律电子版，www.statcan.ca，2007 年 1 月 8 日）

〔2〕昆斯伯里侯爵于 19 世纪制定了一系列拳击规则（回合的时长、允许使用的击打方式、使用带衬垫的手套），使拳击成为一项危险性较小的运动。

〔3〕在最近的一本书中，塞内斯（Senese, 2005）解释了主题的用处，并提出了 1600 多个与犯罪相关的主题。

〔4〕2008 年，国际科学委员会成员为：澳大利亚：D. 迪克森（D.Dixon）和 S. 莫斯顿（S.Moston）；比利时：A. 勒布勒（A.Leboule）和 M. 卡门（M.Carmans）；加拿大：G. 毕晓普（G.Bishop）、G. 布鲁诺（G.Bruneau）、J. 兰迪（J.Landy）、J.r. 劳伦斯（J.r.Laurence）、R. 拉维尼（R.Lavigne）、M. 皮隆（M.Pilon）、R. 罗伊（R.Roy）和圣伊夫（M.St-Yves）；中国：E. 徐（E.Tsui）；法国：J. 派（J.Py）、S. 德马奇（S.Demarch）和 B. 苏莱兹（B.Soulez）；希腊：S. 苏卡拉（S.Soukara）；瑞士：C. 塞利（C.Sellie）；英国：R. 布尔（R.Bull）、A. 格里菲（A.Griffiths）、G.H. 古琼森（G.H.Gudjonsson）和 B. 米尔恩（B.Milne）；美国：S. 卡辛（S.Kassin）和 R. 费舍尔（R.Fischer）。

第六章

询问和讯问：美国的观点及其发展——

兰迪·博拉姆

迈克尔·G.盖勒斯

史蒂文·M.克莱曼

2001年9月11日以来，美国（美国政府）的军队和执法机构在如何重
新组织和部署资源以应对恐怖分子、极端主义派别和暴乱分子的威胁方面
面临严峻挑战。执法部门已经从传统的以事后调查为重点转向以情报为驱
动的预防。军队内部越来越多的呼声要求作战力量从传统的高科技、装备
驱动向智能化转变，智能化系统更多地依赖对作战文化背景和环境动态的
理解，行动情报更多地来自人力资源，而不是电子拦截。

对人力情报（HI）的重新关注和依赖使美国政府重新审视其询问和讯
问的政策和实践，以确定其是否为符合美国价值观、国际人权和法律要求
的最佳做法。很明显，为了保护国家安全利益，美国政府现在以及在可预
见的将来，都需要从人力资源中收集信息，目的要么是积蓄情报，要么是
破获达到起诉标准的案件。概括地说，这些询问和讯问的目的是收集准确、
有用和及时的信息，以促进安全、情报和侦查工作。

"9·11"事件之后，美国政府对高效询问和讯问方法的需求不幸地超
出了现有知识、能力和经验的范围。获取信息以保护美国国土安全的紧迫
性仍然存在，尽管我们对对手的文化和心态缺乏系统了解。发生在古巴、

伊拉克、阿富汗和其他地方的讯问囚犯的报告令人不安。正如罗伯特·费恩（Robert Fein）指出的，"面对行动指挥官要求从高价值目标①那里获取行动情报的巨大压力，而又缺乏先进的、有研究基础的审讯方法，可能是最近曝光的令人难堪的虐囚事件的重要原因"（Fein，2006：xiii）。

在本章中，我们将适当回顾美国在这一安全职能重要领域内政策和法律的最新发展，并提出一个大有可为的建议，描绘出未来审讯的蓝图，特别是在通过审讯收集情报方面。

多种机构

在美国政府内部，至少有三类机构关注从人力资源中收集国家安全信息：执法部门（包括联邦、州和地方）、情报部门和军方（Mayer，2005）。每一种机构都有自己的信息需求和传统的收集方式、方法。

在历史上，执法部门的审讯人员对询问和讯问进行了区分。通常的理解是：询问是为了收集信息，而讯问的目的主要是从被认为有罪的犯罪嫌疑人那里获得供述。美国执法人员在美国宪法的严格约束下展开活动，他们收集信息（通常必须得到证实）并寻求供述，以便提起公诉。

情报部门和军队的审讯人员通常有不同的需求。虽然军队的审讯人员可能需要以"认罪"来证明该囚犯应该被继续羁押，但在许多军队的审讯中，供述被认为没有行动情报（即用于指导具体响应措施的有关人员、地点、预谋等可靠信息）那么重要，也没有那么有用。这种情况下获取的情报信息主要用于指导国家行动和保护国家财产及利益，而不是为刑事检控提供依据。由于通常没有后续的查明案件事实的法庭审理程序，情报部门和军队的审讯人员往往需要依据获取的信息迅速采取行动，这使得及时、准确地收集信息非常关键。这些不同的要求在一定程度上导致审讯方法不同的发展趋势。

目前，没有关于美国情报机构正在使用的正式审讯方法方面的公开文献。类似库巴克（KUBARK）手册这样的文件介绍了一些可能在20世纪

113

---

① 高价值目标（high-value target）是指恐怖主义犯罪嫌疑人。——译者注

60 年代曾经使用过的讯问策略和技巧——包括强制性的和非强制性的。尽管美国政府很久以前就废止了官方机构使用库巴克手册以及为其提供研究基础的附属项目，但这些方法在何种程度和范围上仍在继续使用尚不清楚。由于情报机构工作人员在美国境外活动，审讯对象也不是美国公民，许多明确适用于执法活动的宪法和法律禁令可能不会同样适用于情报机构的情报收集工作。然而，这些机构实际上代表着美国政府，其工作人员的行动反映着美国的价值观和政策，所以他们实施的审讯和情报收集活动仍然是一个与公共利益有关的话题。

美国军方的情报审讯政策和策略得到了广泛认可和充分记录。大多数美国武装部队一直使用《美国陆军战地情报审讯手册》（*U.S. Army's Field Manual for Intelligence Interrogation*）。这本手册讲述了大约 17 种审讯技术，这些技术在 50 多年的持续再版中基本没变，尽管事实上没有任何研究或系统分析支持其有效性。2006 年，这本手册得到了迄今为止最广泛的修订。目前的版本是《美国陆军战地手册——人力情报收集人员操作规范》（*U.S. Army Field Manual 2-22.3，Human Intelligence Collector Operations.*）。在这本手册中，"有 18 种用于所有在押人员的处理技术——无论其身份或个性如何"，还有一种被称为"分离"的"有限使用"技术，可以不经授权用于敌方战俘。尽管克拉克（Clarke，2004）指出，"这一版本的处理技术已经大大扩展，引入其他一些建立融洽关系的方法，这些方法有利于汇报情况和深入挖掘信息，而不仅是策略性地完成审讯"（p. xx），但这 18 种技术与之前迭代出版的手册中的技术非常相似。在新手册发行之前，美国陆军也调整了组织机构和行动计划，在学科上对人力情报和反情报（counter-intelligence）进行区分，并将正式的军事职业专业（MOS）名称从"审讯人员"改为"人力情报收集人员"（97-E）。

有趣的是，关于美国政府工作人员使用的审讯方法，公众激烈争论的是哪些询问方法是容许的，而不是哪些讯问方法是有效的。情报审讯有时被描述为一场"面对面"的意志力斗争，审问人员施加足够的压力，才能使犯罪嫌疑人或在押人员最终"崩溃"。这一直言不讳且可能是错误的假设的基本理念是，成功获取信息只有一种公式或方法，人们只是调整这一公式或方法的"级别"或程度，以便符合现行的约束规则。在这种假设前提下，对审讯方法的争论集中在可以向审讯对象或在押人员施加压力的分量和种类上。

这些有关政策的争议引发了如下讨论：美国的人力情报收集活动应该遵循哪些规则？如何解释这些规则（如怎样在功能上定义"酷刑"）？这些规则适用于哪些人（如战俘和违法的敌方人员）？可以在哪些场合或场所中获取人力情报（如在美国境内或境外）？

酷刑的问题

争论的核心是所谓的酷刑问题，即对于拒不合作的囚犯，是否允许——如果允许，在什么条件下允许使用高度强制的方法获取信息，包括能产生剧烈身体疼痛或折磨、制造严重心理痛苦的方法。从很多方面来说，无论是在美国还是其他国家，这都不是一个新问题，但在"9·11"事件后全球安全受到威胁的大环境下，对当代美国人来说，这场辩论已不再是个纯理论问题。

一个极端的假设是"定时炸弹"情境（Brecher，2007；Dershowitz，2008）。该情境假设了一种情况：一名被查获并羁押的人"知道"一枚已经启动并即将引爆的定时炸弹，一旦爆炸肯定会造成大量（美国人）死亡和财产损失。在这种情况下，一些人认为，采取"任何必要的"行动来获取能够拯救美国人生命的信息，在道德和法律上都应该被容许。评论家查尔斯·克劳塞默（Charles Krauthammer）曾说，在这种情况下，"吊住这个恶棍的大拇指不仅是可以的，而且是必须履行的道德责任"（《旗帜周刊》，12月5日）。然而，另一些人则认为，即使在极端紧迫的情况下，允许以目的证明手段的正当性将严重损害美国的长期价值和利益。

从表面上看，"定时炸弹"情境的确令人为难。多年来，许多学者、实务人员和士兵都审慎地论证了不同行动方案的优点。当然，"定时炸弹"情境本身充满了几乎所有与"现实世界"中已知的情报审讯相抵触的假设，这使得它成为一个被广泛讨论、糟糕的美国情报审讯政策的例子。在实践中，审讯人员通常无法事先确定某人是否掌握所需信息。此外，认为高压甚至疼痛会导致一个本来不合作的人突然转变，并提供准确的行动情报，这种假设也未得到充分验证，因此这与许多经验丰富的情报审讯人员的经验相悖。人们可能会在胁迫下"开口说话"，但他们提供的信息的准确性和可靠性往往非常值得怀疑。正如确认掌握情报的人是人力情报工作的重要因素，信息来源的真实性仍然是审讯中关键的，而且常常是令人困扰的因素。

　　然而，这种困境远远超出了紧急的"定时炸弹"情境，涉及一系列技术，这些技术包括可能被普遍认为是，也可能被普遍认为不是酷刑、残酷对待、不人道或有辱人格的方法。美国在 1994 年签署了《联合国反酷刑公约》，同意将其国内的禁止酷刑范围扩大到境外。该条约还要求缔约国"采取措施防止……其他可能还没达到酷刑程度的残忍、不人道或有辱人格的待遇或处罚行为"。然而，当美国军队调查古巴关塔那摩湾虐待囚犯指控时（施密特报告），发现在押人员有时会遭受高强度的损伤性音乐和灯光，被接受过攻击训练的狗惊吓，被威胁伤害其家人，接受每天 18—20 小时的审讯，以及各种羞辱，如性嘲弄、被戴上狗链牵着到处走。这些来自军队自己的报告和一系列显示阿布格莱布监狱囚犯受到类似待遇的照片，败坏了美国的国际形象（Luban，2005）。此外，只有极少的证据（如果有的话）表明，极端的审讯方法可以获得重要安全信息，或者其他胁迫性较小的方法没有效果或更有效。

　　在这些事件之后，美国国会颁布立法，对美国审讯方法的种类及在押人员待遇规定了明确界限。争论的焦点是，这些规定是否应该仅适用于美国军队（或国防部），还是应该适用于所有美国情报机构和其他政府机构。一些决策者辩称，情报机构以秘密方式运作，如果公布他们在收集人力情报中能做什么或不能做什么，他们的效率将会受到影响。但最后，国会还是通过了两项法律：2006 财政年度国防授权法案（P.L.109–163）和国防部补充拨款法案（P.L.109–48）。二者都包含了相同条款，要求国防部人员遵照美国陆军战地手册（FM2–22.3）中的基本原则审讯在押人员，并明令禁止以残忍、不人道和有辱人格的方式对待或惩罚在押人员或受美国政府控制的人员。

　　美国参议员约翰·麦凯恩（John McCain）曾在越南战争中被俘，对这

116

项立法他提出了一项修正议案，将立法适用范围扩展到国防部以外。麦凯恩修正案不要求非国防部机构（如非军事的情报机构和执法部门）在审讯时使用陆军战地手册。然而，修正案第二项实际上保护了在押人员和受美国政府控制的人免受残忍、不人道或有辱人格的对待或惩罚，不管他们是什么国籍或身处何处。

　　在修正案中，残忍、不人道或有辱人格的待遇或惩罚的定义是"《美国宪法》第五修正案、第八修正案和第十四修正案禁止实施的残忍的、不寻常的、不人道的待遇或惩罚；与 1984 年 12 月 10 在纽约通过的《联合国禁止酷刑和其他残忍、不人道或有辱人格的待遇或处罚公约》美国保留、声明和谅解中的定义一样。"从根本上说，这似乎也是允许美国执法人员对美国公民采取的审讯方法。重要的是，该条款不仅适用于国防部的活动，也适用于情报机构和执法部门在美国管辖范围以内及以外的活动，本质上将美国宪法的保护范围扩大到所有在押人员和美国政府控制的人——无论其国籍如何。

对有效性的新关注

　　对允许使用哪些技术和方法的实践问题和政策导向问题展开讨论并达成一致，只是决定应该使用哪些方法的第一步。这些方法能否有效获取可靠的行动情报才是最重要的。如果讯问对象"开口说话"了，但却提供了不可靠的信息，那么据此采取的行动，最好的结果可能是浪费宝贵资源，最糟糕的结果将是削弱安全机构的实力和应变性。了解有哪些方法、技术和策略能够从不合作的讯问对象那里获取准确、有用信息的必要性显而易见。但令人惊讶的是，在过去 50 年里，这些问题并没有得到科学研究的重视。"**在社会学和行为科学中，几乎没有直接实证研究涉及一般讯问方法的有效性，也没有研究涉及从不合作的讯问对象那里获取准确和有用信息的具体方法**"（Borum，2006：18；原文做的重点标记）。

　　一直以来，美国的执法部门和国防机构、情报部门对满足各自信息需求的"有效方法"存在一些分歧，特别是在国家安全利益受到威胁的情况下。在"全球反恐战争"中，美国执法人员、国防部和情报部门的专业人员都在人力情报收集中发挥了作用。但是，即便在执法机构内部，对于强调人际影响而非施加心理压力的相对的优点，也存在不同看法。在美国的执法机构，里德技术可能仍然是最有影响力、最普遍使用的审讯模式。虽然里德技术在询问阶段要建立"融洽关系"，但在审讯阶段，心理影响并不是来自融洽关系，而是来自审讯人员让犯罪嫌疑人产生焦虑的能力、提供具有心理和情感吸引力的选择方案及其理由的能力，而这个选择方案就是——做出有罪供述。

118

强调对审讯对象施加影响和劝说的一系列技巧通常被称为"以融洽关系为基础"或"以友好关系为基础"的方法。然而，这个术语可能并不能充分体现这种方法的本质，也没有体现出它与其他方法的根本区别。

根据已公开的解密资料，似乎早在1993年恐怖分子袭击世贸中心之前，美国就已经成功对基地组织人员和其他伊斯兰激进极端分子使用了一系列审讯策略。审讯人员和情报机构表面上一直试图完善这些方法，并整合从1998年美国驻肯尼亚大使馆爆炸案、2000年美国"科尔"号遇袭案和2001年"9·11"事件等事件中吸取的"教训"。美国执法界的一些人认为，关塔那摩湾、阿富汗和伊拉克审讯在押人员的经验——无论是正面的还是负面的——基本都证实了"以友好关系为基础"的审讯方法是有效的，并揭示了大量与更具侵略性或强制性的审讯策略有关的问题（problems）。此外，截至目前，也没有人对实践中的不同方法的有效性进行过系统的比较研究。

然而，至少在可预见的未来，美国显然继续需要来自（很可能是不合作的）人力资源的关键情报。为了国家安全利益，未来美国至少应该在一定程度上以整合法律、道德和政策规定的有效性评估来指导审讯方法和人力情报收集方法。

未来改进审讯方法的一个主要目标是为审讯人员提供一套有用的技能，以便在根本特点是情势不明的审讯场景中识别出有价值的信息。至少对于审讯高价值目标来说，未来可能需要一个高度适应性的策略体系，而不仅是应用一些技术。美国正在进行的一项提议有望激发指导情报审讯的新思路。

119

信息演绎：美国情报审讯的新时代

虽然对于讯问目的是获取准确、有用和及时的信息这一点没有争议，但对如何最有效地完成这项任务往往存在不同观点。因此，"审讯"一词就意味着截然不同的过程，涉及的手段也往往完全不同。为了更好地理解审讯的技巧和知识，一项正在进行的研究致力于使这一复杂的动态交流中所使用的语言、推理和策略更加精确。

2004 年，美国情报科学委员会（ISB）的心理学家罗伯特·费恩（Robert Fein）提出并主持了一项研究，目的是探索目前已知的审讯方法的有效性，并思考想要提高美国政府从人力资源方面获取准确、有用信息的能力，以及保护、促进国家安全利益，在未来需要发展和应用哪些知识。该研究是情报科学委员会的信息演绎研究项目。在下一节中，我们将阐述该项目第一阶段的研究重点，并讨论在情报审讯中使用团队和顾问方面的研究成果。

在美国情报科学委员会的研究中，讯问被特意设定为一种信息演绎（EI）的过程。选择"演绎"（educe）这个词是因为它表示提取或引出信息，特别是隐藏的、未明确表述的或潜在的信息。因此，信息演绎就是推导出有意义的信息，那些情报分析人员和决策者无法获得的信息。这里所说的"有意义的信息"，是指可能影响美国国家安全的个人、组织、活动、力量和（或）意图"感兴趣"的信息和想法，可能包括但不仅限于"有助于采取行动的"信息。

有两项工作可以促进获取有意义的信息：第一项是信息交换的管理，不仅涉及询问对象可以提供给讯问人员的信息（如具有情报价值的信息，能够揭示讯问对象兴趣和动机的信息等），也包括讯问人员可以提供给讯问对象的信息（当前拘留场所外的现实情况、释放时间表、批准或不批准讯问对象申请的额外福利等）。

120

第二项工作是建立友好关系。它要求讯问人员全面了解讯问对象及自己与讯问对象之间的动态关系。讯问人员不专注于使用何种技术，而是持续地评估、跟踪并全面理解讯问对象的需求、愿望、担忧和利益，以此作为营造合作氛围的基础。如果没有建立友好关系，信息交换可能会出现不必要的问题。而当协同实施上述两项工作时，就可能产生这样一种情况，即讯问对象**明智**地认为提供准确和全面的信息是最好的选择，并且能在当前情况下实现他或她的最大利益。此外，它可能促使讯问人员意外发现制订讯问计划时没有预料到的重要行动情报。

在信息演绎的架构内，讯问人员（通常被称为"信息演绎专业人员"）和讯问对象之间的交流关系是营造合作氛围的支点。尽管"融洽关系"一词通常被用来描述一种富有成效的讯问双方关系的理想状态，但有人认为，**"行动一致"**的表述方式可能更有帮助。讯问人员和讯问对象之间的行动一致，通常包括讯问对象在一定程度上配合和（或）明显的相互认可，一种建立在对各自的担忧、目的和期望相互理解——甚至可能是在有所保留的相互体谅基础上形成的相互认可。

最近，美国情报科学委员会信息演绎研究项目第一阶段的研究成果作为一本专著由美国国防情报学院出版了（Fein，2006）。该专著共有十一章，探讨了构成美国情报审讯方法的规则基础和经验基础。各章的主要内容是：评述社会学和行为科学相关文献、分析讯问的历史档案、评论讯问在押人员的研究成果及实践、探索谈判理论应用于讯问的可能性、讯问障碍及其突破的评论文章、为规划情报审讯的发展路线需要进行的研究。

以团队方式收集人力情报

信息演绎研究赞成的另一个观点，是在讯问中使用多学科背景的团队。这种观点认为，在系统协调的框架内运作的团队可以为信息演绎创造有效条件，特别是对于讯问长期监禁的高价值目标。团队成员的观点和资源输入可以整合在一起，根据所有已知的资源、关注点、看法和影响因素，创建一个有效的"概念化案例"（case conceptualisation）。在理想的情况下，团队应该包括一系列相关领域的专家，以便就信息演绎过程中的各项内容提供建议和咨询。团队成员应该包括情报分析师、文化和语言学专家以及

121

行为科学顾问。

在人力情报收集和情报审讯中融合心理学家和行为科学家专门知识的计划仅得到有限的实施。专业知识主要来自在军队服役或与国防部合作的为联邦执法机构工作的心理学家。这些提供咨询的专业人士在美国军事领域被称为"行为科学咨询团队"（BSCT），他们并不直接参与讯问，甚至也并不直接管理讯问工作，而是作为讯问人员和团队其他成员的智库，规划和监督审讯行为及相关事项。

心理学家和精神病学家参与军事讯问形成了重大的专业争议，但争议并非来自军事或执法机构内部，而是来自学科专业本身。美国心理学协会和美国精神病学协会都在各自的专业领域内讨论过这个问题，但得出了不同的结论。两个协会都毫不迟疑地一致认为，专业人员不应从事或协助酷刑或任何残忍、不人道或有辱人格的讯问。

美国心理学协会会长［当时是罗恩·黎凡特（Ron Levant）博士］任命了一个心理学伦理与国家安全工作组。美国心理学协会在一定程度上以工作组的报告作为其官方态度，宣布"心理学家可以以符合道德规范的方式在国家安全相关事务中发挥作用，如担任审讯顾问"。在心理学伦理与国家安全工作组公布其报告一年后，美国精神病学协会就精神病学专家参与在押人员讯问发表立场声明："精神病学家不应该直接参与讯问被军队、民事调查部门或执法部门关押的人员，无论是在美国还是在其他地方。所谓的直接参与，包括进入讯问室、提问或建议提问、针对具体的在押人员建议讯问人员采取特定的讯问方法。"尽管声明的内容是明确的，但协会主席史蒂文·沙夫斯坦（Steven Sharfstein）博士澄清说，该声明并不构成"道德规则"，协会并不会处罚不遵守声明的精神病学家。尽管在专业领域内仍有分歧，但心理学家和精神病学家都继续为讯问提供咨询。除了提供策略方面的专业资源外，现在的心理学家和精神病学家在军事讯问中的作用还包括安全或监测，以确保人力情报收集工作以安全、有效的方式展开。

结　论

"9·11"事件后的八年是美国情报审讯和美国政府工作人员境外活动的重要时期。当美国国土存在威胁时，安全部门面临着前所未有的紧迫性即如何发现任何可能阻止恐怖主义活动或拯救美国人生命信息。同时，越来越明显的是，有可能拯救生命的、有助于采取行动的情报——如果有的话——最可能来自人。

美国执法部门、情报部门和军事部门都面临在各种情况下从新对手那里获取关键情报的新需求。许多并非恶意实施不当讯问的部门缺乏详细的宗教或文化知识，或必要的语言技能。安全部队以及美国公众纠正公认的错误，尽力从当下的经验中吸取教训，努力解决纠结缠绕在一起的讯问的有效性和伦理性问题。

美国政府在情报审讯方面的理念或国家战略并没有大范围的、彻底的改变。事实上，在2007年年底，美国政府内部仍在就"水刑"等特定方法是否可以或应该构成"酷刑"展开激烈辩论，但对这些方法是否有效、是否必要或有用却没有讨论。

当然，也有一些微小的变化在发生。整个国防部都在使用的美国陆军战地情报审讯手册已经经过了一次重大修订，立法规定将其作为所有军事讯问方法的理论基础。美国国会通过立法明令禁止任何国防部工作人员参与对在押人员的酷刑、残忍、不人道或有辱人格的讯问。各专业协会考察了行为科学和医学专业人员在讯问专业咨询中可能发挥的作用，并阐释了从事专业咨询时应遵循的道德准则。

情报科学委员会的信息演绎研究是第一个系统的展望讯问未来的研究。情报科学委员会的早期研究目标是严肃地审视美国可能已经存在了近半个世纪的信条背后的知识——或这些信条所缺少的知识。虽然长期使用的讯问方法的有效性仍然没有定论，但并没有令人信服的科学证据支持应该继续使用它们，也没有令人信服的科学证据支持这些方法背后的假设。信息演绎项目还分析了行为科学和社会科学的研究文献，并开始探索应用新的

123

学科及相关理论（如社会心理学和协商理论）的可能性。研究成果或建议是否能转化为政府行动还有待观察。

　　一个指导美国未来讯问政策和实践的重要问题是："哪些研究或知识可以教给我们最有效的人力情报收集方法？"为了更好地理解这里所说的"有效"，可能不仅要考虑一种具体的技术是否可行，更要考虑在某些情况下（或在某些条件下），不同类型的方法或策略如何以及为什么适用于某些类型的在押人员、适用于某些类型的信息。要明确美国未来对讯问和人力情报收集方法的需求和要求，同时，要认识到在操作性的场合中，最为重要的是获得全面、准确、可靠、有助于采取行动的信息。

第二部分

当前对侦查讯问与询问的争论

第七章

对功利主义和酷刑情境因素的批判性分析————

罗德·摩根
汤姆·威廉姆森

引 言

　　国际惯例禁止以酷刑获取信息或口供类证据，大多数国家的国内法也禁止使用酷刑，或规定以酷刑收集的证据不具可采性。然而，酷刑依然大量存在，而且在"9·11"事件之后，世界超级大国——美国声称，国际社会和其他司法管辖区所界定的对在押人员使用的酷刑并未达到酷刑的标准。这一说法使人们原本希望澄清的事实变得更加混乱。古巴关塔那摩湾监狱的建立及其现状，曝光出来的伊拉克阿布格莱布监狱的在押人员待遇，通过"非常规引渡"将大量犯罪嫌疑人转移到可以使用和广泛存在酷刑的国家，这些情况表明，天平正在向允许军事、安全和执法人员对涉嫌实施或策划严重危害案件的人施加更多强制的一边倾斜（Danner，2004；Greenberg and Dratel，2004；Rose，2004）。当然，美国和其他国家都否认酷刑得到过批准，而是声称：任何地方发生的酷刑都没有得到法律允许。但出于功利主义目的，对强制手段更为宽容的政治气候鼓励了这些被曝光的过度行为。有人认为，变化了的客观状态和当前的"反恐战争"有必要允许那些职责是收集证据的人更大范围地使用强制手段，才能更好地保护公众。

130　　　由于大量对讯问犯罪嫌疑人使用强制（包括身体上和心理上）的讨论
具有功利主义特点，尽管使用了人权这样的措辞且国际人权法是绝对禁止
酷刑的，但非常明显的是，对于维护安全的工作人员来说，功利主义考量
仍占主导地位，因此，我们认为，仅仅诵读人权禁令和指出酷刑的法律先
例并不足以构筑防止酷刑的基础。相反，我们必须面对功利主义问题，即
酷刑或近似酷刑是有效的，是当代国家讯问武器库中的必要工具之一，而
对于这一点，很少有正式的辩解，更多的是暗中相信和付诸实施。

　　　本章分为两部分。在第一部分，我们考虑酷刑或近似酷刑［一些美国
评论家称之为"轻微酷刑"，见鲁班（Luban，2006）］是否能以功利主义理
由来证明其是正当的。在第二部分中，我们将阐述在哪些情况下酷刑可能
会增多以及谁可能会实施酷刑。

第一部分：支持和反对酷刑的功利主义理由

　　　酷刑对查明案件事实（证明过去发生的事情或收集情报阻止将要发
生的事情）的作用从一开始就受到怀疑。同样的，每当酷刑被证明是正当
的时候，通常的理由都是：如果不采取这种方法，由于其个体、阶层特性
或其组织依附性等原因，讯问对象将无法被说服并提供重要信息。20世
纪的极权主义政权秘密使用酷刑对付反革命分子，使民众普遍感到恐惧
（Peters，1996：第四章；Evans and Morgan，1998：13-20）。在民主国家，
这种做法通常一直是被禁止的，即使有证据表明酷刑在特定情况下仍在继
续，特别是在后殖民时期的斗争中，如阿尔及利亚、肯尼亚、北爱尔兰等。
"反恐战争"只是一系列诉诸强制手段的最新理由之一。无论是建议长期预
防性拘留、暂时取消犯罪嫌疑人通常享有的权利，还是建议非常规地使用
武力，人们总是认为出现了新的情况：威胁的风险程度更高了，规模更大
131　了，组织性挑战更加复杂了，敌人尊重文明作战规则的程度降低了。这种
观点认为，在极端情况下需要采取极端的防御措施。国家及其无辜公民有
权自卫。正如《新闻周刊》在"9·11"事件发生后的新闻标题所说："是
时候考虑一下酷刑了"（Alter，2001）。

　　　为酷刑或近似酷刑（通常更倾向于使用"适度身体压力"这个术语）

辩护的功利主义者经常引用的测试是（全是杜撰出来的，但却很有说服力的）滴答作响的炸弹情境或类似场景。在一个人员密集且人员身份不明的公共场所内有一枚随时可能爆炸的炸弹。犯罪人或知悉情况的同谋犯被抓获。讯问人员应该使用什么方法来获得关于炸弹下落的信息？杰里米·边沁（Jeremy Bentham，1997）在他生前未公开发表的一篇文章中提出了这个问题并做出明确回答：为了使无辜者免遭极端暴力，我们应该毫不犹豫地对掌握拯救信息的人使用同等或更大的暴力。以色列兰道委员会（Landau Commission，1987）调查了 20 世纪 80 年代以色列国家安全总局的过度行为，认为答案不言而喻：向犯罪嫌疑人施压将是较小的罪恶，副总统迪克·切尼（Dick Cheney）认为这是一个"很容易决定的事"。杰伊·拜比（Jay Bybee）法官提出并得到时任总统乔治·布什的法律顾问、后来任司法部长的阿尔贝托·冈萨雷斯（Alberto Gonzales）支持的建议中，提到这种情况下产生的"两害相权"，认为国际恐怖主义的邪恶足以令人信服地主张取消各种犯罪嫌疑人权益保障和使用酷刑（Greenberg and Dratel，2004；备忘录第 6、第 7、第 14 和 15 章）。与这一推理思路同理的是，我们也有理由不考虑反恐讯问的时间和地点。

　　第一，在 18 世纪，当酷刑被广泛且合法使用的时候，边沁主张实施酷刑应遵循某些规则：

· 在"没有充分证据表明囚犯可能按要求行事"的情况下不得使用酷刑。

· 只能在"刻不容缓的案件中"使用酷刑。

· 即使在紧急情况下，实施酷刑所要避免的危害必须是巨大的。

· 酷刑的严重程度必须与要预防的危害相称。

· 酷刑的使用应受到法律规制。

· 所使用的酷刑应具有最小的长期影响，也就是说，应该是那种"疼痛会尽快消失"的类型（Bentham，1997：313–315）。

　　民主国家也遵循类似的思路。在 20 世纪 30 年代，美国警察似乎对有组织犯罪嫌疑人使用了"第三等级"①方法，维克沙姆委员会（Wickersham

132

---

　　① 历史学家阿尔福德·W. 麦考伊（Alfed W. McCoy）在其著作《酷刑问题》（2006）中描述了一种"吊刑"，用绳索将人的双臂捆绑悬吊起来，共分为五种不同的持续时间和不同的严酷等级。根据麦考伊的说法，这种吊刑的第三等级在当代被作为严刑拷问的代名词。——译者注

Commission）将其称为酷刑：使用这种方法必须得到有资格判断威胁严重
性的高级警官批准（Chaffee et al.，1931：174-180）。同样在 20 世纪 80 年
代，以色列兰道委员会坚持认为"适度的身体压力"（委员会认为不属于酷
刑）因刑法权益保护的"必要性"而具有合法正当性：应对这些方法进行
制约，尽管获得授权的方法和一致同意的制约程序仍然是秘密的。哈佛人
权律师艾伦·德肖维茨（Alan Dershowitz，2001）最近提出，既然在"定时
炸弹"情境中美国安全特工"无论如何"都会实施酷刑，那么最好的办法
就是通过颁发"酷刑许可令"来规范这种做法。2002 年年初，美国司法部
法律顾问办公室批准在"反恐战争"中使用非同寻常的强制讯问方法，并
规定了可以正式使用这些方法的条件（Greenberg and Dratel：备忘录 14）：
这些方法是否达到酷刑的程度，或是否会不可避免地发生外溢效应，仍有
争议（Danner，2004；Ratner and Ray，2004；Rose，2004），虽然很少有
研究过欧洲人权法院和其他机构判例的人会接受小布什总统所接受的建议，
认为：

> 酷刑只是极端行为。剧烈疼痛通常是酷刑对象难以忍受
> 的。身体上的疼痛一定伴随严重的身体伤害，如死亡或器官衰竭
> （Danner，2004：155；Geenberg and Dratel，2004：213-240）。

事实上，如果要欧洲人权法院考虑这个问题，他们很可能会裁定，综
合考虑小布什政府当时批准的讯问恐怖犯罪嫌疑人的方法和关押条件，以
及长时间的关押和讯问，是构成酷刑的。

迈克尔·伊格纳蒂夫（Michael Ignatieff，2004a）提出了富有争议的观
133 点。他认为，正视"较轻的罪恶"是恐怖主义时代的当务之急，他也坚持
认为他所说的强制讯问方法不是酷刑。与边沁一样，伊格纳蒂夫希望所有
行为都受法律约束。让我们依次分析这一推理思路中的问题。

边沁辩称，如果通过酷刑可以确定讯问对象会按要求做符合公共利益
的事情，那么从功利主义的角度来看，酷刑就比惩罚更有效。惩罚的功利
目的是威慑或恢复，由于未来的不确定性，惩罚有不起作用、力度不够或

不适当的风险。而严刑拷问则没有这种风险。一旦拷问对象做出供述，刑讯就会停止。但这里也存在根本的困难，即刑讯人员**永远无法**确定刑讯对象是否**可能**顺从，或者他已经顺从了。我们永远无法确定刑讯对象是否知道我们想要知道的信息，正如亚里士多德所说，"那些被强迫的人很可能给出像真证据一样的假证据"［《修辞学》（*Rhetoric*），1376b–1377a］。

对这些主张的明确回应是，我们永远无法确定任何事情，这就是为什么边沁认为侦查人员应该尽可能确定：他应该以严重犯罪案件中的定罪标准来检验证据。但是，在"定时炸弹"这种情境中，如何在"刻不容缓"的情况下检验证据呢？在大多数发达国家，必须经过审慎的思考，充分、详细和公开地审查所有的已知证据才能认定犯罪。这与定时炸弹引发的疯狂情形恰恰相反，正因为如此，如鲁班有力地指出，"定时炸弹"情境只是一种花言巧语，是一幅"迷惑我们的画面"：

> 真正的争论焦点并不是在一个犯罪者的痛苦和数百个无辜生命之间如何选择，而是在确定无疑的巨大痛苦与仅仅是有可能掌握重要信息并拯救生命之间如何选择（Luban，2006：46–7）。

正如一句古老的谚语：迫切需要面前无法律。这是最目无法纪的信条。个人可能会在紧急情况下出于必要做一些事情，在极端情况下做出紧急判断。个人随后可能以**必要性**作为辩护。这是第一种情况。但试图据此证明一个正规国家行为是正当的，意味着所谓的迫不得已的情况下采取的标准做法实际上得不到规范和有效的控制。这意味着授予安全工作人员或警察使用极端强制方法的概括自由裁量权，在没有足够紧迫性的案件中，在向特定人员收集情报造成的伤害不能准确识别或避免的案件中，在讯问对象的罪责没有得到证实的案件中，在讯问对象能够提供所谓的威胁的相关信息只是设想——可能是合理的但却未得到验证的设想——的案件中，使用强制讯问方法。

第二，即使出现了真正的"定时炸弹"情境，为了消除迫在眉睫的威胁而使用强制手段，即使安全部门或警察的行为在后来得到了宽恕，也不意味着从这种做法中获取的证据可以在随后的刑事诉讼程序中用于证实已经实施的罪行。避免未来的伤害和惩罚已经发生的伤害有着根本的区别。允许在刑事诉讼中使用以强制手段收集的证据，将产生对**所有**抗拒审讯的犯罪嫌疑人使用强制手段的**动机**。这就意味着允许安全部门和警察采取那些如果是其他人实施就会构成犯罪的手段。这是唐纳森（Donaldson）勋爵对 20 世纪 70 年代早期英国军队对北爱尔兰恐怖主义犯罪嫌疑人使用的讯问方法提出的反对意见（Parker Report，1972）。这种方法意味着授权警察使用刑法禁止的行为，而刑事司法程序在形式上就是为了预防这种行为。这种行为只能是对刑事司法体系的蔑视。如果允许警察在无罪推定的前提下对公民使用武力，却又希望保障公民沉默权，那么公民将怀疑这个制度是否能保护自己的安全。如何将安全部门的行为与犯罪行为区分开来呢？

在关塔那摩湾虐囚案件中，美国当局显然考虑了上述反对意见，这使得他们所采取的政策更加激进。政策最初确定的是在押人员不受"日内瓦公约"保护，由于"反恐战争"具有未公开宣称的不受洲际范围限制的特点，不受"日内瓦公约"保护意味着在没有美国法院裁定该政策违宪的情况下（见下文讨论），关塔那摩湾监狱的在押人员对被拘留和受到不受时间限制的强制讯问，无权诉诸美国国内法院和社会舆论。他们还认定，所有针对关塔那摩湾在押人员的刑事诉讼都在特别组成的军事法庭中进行，不受美国国内法庭提供的保护。正如阿尔贝托·冈萨雷斯在建议小布什总统采取这些措施时所提出的那样，总统在如何处理这些案件及其羁押人员方面拥有非常大的灵活性，对美国国内刑事诉讼的威胁也将大大减少。这些政策将受到美国盟友批评的说法是"毫无疑问正确的"，但美国将继续"对任何侵害美国政府人员的人提起战争罪指控"，大多数盟友也会因关塔那摩湾监狱待遇符合人道主义的声明而打消疑虑（Greenberg and Dratel，2004：备忘录 7）。很明显，即使是美国最坚定的和最无所作为的盟友英国也没有感到放心，英国内阁大臣、大法官福尔克纳（Falconer）勋爵四年后才宣称，关塔那摩湾监狱代表的法律黑洞是"对民主信念令人震惊的侮辱"（Falconer，2006）。尽管如此，福尔克纳勋爵还是没有就关塔那摩湾监狱的关押条件和讯问方法发表过评论。

第三，20 世纪 80 年代的以色列和现在的美国已经对可以使用的强制手段及其造成的痛苦程度做出了限制，允许使用的方法与英国在北爱尔兰使用的方法相同（戴头罩、压迫身体的姿势、剥夺睡眠等，见 Evans and Morgan，1989；Greenberg and Dratel，2004：备忘录 26）。相比之下，边沁对酷刑没有设定上限，只是认为酷刑应该与要预防的危害成比例，并且是那种"疼痛可以尽快消退"的手段。如果是出于功利主义，为什么要设定酷刑的上限呢？只要在两种罪恶中，酷刑是较轻的一种而另一种想要预防的危害很重大，似乎就没有足够的理由设置上限。功利主义可能考虑到，极度痛苦可能产生不可靠的证据。但这一点也站不住脚。充分的文献研究和案例研究表明，即使是最温和的压力——温和到普通人都不会认为是压力——也可以从一些有缺陷或顺从性的讯问对象那里获得虚假供述或误导信息（Royal Commission，1981：25-6；Gudjonsson，1996）。

相反，当代功利主义者转而依靠盛行的人权文化和国家声誉设置酷刑的界限，提出强制不属于酷刑，因而国家履行了国际条约义务、符合国际社会的观点。这是英国在北爱尔兰和以色列兰道委员会采取的立场，也是美国当局目前所采取的立场。

一旦强制讯问方法——剥夺睡眠、戴头罩、饮食操纵、极端温度、白噪音、强制压迫身体、扇耳光和殴打，或威胁使用上述这些或者更恶劣的手段——获得授权，所有证据都表明，设置酷刑上限只是情况变得更糟糕的遮羞布。证据表明，一旦恶犬挣脱了项圈，德肖维茨和伊格纳蒂夫所呼吁的那种法律制约现在不会、将来也不会起作用，特别是在伊格纳蒂夫所说的"反恐战争"世界末日氛围中更是如此。训练有素的恐怖分子不会屈服于"适度的身体压力"。他们准备抵抗到底，如果他们屈服的话，往往会面临来自自己组织的更糟糕的对待：这一点从阿尔及利亚、北爱尔兰和巴勒斯坦的经验中能够清楚地看到。所有的案例研究都表明，当适度甚至严厉的强制手段都不起作用时，安全部门将在采取更多强制手段上走得更远。2002 年为小布什总统提供讯问方法法律建议的美国司法部高级官员并非不称职的律师。他们都是优秀的法律顾问，完全理解对于恐怖主义犯罪在押人员权利缺失的语气强硬的备忘录可以在操作上做出怎样的解释（Luban，2006）。

136

军事法庭提供的美国和英国士兵对伊拉克战俘事件负有责任的证据令人信服。不管酷刑的定义是什么，"近似酷刑"都会在实践中逐渐演变为酷刑。安全部门主要采取秘密行动，或仅在适用最低限度的公开问责制场合开展活动，要他们遵守上限并不可信。如果为了迅速瓦解在押人员的抵抗而允许他们使用强制手段，几乎可以肯定的是，他们会突破界限。降低使用强制手段的心理门槛几乎必然导致底线的丧失。正如兰道委员会的一名评论员对调查结果做出的评论："如果犯罪嫌疑人的身体不再是禁忌，那么与神圣的事业相比，一次殴打算得了什么？"（Kremnitzer，1989：254）。底线将被突破。犯罪嫌疑人不再是一个主体，而是一个客体，不再是一个人，而是一具肉身，不再是一个公民，而是一个怪物，一个有待开发的信息宝库，一个达到目的的手段（Scarry，1984）。一开始是体面的关于公共利益和两害相权的理性辩论，然后发展成秘密机构官员在肮脏的环境中大搞卑鄙的、偷偷摸摸的意志力竞赛，以打击被认为是**邪恶和违背人道**的被妖魔化的**另一些人**，这些人在权衡算计中微不足道，最后什么事情都可能发生。

因此，反对酷刑或近似酷刑的终极功利主义理由是：它侵蚀了国家的正当性，这也是德肖维茨和伊格纳蒂夫对强制手段进行法律制约的理由。他们试图维护国家声誉，同时保护其公民免受重大伤害。但德肖维茨兜售的做法是，对国家在极端情况下无论如何都要采取的做法进行制约——也就是说，制约那些他认为实际上不容易受到制约的活动。与此不同，伊格纳蒂夫认为，可以对邪恶程度较轻的强制讯问设定上限，以维护国家的正当性。但伊格纳蒂夫只是泛泛而论。他反对使用酷刑——"如果你想制造恐怖分子，酷刑是非常有效的方法"（Ignatieff，2004b）——但却没有说明酷刑的内涵。他圆滑地周旋于"先发制敌"和"强制讯问"之间。

因为近似酷刑几乎不可避免地发展为酷刑，因为刑讯人员习惯性地嘲讽刑讯对象"没人倾听你，没人关心你"的事实迟早会泄露出去，最终使国家名誉扫地。使用强制手段最初可能会得到民众出于要求消除威胁、缓解恐惧目的的支持，但最终很难界定和识别实践中的**其他**后果。一定会有一些负面影响发生——杀害无辜者、虚假供述、错误辨认犯罪嫌疑人，使司法系统蒙羞的冤案。这些负面影响可能会被我们国家所要抵御的人群所利用。如果有一些犯罪嫌疑人受到折磨，那些试图败坏我们国家的名誉的人就会习惯性地声称所有犯罪嫌疑人都受到了折磨。如果所有反对我们国家的人都声称他们遭受了酷刑，警察为什么不索性就这么做呢？一不做二不休。由此，形成了虚假信息和互不信任的恶性循环。如果不采取限制，如果国家大搞卑鄙的诡计，为什么还要信任国家，为什么还要承认国家的权威呢？

基于上述理由，我们得出结论：功利主义无法使酷刑和近似酷刑的**实际做法**合理化。对于那些不能被人权理论说服的人来说，无法从中获得慰藉。

第二部分：刑讯者的产生

138

接下来我们讨论一个棘手的问题：谁会成为刑讯者？对他人实施酷刑令人憎恶，人们很容易认为刑讯者在某种程度上也是邪恶的。事实并非如此：有证据表明刑讯者并不是特殊的人。因此，我们需要考虑哪些情境因素将一个普通人变成了刑讯者。

社会心理学家观察到，人们倾向于低估情境因素的影响力，这通常与高估性格特点对行为的影响力有关。这对错误归因被称为"基本归因错误"（Ross，1977）。在本节中，我们将简要阐述一个普通人在特定条件下变成刑讯者的过程。其中一些资料来自对希腊和巴西军事政权下刑讯者和行刑人员的调查研究（Huggins et al.，2002）。研究发现，没有证据表明人们是因为精神变态或是严重虐待狂而成为刑讯者。相反，他们获得过正式和非正式的培训指导。他们通常是来自农村和政治保守地区的新警察或军队新兵，被挑选进入精英部队接受刑讯的训练。他们享有同龄人所没有的特权，被选中加入这样的部门是一种荣誉。哈金斯（Huggins et al，第 237 页）发现，在巴西，新兵训练内容之一是遭受严酷对待。这使他们对痛苦和折磨不再敏感，促使他们完全服从上级权威、接受国家的意识形态，激励他们铲除和消灭一切国家敌人。通过这种方式，普通人被塑造成实施国家要求的邪恶行为的人。

最令人震惊的是，这种做法并无新意，在对纳粹集中营看守的研究（Steiner and Fahrenberg，2000）和汉娜·阿伦特（Hannah Arendt）对阿道夫·艾希曼 [①]（Adolph Eichmann）的性格研究中也观察到了同样情形，阿伦特认为艾希曼其实是个正常人。艾希曼的精神科医生发现，他非常正常，而且具有社会适应性人格（Arendt，1963）。

在巴西军事政权时期（1964—1985 年），在以国家安全理念为中心的宣传中可以找到国家对本国公民实施酷刑或处决的理由，国家安全的理念导致政府建立起支持镇压的组织结构。哈金斯等人观察到：

> 军政府做了大多数专制政府所做的事：它制造了国家的敌人，这些敌人必须被发现、搜查、统一关押在安全的地方，如果他们可能掌握有价值的信息，那就讯问他们，如果他们不配合，那就严刑拷问，如果他们对维护国家安全不再有价值，那就处决他们（Huggins et al.，2002：244）。

如果是国家提供了从良善转变为邪恶的机制，那么导致这种转变的社会心理过程是什么呢？社会心理学领域的研究和实验室研究表明，好人容易在以下情况下做坏事：

· 旧的道德体系被推翻，构筑新的道德体系；

· 强制人们盲目服从；

· 被害人被非人类化；

· 个人责任和社会责任相互抵销。

如果没有正常的约束，指导我们行为的个人标准是可以改变的，这个过程被称为"道德脱离"（moral disengagement）（Bandura，1990）。当讯问人员对审讯对象的人性有错误理解，将他们视为可以对其实施暴力的敌人、非人类，并且由于没有正常的问责和约束制度因而不会受到惩罚时，就会发生刑讯。酷刑盛行的独裁政权要求人们盲目服从，这可以使实施国家支持的暴力行为的参与者消除对自己所作所为的责任感，激发出更多的道德

---

① 阿道夫·艾希曼是纳粹德国高官，也是在犹太人大屠杀中执行"最终方案"的主要负责者，被称为"死刑执行者。"——译者注

脱离。

　　实验表明，在适当的社会条件下，未经训练的普通人会表现出盲目服从。众所周知，米尔格拉姆（Milgram）做了一个实验，实验对象被告知他们正在进行记忆训练。研究人员向他们展示了一种据称可以施加电击的电器，电击的范围从轻微（15 伏）到高危（450 伏）。在实验中，学生每犯一个错误，电击就增加一次。学生在另一个房间，受试者看不到但可以听到电击学生的声音。这些学生的回答全部错误，受试者被要求继续实施电击。在实验之前，米尔格拉姆邀请了 40 名精神科医生预测受试者给出最大电击量的概率。平均估计是 1%。但事实上，近 64% 的受试者给出了最大的电击量。米尔格拉姆在美国各行各业的 1000 多人身上重复了这个实验。在某些实验中，服从程度达到了 90%，从而证明了情境因素在塑造服从行为方面的力量。精神科医生所做的错误预测可以被视为基本归因错误的例子，并证明盲目服从是多么容易形成。

140

　　当对象不是人，而是"动物""害虫""蟑螂""恐怖分子"或者其他抹杀其人类属性的标签时，酷刑和处决变得更加容易。责任的缺失导致了津巴多（Zimbardo，1970）所称的"去个人化"。匿名性使常规的约束失效。

　　斯坦福的监狱实验（Zimbardo et al.，1973）证实了上述四个因素的作用过程。根据心理测试、临床访谈和背景报告，大学生志愿者被随机分配扮演囚犯或狱警。在实验结束的时候，分配不同角色的受试者出现了完全不同的行为。在实验刚开始，被分配到囚犯角色的受试者在其居住地被警察逮捕，并以各种重罪在当地警察局登记在案，然后被转移到斯坦福大学心理学系地下室的模拟监狱。在模拟监狱，实验人员给分配到狱警角色的受试者配发了制服，并要求他们遵守看守制度。"囚犯"一直被关在牢房里，而"狱警"轮流值班，每班八小时。该实验原本计划进行两周，但仅六天后就终止了，因为模拟监狱变得太真实了。"狱警"的行为表现得很专制，在某些情况下甚至是虐待，而"囚犯"变得被动和完全服从，出现了极端的压力反应。一名"囚犯"不得不在 36 小时后就被"释放"。原因是狱警通过惩罚和骚扰使其变得歇斯底里，津巴多和他的同事认为，去个人化、去人性化和道德脱离发挥了作用（Huggins et al.，2002：263）。结合

141　该实验与米尔格拉姆的实验，斯坦福大学的研究指明普通人的行为受情境因素的塑造，有可能伤害或侮辱无辜者的心理过程。

　　到目前为止，关于该实验的讨论焦点一直是受试者的行为。但津巴多和他的同事们指出，实验所观察到的行为也发生在其他参与实验的角色身上：警察，电视台摄影师，在狱警面前询问"囚犯"并听取他们申诉的天主教牧师，以及前来探视的父母和朋友，这些人参与实验的目的是增加实验的真实性。尽管在押人员衣衫褴褛，但这些参与者并没有要求释放囚犯。巴西也没有在社会隔绝状态下使用酷刑和即刻处决。许多其他人员也处于同样的情境下：指导新兵使用酷刑的培训人员，挑选刑讯者的管理人员，指挥决策者，制造、维护和安装酷刑设施的技术和维修人员，营造出国家处于敌人威胁之下、只能诉诸法外手段解决问题宣传氛围的军事人员等。这些社会心理过程可以有力地使普通人变得冷漠或者转而实施极端的不人道行为，也就是说，"在一系列著名的条件下，任何人都可能成为刑讯者或行刑者"（Huggins，2002：267）。

　　我们还要警惕促成这种转变的社会政治条件。为了说明这一点，我们需要简要回顾一下美国政府在"9·11"事件后如何处理"反恐战争"中的在押人员及其讯问，特别是心理学家和精神病学家等人员在讯问中扮演的角色。处置被美国羁押的在押人员首先面临的是法律问题。2006年6月29日，美国最高法院在哈姆登诉拉姆斯菲尔德（Hamden v. Rumsfeld）一案做出判决，终止了将一些关押在关塔那摩湾监狱的外国公民提交军事委员会审判的政府计划。最高法院认为，这些根据小布什总统2001年11月签署的军事命令而成立的委员会是非法的，理由有两点：一是没有得到国会的授权，二是违反了国际法和美国的军事法。

142　　　2006年9月6日，作为对哈姆登案件判决的回应，小布什总统向国会提交了《2006年军事委员会法案》。该法案中的提议也未达到公平审判的国际标准。政府不愿意放弃原有军事命令的另一项内容，即不经起诉或审判的无限期羁押权力。9月6日，小布什总统确认了媒体长久以来的猜测——美国中央情报局一直在执行秘密拘留和使用非常规的讯问手段，这些手段可能构成犯罪和违反人权。该法案中提议的委员会同意采纳强制手段获取的传闻证据，并将被告人完全排除在采纳秘密情报的程序之外。在入侵阿富汗之后，小布什总统决定 1949 年《日内瓦公约》总则第 3 条不适用于美国关押的基地组织或塔利班囚犯。最高法院在哈姆登案件的判决中推翻了这一决定。《日内瓦公约》总则第 3 条反映了适用于国际和非国际冲突的国际惯例，并保障人道待遇和公平审判的最低标准。《2006 年军事委员会法案》中的条款将削弱《日内瓦公约》总则第 3 条的效力，并通过修订和缩小美国战争罪法案的适用范围强化美国军队侵犯人权却不受惩罚的模式。当局还发布了一版新的陆军战地审讯手册，全面严格禁止虐待性的讯问方法，尽管当局并不愿意放弃中央情报局和其他政府部门所使用的"非常规审讯技术"。

2006 年 9 月 18 日，加拿大公开调查了加拿大官员在驱逐和拘留马尔·阿拉尔（Maher Arar）事件中发挥的作用，这是另一个说明助长酷刑的社会政治条件影响有多深远的例子。马尔·阿拉尔是一名 34 岁的叙利亚裔加拿大电信顾问，2002 年 9 月 26 日，他在从突尼斯转机回加拿大的途中在美国被拘留。他在美国被拘留了 12 天，2002 年 10 月 8 日半夜，他从牢房里被带出来塞进一家私人飞机，经过美国的其他机场、意大利的罗马到达约旦。在约旦，他遭到了殴打，然后被送到叙利亚。2002 年 10 月 9 日至 2003 年 10 月 5 日，阿拉尔一直在叙利亚，在非人的监禁条件下单独关押并遭受酷刑。他还听到其他囚犯被折磨并发出惨叫。讯问他的人一直基于加拿大和美国情报机构提供的信息采取行动。加拿大公开调查的结果显示，这些机构提供的许多信息是不准确的，加拿大警方曾不恰当地与美国同行分享过这些信息。调查得出的结论是："没有任何证据表明阿拉尔犯了任何罪行，或者他的活动对加拿大的安全构成威胁。"调查还发现了另外三名阿拉伯裔加拿大人，他们在加拿大和其他外国情报机构的共谋下，在叙利亚遭到拘留、审讯和严刑拷打。

当前，另一个引起关注的社会政治因素是有资质的专业人员在审讯中的作用。当发生得到国家支持的恐怖主义犯罪时，刑讯者可能会得到其他为了对付可恨的敌人而放弃自己职业道德的专业人士的帮助。医生可能出现在讯问现场抢救受刑者，护士对受刑者进行注射。

143

参与"反恐战争"的国家联盟面临的一个特殊问题是心理学家和精神病学家在审讯在押人员时的作用。争论还在继续,不同的专业机构对其成员参与审讯采取了不同的立场。美国医学协会做出了明确说明:

> 医生不得出于干预目实施、直接参与或监测审讯,因为这有悖医生作为治疗者的职责。(levine,2007:710)

美国精神病学协会也发表了一份有力的声明,认为:

> 无论是在美国还是在其他地方,精神病学家都不应直接参与被军事部门、民事调查机构或执法当局拘留的人的审讯。直接参与包括:出现在审讯室、提问或建议提问,或就针对特定在押人员使用特定讯问技术向当局提供咨询意见。(American Psychiatric Association,2006)

144   更有争议的是美国心理学协会的立场,它似乎担心"把婴儿和洗澡水一起倒掉",认为心理学家可以在讯问中发挥作用,只要符合协会的道德准则即可:

> 心理学家可以以符合道德准则的方式担任与国家安全相关的各种职务,如审讯顾问。在履职过程中,心理学家要注意自身职责和情境的特殊性,需要做出特殊的道德考量。(APA,2007)

由于这一争议与关塔那摩湾等地的法律模糊有关,美国心理学协会的成员处境为难。10名支持总统特别工作组的美国心理学协会成员中,有6名与军方有联系,其中4名成员曾在关塔那摩湾、伊拉克阿布格莱布监狱或阿富汗的监狱工作过,这一事实加剧了美国心理学协会内部的分歧。协会指出,心理学家可以充当审讯顾问,但他们必须报告任何酷刑或有辱人格的情况,并禁止将提供医疗服务与担任审讯顾问混为一谈。

问题在于，如果心理学家和精神病学家不得提供审讯建议，那么审讯人员的做法可能是粗暴的、无效的，并且侵犯基本人权。另一方面，一些心理学家和精神病学家可能过度参与审讯，以至于他们的意见导致侵犯基本人权的结果。英国心理学协会的立场是，其成员受到一套道德准则的约束，但在诸如参与审讯等问题上没有具体的道德规范（BPS，2005）。在撰写本文时，英国皇家精神病医学院尚未宣布其立场。

由于这些与安全有关的审讯的秘密性，以及审讯后的军事委员会或法律程序的封闭性，审问的质量、心理学家或精神病学家提供的建议不太可能受到批判性的审查。因此，似乎没有办法对这些专业人士的作用进行监督，也没有办法审查他们的建议是否与心理学或精神病学界普遍遵循的心理学原理保持一致。最简便的做法就是采取美国精神病学协会和美国医学协会的立场：禁止精神病学家和医生参与审讯。允许精神病学家和医生参与审讯造成的问题是，由于监管薄弱，他们在审讯中的活动几乎不受制约，对所发生的事情也没有独立评估。同时，由于不太可能曝光专业人员渎职的证据，各种协会和社团的惩戒软弱而无效。因此，我们很可能会看到心理学家和（美国以外的）精神病学家继续参与对犯罪嫌疑人的审讯，这种政治性的支持有可能成为促使讯问人员道德脱离的另一个背景因素。他们参与讯问的活动将因其心理学和精神病学的专业名义得到当局的认可和支持。

145

结　论

在本章中，我们批判性地考察了对犯罪嫌疑人使用酷刑（或近似酷刑）以获取证据的功利主义理由。我们的结论是，功利主义论点并不能为违反习惯国际法和侵犯人权提供依据。但我们知道，使用酷刑的做法比较普遍，世界上许多国家这么做，而"反恐战争"的出现给了那试图使酷刑正当化的人以利好刺激（Amnesty International，2006：1-47）。

一系列社会心理过程可以解释谁会成为刑讯者，是哪些因素使一个普通人转变成残暴虐待他人的人。基本归因错误告诉我们，人们很容易以个人性格解释他人实施的应受谴责的行为，在这种情况下，刑讯者一定本身就是邪恶的，而不是环境因素塑造的。实验室研究表明，在某些大家所熟知的条件下，几乎任何人都可能成为刑讯者。最后，当前对于精神病学家和心理学家在与安全相关的讯问中的作用有很多分歧和争论，我们考察了这些争论，发现美国医学协会和美国精神病学协会禁止其成员参与或监测审讯。美国心理学协会在回应总统特别工作组的一份报告时，确实允许心理学家在各种与国家安全相关的活动中发挥作用，包括在审讯中担任顾问，只要他们的行为符合该协会的道德准则。英国心理学协会也采取了类似的立场。相关协会或社团成员参与审讯所面临的问题是缺乏监管制度。这一问题因拘留、审讯和起诉"反恐战争"在押犯罪嫌疑人程序的封闭性和秘密性而更加严重。

146

第八章

作为治疗法学方法的侦查询问————

乌尔夫·霍姆伯格

乌尔夫·霍姆伯格

不断变化的侦查询问本质

过去的研究表明，被害人参与法律程序的意愿很大程度上取决于他们对法律程序及其参与人员的看法（Doerner and Lab，1998；Shepherd et al.，1999；Yuille et al.，1999；Holmberg，2004）。同样的，对警察询问犯罪嫌疑人的录音录像分析也表明，犯罪嫌疑人对询问他们的警察和询问本身的看法会影响到他们参与询问的意愿（Baldwin，1992，1993；Moston and Engelberg，1993；Moston and Stephenson，1993；Stephenson and Moston，1993；Williamson，1993；Holmberg and Christianson，2002；Kebbell et al.，2006）。事实上，成功破案的前提是警察通过技术手段和人力资源（包括证人、被害人和犯罪嫌疑人）获取的信息。获取的信息必须有助于解释何时发生了犯罪、犯罪如何实施完成以及犯罪原因。如果没有这些信息，被害人和犯罪嫌疑人的权利就得不到保障，犯罪嫌疑人得不到公正起诉，被害人不能身心康复，案件也极有可能被撤销。侦查人员可以通过技术证据查明犯罪案件的实施过程，但科技证据并不能说明全部情况。例如，在瑞典，在一位名叫海伦的 6 岁女孩被奸杀的案件中，法医的 DNA 检验确认小女孩体内的精子来自于犯罪嫌疑人，犯罪嫌疑人虽然否认所有指控，否认与海伦有任何接触，但没有解释为什么会在女孩的体内发现自己的精子。仅凭技术证据可以认定犯罪嫌疑人绑架、强奸和谋杀罪名成立。但为了详细查明犯罪过程、犯罪结果和犯罪动机，需要借助相关涉案人员和目击者的准确描述。

　　良好的侦查询问应当是在法律体系内进行、受询问目的制约，并受到有利于陈述的因素影响（Yuille et al.，1999）。在这方面，询问人员的特点对询问结果的影响很大。鉴于侦查询问的重要性、询问内容及其司法程序的影响，研究询问人员实际使用的询问方法非常重要。同样重要的是，要研究被害人、证人和犯罪嫌疑人如何看待侦查询问，以及在什么情况下他们会认为自己得到了有助于详细陈述的心理空间。在这方面，最重要的是开展进一步的研究，并将研究结果落实到询问人员的培训之中。

　　本章从治疗法学的角度讨论侦查询问从讯问到询问的转变。本章首先简要介绍讯问及其工作手册的历史发展，然后阐述侦查询问的研究现状，最后讨论侦查询问的治疗法学方法发展方向。

从强制到欺骗

　　20世纪上半叶之前，司法人员使用残忍的手段查明案件事实。犯罪嫌疑人试图以沉默或说谎来隐藏他们掌握的信息，因此，从历史上看，获取供述的方法一直是采取身体上和精神上的强制。明斯特伯格（Münsterberg，1908/1923）指出，迫使犯罪嫌疑人认罪的胁迫和酷刑在世界各地被使用了数千年。出现于1900年的"第三级"一词，被用来界定以精神或身体折磨逼取供述的严酷审讯 [《韦氏词典》（Merriam-Webster），2004]。明斯特伯格（1908/1923）表示，到20世纪前几十年，警察仍在使用以亮光晃眼睛、用水龙头向犯罪嫌疑人冲射冷水和不会产生明显伤痕的殴打等"第三级"手段。当时的社会舆论坚决反对这种做法，认为"第三级"手段无法从犯罪嫌疑人身上找出真相。但直到20世纪30年代早期甚至更晚，侦查询问的策略仍然整体上具有强制特征（Leo，1992，1996）。

　　在瑞典，哈斯勒（Hassler，1930）指出，侦查询问的形式应该是以询问人员的提问为指示的查问。在不施加痛苦、不采取威胁或欺骗的情况下以提问逐步引导犯罪嫌疑人自愿做出供述。佩克索托（Peixoto，1934）说，在巴西，"第三级"是审问式的方法，其作用颇令人怀疑。20世纪30年代和40年代，强制性询问方法开始减少（Leo，1992，1996）。莱切和哈格尔伯格（Leche and Hagelberg，1945）建议警察要努力赢得询问对象的信任，在警察提出开放式问题之前让询问对象做出连贯的陈述。莱切和哈格尔伯格还强调，警察必须懂得人的情绪和反应，了解人的记忆机理，并理解不同的环境如何影响人的陈述。为了发现真相和判断证人陈述的真实性，格伯特（Gerbert，1954）强调要了解证人的性格。格伯特说，有些紧张的证人看上去是因为有罪，但其实是对询问做出的反应，这些证人只有在确信询问公平、不偏不倚时才能放松下来。

在20世纪60年代，警察讯问中出现了欺骗性的技巧、策略和诡计。这些方法是对心理学知识不加批判的、主观的应用。因保等人（2001）的《里德技术手册》就是这样一本教科书，它提出讯问犯罪嫌疑人的心理战术和方法。这本手册特意使用劝说策略建立对话关系，以便赢得犯罪嫌疑人的信任并获得供述。也就是说，讯问人员引导犯罪嫌疑人进入一种信任氛围，并表现出理解和同情犯罪行为。然后，讯问人员逐渐瓦解犯罪嫌疑人的抵抗，兜售供述的好处，哄骗犯罪嫌疑人并建立融洽关系。最后，讯问人员让犯罪嫌疑人在两个可能的选项中做出选择，两个选项都是承认有罪。无论犯罪嫌疑人选择哪一项都会导致他承认实施了犯罪。

里德技术的唯一目的似乎就是获得有罪供述，而对于一些犯罪嫌 152
疑人来说，其意味着被劝导说出真相（Buckley，2006）。此外，当讯问人员认为犯罪嫌疑人没有说出事实时，犯罪嫌疑人就得做好准备被审问（interrogated）。这一过程要求讯问人员必须提供至少95%的谈话内容，而且不能提出问题。温伯格（Weinberg，2002）认为，如果讯问人员提出问题，就会暴露警方对犯罪嫌疑人罪行的不确信，这并不是个好的策略。在一些工作手册中，讯问常常被视为一个对抗和寻求认罪的过程。例如，本森（Benson，2000）、因保等人（2001）和斯塔雷特（Starrett，1998）提出的方法就很成问题，或者在国际法上干脆就是非法的。这些方法涉及诡计和（或）欺骗，而一些工作手册——如巴特菲尔德（Butterfield，2002）提出的方法非常接近《世界人权宣言》第 5 条所界定的事实上的酷刑。当讯问人员使用强制讯问技术、欺骗和诡计时，还将与《公民权利及政治权利国际公约》确定的自愿原则和无罪推定原则相抵触。

如果初步调查结论是犯罪嫌疑人有罪，那么犯罪嫌疑人在讯问中的否认自然会被认为是撒谎。里德技术的创始人声称，讯问人员可以通过训练识别谎言，准确率达到 85%，超过任何已发表的测谎实验的成功率（Kassin，2006）。在讯问人员以里德技术和其他类似方法实施讯问时，讯问人员很可能会认为没有必要深入考虑犯罪嫌疑人否认的可信度，这可能预示着可能冤案的发生。司法人员（如警官或检察官）致力于获取供述，很可能是基于影响他们收集信息行为方式的信念和推定。

态度、观念和推定

询问人员的态度、观念和推定会严重影响他们的实际行为。伊格利和柴肯（Eagly and Chaiken，1998）将态度定义为一种心理倾向，通过某种程度的赞成或反对来表达对特定事物的评价。人们会根据对特定对象（如询问对象、询问人员或询问本身）的评估做出偏向于赞成或反对的反应，这将影响询问人员在询问中的行为方式。尤耶等人（Yuille et al，1999）强调，侦查询问应该尽量减少对询问对象个人和情绪上的负面影响。与尤耶等人的观点相反，根据一些工作手册，无辜者可能会在没有证据证明他们涉嫌犯罪而只有警察直觉的情况下接受讯问（Kassin，2006）。这意味着讯问是一个**有罪**_推定_的过程，在这个过程中，偏见而不是客观的信息收集流程影响着警察的行为。这种偏见基于对犯罪嫌疑人有罪的强烈预断，可能会影响警察与犯罪嫌疑人的互动，这也解释了为什么警察会采用寻求供述的审讯方法（Mortimer and Shepherd，2000）。心理学研究发现，人们在形成一种观念后，就会有选择地寻找和解释新信息（Kassin et al.，2003）。在这个曲解和_选择过程_中，人们努力获取信息证实他们的观念。这一认知上的**确认偏误**可能使警察抗拒改变观念，即使存在相互矛盾的事实（Nickerson，1998）。英尼斯（Innes，2002）认为，在侦查中，警察可能会被大量证据所拖累，导致他们不再寻找能够查明全部案件事实的新信息，

153

相反，警察可能会寻找足以构建一个令人满意的符合**内部表征**的犯罪案件事实的证据，在构建案件事实的过程中，想象力和猜测填补了空白（无证据），从而使犯罪情节连贯起来。这一构建过程会验证被害人经历了什么和犯罪嫌疑人有罪的假设，反过来塑造警察的询问行为。卡辛等人（Kassin et al.，2003）进行了一项实验，让学生扮演讯问人员来检验有罪推定影响讯问行为的假设。研究表明，当询问人员接受有罪推定而不是无罪推定时，他们会提出更多有罪导向的问题，并使用更多的技巧和压力来引导出有罪供述。态度、观念和推定也可以解释为什么一些警察以听取陈述的方式询问被害人（Clarke and Milne，2001），而不是保持思维开放。相比询问，听取陈述的方式更加机械，是一个受到某种强烈观念和推定控制的过程。因此，态度、观念和推定既可能存在于对被害人的询问中，也可能存在于对犯罪嫌疑人的询问中。下文节选自一位真实的被害人陈述，代表了她对询问过程的看法。此外，它还是一个表现警察关于强奸的观念或推定的案例。

154

> 我想他不知道我有多难过。有时我在想我为什么要告诉他这件事，我到现在还在想。我浑身是伤。伤口挖得越深、撕得越大，我越难受（Holmberg，1994：37）。

下面这句话来自一个儿童性骚扰者，它暗示了询问人员的有罪推定：

> 他什么也没问，事实上，有一次他问我："你觉得她（孩子）为什么会变成这样？"他做了定论，这样对我说，"你所做的事情非常严重。"（Holmberg，1996：34）

显然，观念和先入为主的推定对犯罪嫌疑人和被害人的询问都会产生影响。在询问被害人过程中，有罪推定的危险是被害人没有能力做出反驳，反而表现出退缩，产生糟糕的和抵触治疗的感受。在询问犯罪嫌疑人时，有罪推定的危险如津巴多（Zimbardo）在1967年警告过的那样，会造成虚假供述，且同样可能导致糟糕和抵触治疗的感受，尤其是可能形成冤案。

虚假供述

　　很多研究者发现，使用如因保等人（2001）推荐的劝说性询问方法有很高的风险，因为它们可能产生虚假供述（Münsterberg，1908、1923；Zimbardo，1967；Gudjonsson，1992，1994，2003；Kassin，2005）。　古琼森（2003）定义了三种类型的虚假供述：自愿型、强制内化型和强制顺从型。自愿型虚假供述可能出于一种内在心理压力。例如，在瑞典，1986 年有 100 多人在承认谋杀前首相奥洛夫·帕尔梅（Olof Palme）后受到调查 [警长佩尔－奥洛夫·帕尔姆格伦（Per-Olof Palmgren）的私人谈话]。

　　强迫内化型虚假供述是指犯罪嫌疑人经过警察的询问后相信自己实施了犯罪。重要的是，在这种情况下，犯罪嫌疑人可能对所谓的犯罪并没有记忆，如饮酒或吸毒，记忆的缺失有时更容易使他们虚构事实。在严重犯罪案件侦查中，犯罪嫌疑人可能会接受多次长时间的询问，他们可能会开始怀疑自己的记忆。即便没有任何诡计、欺骗或来自警察的压力，这种情况也会发生。这类人是合作的，他们尽力去回忆，如果什么都想不起来，他们可能会认为一定是自己实施了犯罪。他们根据警察提问的内容虚构记忆（Nolde et al.，1998；Loftus，2003；Steffens and Mecklenbräuker，2007）。产生虚假记忆是因为犯罪嫌疑人怀疑自己的自传式记忆，并且处于高度易受暗示的状态。他们相当配合，可能与外界隔绝并且信任警察，而警察有意或无意地提供了导致虚假记忆的暗示和线索。记忆的来源被混淆、现实被扭曲，为孕育出内化型虚假供述提供了沃土。

　　强迫顺从型虚假供述反映的情况是：由于询问人员的要求或施加的压力，犯罪嫌疑人为了某种好处而错误地认罪。在这种情况下，犯罪嫌疑人屈服于确切的强制，期望得到某种直接的好处或恩惠（Gudjonsson，2003；Kassin and Gudjonsson，2004）。做出强迫顺从型虚假供词的动机可能是供述者急于逃离被威胁的局面，供述者完全明白自己是无辜的，而供述只是一种屈服行为。这类虚假供词的案例是中央公园慢跑者遇害的案件。在该案中，五名无辜的男孩承认实施了残忍的袭击和强奸，因为他们相信认罪后就会被释放（Kassin，2005）。因此，虚假供述很可能出自寻求供述的询问程序，并可能在很多不同的情况下发生，明斯特伯格（Münsterberg，1908/1925）在 20 世纪早期就已经阐明了这一点。

从讯问到侦查询问

156

　　心理学家埃里克·谢泼德博士在 20 世纪 80 年代早期对伦敦警察局的警察进行了沟通技巧的培训。谢泼德提出了一个所有警察都可能遇到的交流情境的脚本。在该培训中，谢泼德创造了会话管理术（CM），这意味着警察必须理解和管理会话互动，包括口头上的和非口头上的（Milne and Bull，1999）。会话管理术包括三个阶段：询问前阶段、询问阶段，以及询问后阶段。询问前阶段的重点是如何计划和准备即将实施的询问，询问后阶段主要是如何评估询问行为。本章关注的是询问阶段，在这个阶段中，询问人员应当注意有四个子阶段：寒暄（greeting）、解释（explanation）、互动（mutual activity）和结束（closure），首字母缩写为 GEMAC（Milne and Bull，1999）。在**寒暄阶段**，询问人员应适当自我介绍，以便建立融洽关系。在**解释阶段**，询问人员必须确定询问的目的和内容，并推进询问。在**互动阶段**，询问对象做出陈述，随后询问人员提问。**结束阶段**很重要，询问人员应该为询问制造一个富有积极意义的结尾，目的是使询问双方对询问内容及表现都感到满意。会话管理术遵循 1984 年英格兰和威尔士《警察和刑事证据法》的规定，被视为公众、研究人员，某种程度上也包括警察对现行犯罪嫌疑人讯问方法批评的回应（Bull，2000）。

　　20 世纪 80 年代初，当谢泼德在英国提出会话管理术时，费舍尔和吉塞尔曼（Fisher and Geiselman，1992）在美国提出了强化记忆的认知询问术（CI）。费舍尔和吉塞尔曼在研究警察的被害人询问和证人询问的现状时发现，许多警察没有接受过这方面的正式培训，而是依靠直觉实施询问。研究人员发现，被害人询问和证人询问的显著特点反映了询问结构的缺陷：几乎所有的问题都是单刀直入，对增强被害人和证人的记忆没有提供任何帮助。通常情况下，询问人员会错误地打断询问对象的陈述，提出太多直接和简短的问题，提问顺序也不恰当。

157   第一版的认知询问术完全基于记忆理论，但费舍尔和吉塞尔曼（1992）很快意识到，需要纳入社会心理学的知识，并修订了最初的认知询问术。经修订的增强版认知询问术（ECI）由几个部分组成：第一部分是导论，建议询问人员鼓励询问对象积极参与询问。在这个阶段，询问人员通过个性化询问、表达同理心和积极倾听与询问对象建立融洽关系。这个阶段也包括一些减少焦虑的措施，询问人员对保持询问对象的信心给予关注。询问人员要求和鼓励询问对象说出他们知道的全部事实，包括细节和琐碎的事，但不要去猜测。第二个阶段是**重建案件情境**。重建案件情境是因为当人们处于与记忆编码相同的状态或环境中时，能回忆出更多的信息（Christianson，1992a，1992b；Baddeley，1998）。通过开放式提问，询问人员鼓励询问对象搜索对案件的记忆，并**自由陈述**脑海中的画面。很重要的一点是不要打断询问对象的陈述。搜索完所有记忆后，询问对象被要求以**不同的顺序做出陈述**，然后是被要求**改变视角**，以促进更深层次搜索记忆。询问人员也会使用适应证人的提问方法来查明相关事实。在询问结束时，**询问人员回顾所有陈述内容**，让询问对象核实其陈述是否得到了正确理解。在询问结束阶段，询问人员收集背景信息，延伸询问产生的记忆搜索效用，因为询问对象可能继续思考犯罪案件，最后，尽力塑造一个积极的最终印象。

　　为了使被害人透露尽可能多的信息，谢泼德等人（1999）进一步阐述了认知询问术，并将认知行为疗法融入认知询问术中。这种技术被称为**间隔认知询问术**（SCI），目的是帮助被害人克服焦虑，做出陈述。间隔认知询问术通过**迁延照射**（PE）来降低被害人的焦虑，即在心理上再次经历犯罪案件。通过陈述让询问对象在心理上再次体验犯罪案件可以减少由创伤经历引起的焦虑（Pennebaker，1997）。谢泼德等人（1999）讲述了一个案例，一名年轻女子因强奸未遂而受到精神创伤。她强烈地觉得应该阻止这

158   个男人，但她没勇气告诉警察。在经历了两次间隔认知询问后，这位年轻女子能够向警方提供证词了。警察通常是受创伤的被害人遇到的第一个人，谢泼德等人认为，实施间隔认知询问术的警察"处于一个独特的位置，可以造就有治愈作用的、能够做出表达的过程"（1999：139）。他们强调，应

该在犯罪发生后尽快采取间隔认知询问术，并且在随后的几周内持续进行。谢泼德等人还认为，延长询问周期有助于增强记忆。确实如此，布洛克等人（Brock et al.，1999）也发现了实施多次认知询问术能够比标准的询问获取更多的信息和更准确的信息。

在询问犯罪嫌疑人方面，费舍尔和佩雷斯（Fisher and Perez，2007）将认知询问术的使用范围扩大到配合的犯罪嫌疑人，在询问过程中，强调建立融洽关系和使用适应犯罪嫌疑人的提问方法。适应犯罪嫌疑人的提问方法与犯罪嫌疑人对犯罪案件的特殊心理表征有关，这些心理表征可能因关注被害人或关注周围环境而有所不同。询问人员应当对犯罪嫌疑人当前正在发挥作用的心理状态保持敏感，这意味着询问人员可能要等到询问后期才能提问与犯罪事件有关的某些情节。

《警察和刑事证据法》鼓励人们对英格兰和威尔士警察询问技术展开深入研究（例如 Baldwin，1992），进而使 20 世纪 90 年代早期的侦查询问得到了发展。讯问一词被"侦查询问"所取代（Milne and Bull，2003），它强调并提倡改变对侦查询问态度的重要性。《警察和刑事证据法》是新的PEACE 询问模式的核心，PEACE 是计划和准备（planning and preparation）、建立融洽关系和解释（engage and explain）、陈述、澄清和质询（account，clarification and challenge）、结束（closure）以及评估（evaluation）首字母的简写，这些都被视为优质询问的几个重要阶段（Milne and Bull，1999，2003；Bull，2000；Bull and Milne，2004）。首先，询问人员必须在询问前认真计划和做好准备。计划和准备不仅包括查阅案卷、了解事实，而且鼓励警察搜集询问对象的信息，特别是可能使询问复杂化或可能促进询问的信息（如有缺陷，宗教和文化背景，成瘾性，身体状况和经济情况）。建立融洽关系和解释是第一个实质性询问阶段，在这一阶段，询问人员向犯罪嫌疑人告知被指控的罪名、享有的权利和应遵循的程序。此时，最重要的是询问人员应与犯罪嫌疑人建立融洽关系，理解犯罪嫌疑人，并试图激励他们提供对重要情节的看法。解释的目的是向犯罪嫌疑人提供一个他们能够参与其中的公平、公正的询问"线路图"。在陈述、澄清和质询阶段，犯罪嫌疑人被要求说出他们涉嫌实施的犯罪事实。询问人员随后对犯罪嫌

159

人的陈述提出需要澄清的问题，并对任何前后矛盾的地方提出质疑。在**结束阶段**，询问人员总结询问中说过的话，并向犯罪嫌疑人核对其陈述是否得到了正确理解。同样重要的是，应尽可能地告知犯罪嫌疑人下一步侦查工作，并以积极的态度结束询问。一个积极的结束可以为后面的询问创造条件。PEACE询问模式的最后阶段——**评估**，要求警察对询问中获得的信息进行评估，并将这些信息与先前的信息及询问目标结合起来。此外，对于询问人员来说，同样重要的是评估他们的询问行为并反思怎样改进询问。PEACE询问模式的目的是在侦查中获取准确、可靠的证据并查明案件事实。该模型强调合乎道德的原则，与前面描述的其他强制性和劝说性询问方法不同。因此，在侦查询问过程中表现得当的关键是公正行事、遵守道德原则和建立融洽关系。

建立融洽关系——一种人性化的方法

融洽关系决定询问的成败。融洽关系当然让被害人更容易在询问中提供信息。就像这名女性强奸被害人接受侦查询问的经历所示（Holmberg，1994）：

> 我们以密切友好的方式描述和谈论细节，你甚至不会和你最好的朋友说这些。他看上去也没有瞎打听。他的所作所为就是为了我，因为是对我有好处，而不仅仅是为了侦查。（第36页）

我们可以从上面的话语中合理推测，侦查询问中的融洽关系是被害人愿意讲述犯罪过程的原因之一。因此，建立融洽关系对侦查询问至关重要（Shepher，1991；Fisher and Geiselman，1992；Kebbell et al.，1999；Milne and Bull，1999；Shepherd and Milne，1999；Shepherd et al.，1999）。融洽除了可以"打开询问的大门"，还具有治疗效果。另一方面，在受到威胁的情况下无意识出现的态度（Bargh，1999；Chen and Bargh，1999；Todorov and Bargh，2002）是抵触治疗的，甚至可能"关上询问的大门"，正如这个被定罪的强奸犯评价的侦查询问（Holmberg，1996）：

> 我很容易跟一个表现得体的人交流，因为询问人员不应该是
> 惩罚我的人。但他们可以通过说话方式来惩罚我，他们表现出对
> 我作为一个人的憎恶，在那一刻，我转身回馈以憎恶。（第35页）

这句话表明，当强奸犯感受到友好态度时，也会自然而然表现出友好
态度，从而更易于沟通，换言之，这是一种治疗性询问。这句话还表达了一
种抵触治疗的经历；当一个人感觉到询问中充满憎恶，自己的态度会下意
识地做出反应，他会表现出躲避，继而将憎恨作为回应（Wegner and Bargh，
1998；Bargh，1999；Chen and Bargh，1999；Todorov and Bargh，2002）。

费舍尔和吉塞尔曼（Fisher and Geiselman，1992）认为，融洽关系通过
个性化的询问和表现出同理心得以建立，而米尔恩和布尔（Milne and Bull，
1999）强调，关注和积极倾听是建立融洽关系的必要条件。柯林斯等人
（Collins et al.，2002）调查了三种询问人员的态度形成的结果：友好、粗暴
和中性。在友好态度中，询问人员表现得温和、放松和友善，并以姓名称
呼询问对象。在粗暴态度中，询问人员说话断断续续、语气严厉，不提询
问对象的名字，身体姿势僵硬，神态冷漠。中性的态度意味着询问人员在
言行举止各方面都尽可能地没有倾向性。结果显示，受访者明确认可友好
态度，认为友好态度比其他态度更能建立融洽关系。全部受试者在观看一
段戏剧视频片段后接受询问，与粗暴态度和中性态度相比，受到友好态度 161
询问的受试者提供了更准确的信息。同时，在关系融洽的询问中，错误信
息量并没有增加。人们可能会认为柯林斯等人的中性询问方式与巴特勒等
人（Butler et al.，2003）研究中的抑制情况是一致的。在后者的研究中，受
试者观看了一部电影，随后被要求两人一组讨论这部电影。在讨论过程中，
来自所谓"抑制组"的两名受试者之一被要求戴上耳机，克制自己的情绪，
并不作任何表露。而对对照组则没有这样的要求。结果显示，抑制组成员
血压升高，与对照组相比，交流关系不够融洽。与对照组相比，抑制组中
的受试者更不喜欢他们的组员，而且他们对再次与组员交谈也不感兴趣。
巴特勒等人（2003）总结说，至少在某些情况下，情绪压抑会破坏交流，
成为努力建立社交纽带的障碍。

里奇韦（Ridgeway，2000）认为，融洽关系存在于合乎道德的沟通过程中。迪科尔－德涅和罗森塔尔（Tickle-Degnen and Rosenthal，1990）认为融洽关系由非语言的、非互相排斥的典型因素构成。这些构成要素是关注、积极和协调，这些要素的相对权重根据个人在一段关系发展中不断变化的融洽程度而变化。从关系内部来看，关注意味着感受到彼此的兴趣和关注点，积极意味着感受到友善和温暖，协调意味着平衡与和谐（Hendrick，1990）。因此，亨德里克（Hendrick）强调，关系内部视角是一种当事人在互动中感受到的情感现象学。帕特森（Patterson，1990）探究了如何将融洽关系与其他概念（如共情）区分开来，迪科尔－德涅和罗森塔尔（1990）认为，融洽关系是一种内在的彼此情感互动的现象。没有这种感觉，就不可能有真正的融洽。

因此，当融洽关系建立起来后，询问对象能提供更准确的信息，而在没有融洽关系的询问中，询问对象表现出反感和不愿意建立社交纽带。这一观点表明，态度在建立融洽关系中自动形成。因此研究人员指出，需要研究态度与侦查询问的关系（LeDoux and Hazelwood，1985；Stephenson and Moston，1994；Sear and Stephenson，1997）。然而，许多研究人员只是强调在询问中建立融洽关系的重要性（Shepherd，1991；Fisher and Geiselman，1992；Kebbell et al.，1999；Milne and Bull，1999，2003；Shepherd and Milne，1999；Shepherd et al.，1999；Holmberg and Christianson，2002；Holmberg，2004）。与研究人员的发现相反，皮尔斯和古琼森（Pearse and Gudjonsson，1996）观察了 161 段记录警察询问犯罪嫌疑人的录音，发现只有 3% 的询问中有初步的建立融洽关系的过程。尽管如此，费舍尔和吉塞尔曼（1992）还是强调了在人性化的询问中，可以通过移情和个性化方式促进融洽关系的建立。里奇韦（2000）认为，融洽关系建立在合乎道德的基础上，并认为人性化的询问是这些道德因素的折射。

霍姆伯格与克里斯蒂安松（Holmberg and Christianson，2002）和霍姆伯格（2004）定义了人性化询问。研究人员分析了 83 名被定罪的杀人犯、性犯罪人（Holmberg and Christianson，2002）和 178 名被强奸、遭到严重伤害的被害人（Holmberg，2004）的书面调查采访内容，通过主成分分析发现这些受访者认为他们所经历的侦查询问可以分为支配型和人性化两个类型。经历了支配型询问的受访者认为，询问人员表现出缺乏耐心、仓促、咄咄逼人、态度生硬、冷漠、不友善、贬低和谴责。经历了人性化询问的受访者将询问人员描述为合作、通融、积极、有同理心、乐于助人和友好。此外，霍姆伯格和克里斯蒂安松（2002）通过逻辑回归分析发现，人性化询问方式与犯罪嫌疑人承认犯罪存在显著的正相关性，而支配型询问方式与犯罪嫌疑人否认有罪存在微弱的、不明显的关联。根据样本，在人性化询问中所获证据被采纳的概率比支配型询问中所获证据被采纳的概率高 1.62—6.29 倍。此外，霍姆伯格（2004）在一项关于被害人接受侦查询问的研究中发现，51% 的被害人提供了所有想起来的信息，而49% 的被害人有意识地省略了一些有关犯罪的信息。逻辑回归分析显示，人性化询问中的被害人提供所有信息的可能性比支配型询问中的被害人高60%。那些认为询问是支配型的被害人提供所有回忆起来的信息的可能性要低于 30%。

　　同时，迪科尔－德涅和罗森塔尔（1990）将融洽关系描述为由关注、积极和协调构成的典型组件。亨德里克（1990）将这些要素解释为感受到共同的兴趣和关注点（关注）、感受到友善和温暖（积极），以及感到平衡与和谐（协调）。人性化询问从当事人的角度表明建立融洽关系的优势。表现出个人兴趣、创建个人对话、在人性化的询问中提供帮助，是构建融洽关系所需的兴趣要素和关注要素的表现（参见前面引文）。融洽关系中的友善和温暖与人性化询问中的积极态度和同理心一致。人性化询问中的合作和通融与融洽关系中平衡与和谐的协调感相符。合作需要平衡，否则，询问中的沟通会变成单项交流，和谐的前提是一定程度的通融。因此，根据迪科尔－德涅和罗森塔尔（1999）的研究，人性化询问方式从当事人的视角创建了一种内在的彼此情感互动的融洽关系，并因此与其他概念（如共情）区别开来。

　　人性化询问的态度促成融洽关系，并可能自动成为一种手段，或发挥调节功能，使询问对象在询问中提供所有掌握的信息，这一点得到了柯林斯等人（2002）和巴特勒等人（2003）的研究支持。此外，本尼沃思

163

（Benneworth，2003）证实，按照人性化询问的方法，警察对关系问题以开放式提问赋予犯罪嫌疑人主动权，帮助犯罪嫌疑人重建情感经历，有利于使证据具有可采性。根据治疗法学实践，这种方法增加了康复和心理健康的希望（Wexler，1996a，1996b，2000；Winick，2000；Petrucci et al.，2003）。

治疗法学

治疗法学（TJ）是法律和司法领域内持续发展的法哲学命题。它根植于 20 世纪上半叶发展起来的美国法律现实主义。早在 1908 年，哈佛法学家罗斯科·庞德（Roscoe Pound）批评了当时的法理学，认为它是一种将法学定义为自治学科的机械法学（MJ）（Finkelman and Grisso，1996）。庞德宣称机械法学"尊享"至高荣誉，犯罪后果只能用法律术语表达。而后，社会法学（Finkelman and Grisso 1996；Dow，2000）作为反对机械法学的学说发展起来。治疗法学与法社会学有很多相似之处，它聚焦人的问题和冲突，并敦促警察、检察官和其他司法人员理解冲突对当事人产生的社会影响和心理影响。治疗法学将法律及其程序视为治疗手段，因为法律及其执行（如侦查询问）经常产生治疗或抵触治疗的效果（Petrucci et al.，2003）。20 世纪 80 年代末，大卫·韦克斯勒（David Wexler）教授和布鲁斯·温尼克（Bruce Winick）教授基于心理卫生法创立了治疗法学。治疗法学的视角，就是在行为科学领域内考察法律和法律程序的执行（Petrucci et al.，2003）。

治疗法学的目的是以执行法律程序促进司法活动参与人的社会幸福感和心理健康（Wexler，1996b）。其理念是，司法人员可以利用行为科学理论和经验知识影响法律实践。在这种情况下，治疗法学被视为在法律实践中促进心理健康的治疗工具。

警察可能会错误地以一种支配性的、抵触治疗的、适得其反的方式实施询问，并可能引起询问对象的逃避和退缩。这种逃避和退缩需要以**元沟通**来解决，即对沟通本身进行沟通，从而发现并消除障碍。通过元沟通，询问人员和询问对象都可能意识到自己和对方由于错误的直觉、误解和需求被忽视而形成的认知和元认知（Salonen et al.，2005）。元沟通分析可以揭示询问对象谈论犯罪案件的需求。通过谈论沟通障碍和需求，询问人员可以使问题发生次级改变（Watzlawick et al.，1974），让询问对象开始谈论他们对案件的看法。如果询问人员不能做到这一点，可能会导致询问对象持续抗拒和逃避。

因此，治疗法学认为，犯罪行为及随后的侦查询问不仅是一个法律问题，而且是一个社会学和心理学问题（Finkelman and Grisso，1996；   165
Wexle，1996）。霍姆伯格与克里斯蒂安松（Holmberg and Christianson，2002）与霍姆伯格（2004）发现，治疗法学和人性化询问方式促进了司法参与人员的生理健康和心理健康。这可以解释为，询问双方都有兴趣通过认可其行为和需求而将法律程序中的所有参与者都视为人（Wexler，1996b）。这一角度下所说的所有参与者包括：被害人、目击者、犯罪嫌疑人、警察、检察官和其他所有参与司法过程的人。此外，治疗法学和人性化询问方法创造了一种以问题为导向的方法，堪比道德询问术（EI）（Shepherd，1991）和认知询问术（Fisher and Geiselman，1992；Fisher and Perez，2007）。谢泼德认为，道德询问术适合专业调查。这一方法以道德规范为基础，要求每个人都应获得尊重和平等对待彼此，享有同样的尊严、自决权和自由选择权。它还强调共情，即人们以相互理解的方式对待彼此，而这已经是一种治疗行为了。

支配型询问与相互理解相反，它被认为是一种抵触治疗的方式，因为它可能有损询问对象通过回忆重建案件的能力（Christianson，1992a；Fisher and Geiselman，1992；Fisher，1995；Baddeley，1998）。人性化地询问犯罪嫌疑人可以促进融洽关系的建立，有助于询问对象提供信息（Collins et al.，2002；Butler et al.，2003）。人性化询问方式提高了个人康复和心理健康的可能，符合治疗法学的理论（Wexler，1996a，1996b，2000；Winick，2000；Petrucci et al.，2003）。

心理健康和心理一致性

"生命的意义"是人们对生命的多维感知概念，它与幸福感正相关，而且可以被实证测量（Auhagen，2000）。兹卡和张伯伦（Zika and

Chamberlain，1992）与德巴等人（Debats et al.，1995）用定性与定量相结合等多种方法研究生命的意义。研究结果表明，生命的意义主要与心理健康正相关，德巴等人（1995）在心理健康研究中提出了一个有益的方法。安东诺维斯基（Antonovsky）的"心理一致性"（SOC）从有益的角度提供了定义和衡量生命意义的恰当方式（Auhagen，2000）。与奥哈根（Auhagen）的观点一致，加纳（Gana，2001）认为心理一致性衡量的是一个人的幸福感和处理问题的能力。加纳研究了193名成年人，发现个人的不幸和压力对心理健康没有直接影响，但通过一个中介——心理一致性间接影响心理健康。加纳的结论是，应激事件对心理健康的影响在心理一致性这一安东诺维斯基（1984，1987）认为全球都适用的心理现象中得到了缓冲。

可理解性、可处理性和有意义是心理一致性的组成部分（Antonovsky，1984）。可理解性是认知因素，指个体在何种程度上认为有关自身和社会环境信息是结构化的、可预测的和可理解的。可处理性是工具因素，指个人是否认为个体资源和社会资源能够满足应付内部和外部刺激的需要。有意义是动机因素，是可理解性的情感对应物，指人们如何理解自己生活的情感意义，并且在何种程度上认为有压力是因为需要自己投入时间、精力和努力。根据一个人的世界观，心理一致性在时间的推移中保持相对稳定。但创伤性事件往往会改变个人对生活的看法，从而也改变他们的心理一致性（Schneider et al.，2000；Snekkevik et al.，2003）。这种改变在严重的多重创伤后变得更加明显。此外，斯奈克维克（Snekkevik）等人还发现，较低的心理一致性与心理痛苦、焦虑和抑郁相关。另一方面，帕伦特和莱伊（Pallant and Lae，2002）表明，在量表的另一端是高度心理一致性，与感到压力和消极情感得分低而积极情感和生活满意度得分高关联在一起。此外，帕伦特和莱伊还发现，心理一致性的13项简短量表（Antonovsky，1987）具有较高的信度、结构效度和增量效度，可以用来测量幸福感。因此，对心理一致性的测量应该是治疗法学中衡量心理健康的理想工具。

犯罪、侦查询问和心理健康

如果我们信赖治疗法学和心理健康，那么犯罪嫌疑人和被害人是否会因犯罪经历和他们对侦查询问的看法而在心理一致性方面有所不同？首先，在心理一致性方面，在童年时期曾被虐待和伤害的杀人犯罪人和性犯罪人的心理健康水平要低于没有这种经历的杀人犯罪人和性犯罪人（Holmberg et al.，2007）。霍姆伯格等人还发现，在其于儿童时期受到虐待的情况下，接受人性化询问且产生高度被尊重感的犯罪人有显著较高的心理一致性。而那些觉得自己不受尊重的人表现出较低的心理一致性。此外，霍姆伯格等人还提出，承认有罪的杀人犯罪人和性犯罪人的心理一致性明显高于否认自己罪行的人。这意味着，在侦查询问中受到高度尊重和承认有罪与更高的心理健康有关，但作者也指出，二者之间并没有因果关系，只是具有一种关联性。当然，也有可能是询问人员对询问对象人性化的态度使询问对象感到被尊重，并承认有罪，进而产生较高的心理一致性。还有可能是人性化态度最初来源于询问对象自己，因为他们表现得人性化和令人尊重，询问人员也可能以同样的方式做出回应，从而导致认罪和较高的心理一致性。有人可能会说，询问对象受到人性化对待和尊重，只是警察为获取供述采取的询问策略而已。霍姆伯格等人解释说，在某些案件中很可能真的是这样。但在霍姆伯格和克里斯蒂安松（2002）的研究中，一名接受过模拟人性化询问的罪犯，在被定罪后意识到这只是一种策略。在监禁一年或更长时间后，他报告说因为痛苦而感到了较低的心理一致性。

另一项支持受到尊重与心理一致性有较高关联度的研究是对接受侦查询问的被害人的研究。霍姆伯格和奥尔森（Holmberg and Olsson，2007）调查了 83 名（家庭暴力或盗窃）的被害人接受侦查询问的经历。为了比较他们的经历，研究人员使用了霍姆伯格和克里斯蒂安松（2002）以及霍姆伯格（2004）之前使用过的问卷。对心理健康则采用安东诺维斯基（1984）的心理一致性简短量表进行测度。主成分分析显示，这些被害人认为他们接受的询问要么是**人性化**询问，要么是**支配型**询问，几乎与霍姆伯格和克

168   里斯蒂安松（2002）以及霍姆伯格（2004）之前的发现一样。此外，那些认为侦查询问方法是人性化询问的被害人所报告的心理一致性要显著高于那些认为侦查询问方法人性化程度较低的被害人。对霍姆伯格（2004）之前的一项研究进行的扩展和持续分析的初步结果显示，在侦查询问中提供所有信息的被害人比故意忽略信息的被害人呈现出更高的心理一致性。尽管只能说二者有关联而不是有因果关系，就像对杀人犯罪人和性犯罪人心理健康研究一样，但无论如何，侦查询问的人性化程度与被害人做出陈述是有关联的。从侦查的视角也可以看到，治疗法学的人性化方法促进了心理健康。

总结和展望

侦查询问中的人性化方法和尊重询问对象的做法鼓励被害人提供所有能够回忆起来的信息，并促进犯罪嫌疑人认罪，这种人性化方法和尊重不应只从侦查和法律的角度考量。此外，也是最重要的一点是，以人性化、合乎道德和以融洽关系为基础的治疗法学方法进行的侦查询问能够作为一种经历，帮助被害人和犯罪嫌疑人解决因犯罪行为带来的种种问题。这样的询问既可以增强记忆，也有利于询问对象的康复和心理健康。

在讨论犯罪嫌疑人询问时，焦点往往是犯罪嫌疑人的供述。在一些司法体制中，供述具有决定性的价值，被视为不容置疑的证据，并可能因此简化法律程序，而另一些司法体制中，供述没有任何价值。不应从表面上看待犯罪嫌疑人的供述，将其视为破案和结案的关键，因为追求供述的行为往往与强制、欺骗、诡计、花招有关，这些行为有时违反人权和治疗法学理论，显然是反治疗的。这些做法可能阻碍犯罪嫌疑人陈述案情，可能妨碍康复或使康复复杂化，并使犯罪嫌疑人很难去为自己的罪行承担责任。类似做法也可能使被害人行使法定权利和获得赔偿复杂化。

有必要进一步研究治疗法学中的心理健康问题，因为本章阐述的内容169   仅仅显示了当事人对侦查询问的感知与心理健康的关系。界定心理健康的概念并找到法律情境中的心理健康测度方法非常重要，因为这将为完善法律方法和程序创造更多可能。本章和本章中提到的研究认为，法律情境中的心理健康是可以测度的，而深入研究则建议使用不同的标准化工具，更深入地了解治疗法学中的心理健康。在治疗法学体系内可以很好地把握人性化询问和支配型询问的区别，这需要展开实证研究帮助人们理解行动中的法律。同时，心理一致性这一概念的使用非常符合治疗法学的号召，即为了法律活动参与者的利益，研究人员需要解释和证明他们提出的心理健康测量方法。因此，本章的希望是，阐明治疗法学理论如何有助于进一步发展侦查询问和一般的执法工作。

第九章

以增加认知负荷识别谎言————

阿尔德特·弗里吉[1]

罗纳德·费舍尔

萨曼莎·曼

莎伦·里尔

识别谎言的方案

在理想的情况下，仅仅通过观察就可以识破谎言。例如，专业人士可以在机场四处走动，通过寻找古怪行为表现从而发现有所隐瞒的人。另外，可以在机场安装感温探测摄像头，通过测量人们紧张性刺激来识别潜在的违法者。在实际生活中，美国机场已经雇用"SPOT"团队（通过观察对乘客进行安全检查）发现怪异行为，英国的机场也将效仿（《星期日泰晤士报》，2006年8月20日，等7版）。研究人员也进一步建议机场出于识别谎言的目的安装感温探测摄像机（Pavlidis et al., 2002）。尽管我们可以理解为什么机场或许多机构觉得谎言识别很有吸引力，但我们认为这些做法的成效其实很有限。我们主要担心的是，这些技巧意味着，仅仅是有所隐瞒或其他形式的撒谎就会导致独特的非语言行为模式或生理反应。关于说谎的研究已经有力地证明了事实并非如此（DePaulo et al., 2003；Vrij, 2008）。要想识别谎言，必须经过询问。因此，制定询问方案时必须设计出能够引起说谎者和说真话者不同反应的问题或工作项。然后，观察者得以洞察这些不同的反应。

　　迄今为止，有识别谎言的询问方案付出实施，但都有局限性。其中
两种使用最广的方案是限定问题的测谎仪测试，即测量生理反应（Raskin
and Honts，2002）和行为分析询问，也就是测试语言和非语言反应。这两
种测试都是基于这样一个假设：说谎者害怕被发现，因此在回答关键问题
（比如"你拿钱了吗？"）时会比较紧张。然而，国家研究委员会（National
Research Council，2003）认为，这一隐含的假设在理论上是站不住脚的。
说谎者在回答关键问题时不一定表现得更紧张：他们可能对关键问题并不
在意，或者他们可能训练自己避免在回答问题时表现出任何紧张。相反，
说实话的人在回答关键问题时可能会表现出紧张的迹象。仅仅是因为被指
控违法，或者担心无法让调查人员相信他们是无辜的，说真话的人就可能
表现出紧张。

　　另一种测谎方法，如犯罪知悉测谎（Lykken，1998）的前提是人们以
重要的个人刺激为导向。例如，人们可能只有在他们的名字被提到时才会
参与谈话。这一原理可以应用于测谎。例如，在客厅里发现了一具尸体，
但犯罪嫌疑人否认了解该罪行。可以向犯罪嫌疑人提问尸体是在哪里被发
现的：是在厨房、卧室、客厅还是餐厅？如果犯罪嫌疑人确实实施了犯罪，
当提到正确答案时，他或她可能会表现出定向反应。定向反应与高度兴奋
（Lykken，1998），P300 波的出现（Rosenfeld，2002），大脑特定部分有高
激活度相关（Spence et al.，2001）。根据国家研究委员会（2003）的说法，
在理论上，定向反应的假设比前面所说的因为害怕被抓住而紧张的假设更
合理。但国家研究委员会也认为，基于定向反应的测谎也并非没有理论问
题。他们的考虑是，对知悉信息和不知悉信息的刺激反应是一个连续的统
一体，不能简单地根据刺激反应判断知悉或不知悉。（正如犯罪知悉测谎所
主张的那样）。也就是说，即使是对不知悉信息的刺激，被试者也可能表
现出强烈反应。假设一下：凶手使用的是左轮手枪，而无辜被试者拥有一
支未注册的手枪。这名被试者可能会在回答有关手枪的问题时表现出强烈
反应，即使他或她没有隐藏任何关于凶器的信息。此外，旨在展示定向反
应的询问方案也很难应用于实践。只有在侦查人员对犯罪行为有特定了解

（如尸体发现的地点）的情况下才能使用。测量定向反应需要分析生理反应（皮肤电导、脑电图、大脑扫描），而这些往往只能通过不切实际地操作复杂且昂贵的设备进行测评。

以认知负荷为识别谎言的工具

鉴于以恐惧为基础的测谎方法在理论上依据不足和定向方法的实践困难，我们开发了另一种区分说谎者和说真话者的方法（Vrij et al., 2006c；Vrij，2008）。这种新颖的方法基于这样一个前提：在大多数询问中，说谎有认知需求。[2]说谎在以下几个方面增加了心理负荷。第一，编造谎言本身可能需要认知能力。说谎者必须编造故事，必须调整好自己编造的故事才能让它们可信，并且与侦查人员已经知道的或可能发现的情况完全相符。同时，说谎者必须记住他们之前的陈述以及对谁说了什么，这样他们在复述故事时才会前后一致。说谎者还得避免口误，以免不经意间提供新的线索。

第二，说谎者通常不太可能像讲真话的人那样把自己的可信性视为理所当然（DePaulo et al., 2003；Kassin and Gudjonsson, 2004；Kassin and Norwic, 2004；Kassin, 2005）。这至少有两个原因。说谎者的赌注（谎言被识破的负面后果和未受惩罚的正面后果）有时比说真话者的赌注大。走私者可能比普通人更希望给海关官员留下诚实的印象，因为打开行李箱对走私者的负面结果要大于普通人。此外，说真话的人通常会认为自己的清白一目了然（Gilovich et al., 1998；Kassin and Gudjonsson, 2004；Kassin and Norwick 2004；Kassin, 2005）。因此，说谎者比说真话者更急于调节和控制自己的行为，以便在测谎人员面前显得很诚实（DePaulo and Kirkendol, 1989）。说谎者调节和控制自己的行为增加了认知需求。

第三，由于说谎者并不认为自己的可信性是理所当然的，他们可能要更仔细地观察**询问**人员的反应，以便评估自己是否能以谎言脱逃罪责（Buller and Burgoon, 1996；Schweitzer et al., 2002）。仔细观察询问人员也需要认知资源。

第四，说谎者可能总是想着提醒自己采取特定行为和演戏（DePaulo

179

et al., 2003), 这也需要额外的认知努力。第五, 说谎者在撒谎时必须隐瞒真相, 这也会增加认知需求 (Spence et al., 2001)。最后, 虽然真话往往脱口而出, 但说谎是刻意和蓄谋的, 因此需要脑力劳动 (Gilbert, 1991; Walczyk et al., 2003; Walczyk et al., 2005)。

对欺骗行为的研究支持说谎有认知需求的观点。在一个典型的欺骗行为研究中, 参与者被随机分配到说真话小组或说谎话小组。说真话的人被要求诚实地描述 (1) 他们对其他人的感觉, (2) 他们对争议性问题的态度, (3) 他们刚刚看过的一部电影, 或 (4) 他们参与谋划的事件, 包括违法活动。说谎者被要求描述他们不认同的情感或态度, 或者歪曲电影情节或参与谋划的事情。为了提高赌注, 令人信服的参与者有时会得到奖励。对 100 多项实验研究的元分析显示, 说谎者具有更多的认知负荷: 他们减少动作, 更容易结巴 (DePaulo et al., 2003)。在警察对真实的犯罪嫌疑人询问中也发现了类似表现, 这些人说谎时伴有认知负荷的迹象: 停顿次数增加, 眨眼次数减少, 男性犯罪嫌疑人的手势和手指运动减少 (Mann et al., 2002; Vrij and Mann, 2003)。此外, 研究人员向警察播放了一些询问片段, 警察并不知道有的片段有谎言而有的片段只有实话。警察报告说, 他们认为犯罪嫌疑人说谎时比说真话时更需要思考 (Mann and Vrij, 2006; [3] Landström et al., 2005, 2007)。

与欺骗时认知负荷增加的形态一致的是, 在实验研究中, 受试者被要求在询问中直接评估自己的认知负荷, 结果一致表明, 模拟的犯罪嫌疑人在说谎时认知需求高于其说实话时 (Vrij et al., 1996; Vrij et al., 2006b; White and Burgoon, 2001; Granhag and Strömwall, 2002; Gozna and Babooram, 2004; Caso et al., 2005; Hartwig et al., 2006; Strömwall et al., 2006; Vrij et al., 2001b; Vrij and Mann, 2006)。此外, 对说谎时和说真话时的大脑活动进行的监测 (通过核磁共振扫描仪) 研究表明, 说谎与激活执行 "高级" 活动的大脑中枢 (如前额叶皮层) 有关 (Spence et al., 2004)。最后, 弗里吉等人 (Vrij et al., 2001) 要求警察直接 ("这个人在撒谎吗?") 或间接 ("这个人需要努力思考吗?") 地进行谎言识别 (在间接的谎言识别中, 研究人员没有告诉警察一些犯罪嫌疑人在说谎, 而另一些人说了真话）。即便是在间接方式的谎言识别中，警察还是能够辨别说谎者和说真话者。而且只有在间接方式的谎言识别中，警察才会注意到分辨说谎者和说真话者的线索（例如，手部动作减少）。总之，多项研究结果一致认为，撒谎比说实话有更高的认知需求。

与说真话的人相比，说谎者有更多的认知需求，测谎人员可以利用这一点有效区分二者。由于说谎有更多的认知需求，说谎者的认知资源会消耗殆尽，剩下来用于回答测谎人员提问的认知资源会比说真话的人少。因此，说谎者在被要求完成需要较多认知资源的任务时尤其虚弱。说谎者会显示出更多的认知负荷的迹象，比如结巴增多、停顿时间延长、前后回答不一致、眨眼次数降低和动作减少。这些认知负荷的迹象非常明显，观察者无须使用操作复杂或昂贵的设备就能识别出来（Vrij et al., 2001a；Vrij, 2004；Vrij et al., 2004）。

测谎人员可以通过改变询问方式来策略性地控制认知需求。警方，也许还有其他专业人士，通常使用两种询问方案：信息收集型和指控型（Moston et al., 1992）。在信息收集型询问中，询问人员以开放式提问要求犯罪嫌疑人详细描述他们的活动（例如："下午 3 点到 4 点你都做些什么？"）。回答这些开放性问题是一种认知挑战。相比之下，在指控型询问中，询问人员直接向犯罪嫌疑人提出指控（例如："我知道你犯了罪"）。这一提问通常会导致简短的否认（例如："不，我没做过"），这样的回答并没有认知挑战性。因此，我们合理推断，与指控型询问相比，信息收集型询问将产生更多的认知需求，并且更好地区分说谎者和说真话者。

两种询问类型预计的认知需求都得到了实验室研究的支持。弗里吉等人（Vrij et al., 2006b）以实验检验了对认知需求的预测。受试者参加了一个筹划好的活动，然后分别被以信息收集型和指控型询问方式了解他们的经历。当被要求描述他们的认知过程时，受试者报告说信息收集型询问的认知要求比指控型询问的认知要求更高。在两个同时展开的辨别认知需求预计的实验中，使用了与弗里吉等人（2006b）类似的实验程序。受试者参加了一项筹划的活动，并在随后的信息收集型或指控型询问中就这项活动说谎或说实话。两个实验都表明，与指控型询问相比，信息收集型询问能发现更多识别谎言的线索。在信息收集型询问中，说谎者陈述的细节［通过基于标准的内容分析（CBCA）和现实监测（RM）予以测量］要少于实话实说的细节，而在指控型询问中，说谎者和说真话者给出的细节数量并没有差异（Vrij et al.，待出版）。此外，在信息收集型询问中，说谎者的手部动作比说真话者少，但在指控型询问中二者没有差别（Vrij，2006）。

正如前文所述，信息收集型询问被认为有较高的认知需求。因此，在信息收集型询问中，增加额外认知负荷会使询问对象尤其疲倦。我们将介绍几个例子来说明询问人员如何利用这一理论来区分说谎者和说真话者。由于所获证据的功能不同、策略也不同，因此，我们将区分测谎人员没有指控证据的情况和有一些指控证据的情况。

在没有证据的情况下识别谎言

收集信息型询问中，增加认知负荷的一个方法是要求询问对象以倒序方式回忆他们的活动（Fisher et al.，2002）。或者可以要求询问对象在讲述他们故事的时候与询问人员进行直接的眼神交流（Beattie，1981）。这两种指令都有认知需求，因此，有助于我们在信息收集型询问中提高分辨说谎者和说真话者能力。在"倒序"识别谎言的研究中，我们发现了支持这一假设的证据（Vrij et al.，2006c）。说真话者参与了事先安排好的活动，并在随后的询问中回忆这一活动。相反，说谎者没有参加过这次活动，但要在随后的询问中假装参加过。说真话者和说谎者要么按"正常"时间顺序回忆事件，要么按倒序回忆。在后一种情况下，他们首先描述事件结束时发生的事情，然后是事件结束前不久发生的事情，以此类推。有的警察观看了按时间顺序回忆的受试询问视频片段，有的警察观看了倒序回忆的受试者询问视频片段。总的来说，观看按顺序回忆询问视频的警察识别谎言和真话的能力较弱：他们正确识别出了50%的真话和42%的谎言（总体准确率为46%）。观看倒序回忆询问视频的警察表现较好：他们正确识别出了56%的真话和59%的谎言（总体准确率为58%）。仅看数字，59%的谎言识别准确率似乎并不高，但从42%（顺序回忆询问中的谎言识别准确率）增加到59%（倒序回忆询问中的谎言识别准确率），这一增幅是可观的。还

182

有一些传闻证据也支持倒序回忆的询问技术。使用过这种技术的侦查人员告诉我们，犯罪嫌疑人有时会因为他们编造的明显不可信的故事而暴露自己，这些故事往往充满矛盾。

因为说谎者的动机是为了逃脱惩罚，因此，他们需要采取措施避免其罪行被发现。例如，说谎者将会就自己参加的活动事先编造一个不在场证明。如果是这样，在信息收集型询问中回答开放式提问时，说谎者可能不会有很多的认知负荷。测谎人员可以随后提出一些细节性问题（例如，"你说你昨晚去了健身房，还有谁在那里？"），轻松地增加这类说谎者的认知需求。如果事先没有准备好怎么回答，即使是准备充分的说谎者也会比说真话者更难回答这些细节性提问。犯罪嫌疑人必须现场编造，这就需要很多认知资源。显然，犯罪嫌疑人也可以一直坚持他准备好的不在场证明，而不提供任何进一步的信息（例如，"抱歉，我没注意到还有谁在健身房"）。但其实这种情况不太可能发生，因为如果不能详细说明，之前的说法就会显得很可疑，而这正是撒谎者尽力要避免的。

183　　　一个精密的不在场证据是犯罪嫌疑人描述自己曾实际经历过的事件，尽管不是发生在他们所说的时间里。因此，如果犯罪嫌疑人以前确实去过那家健身房（如上所述），那么以那家健身房来制造不在场证明是非常有用的。询问人员应该意识到这一点。犯罪嫌疑人很容易回答诸如"你在健身房做什么运动"之类的问题。相反，侦查人员应该问一些与具体时间有关的问题（例如，"说一下还有谁在场"），因为这是犯罪嫌疑人唯一需要说谎的内容。

在有证据的情况下识别谎言

很多情况下，如在机场，测谎人员可能没有任何证据核查陈述的真实性。但在其他情况下，如侦查询问中，可能会有一些有用的证据。例如，侦查人员可能有一些证据如指纹或闭路电视录像，将犯罪嫌疑人与犯罪行为联系起来。最近有两项研究考察了警察如何以一种策略性的方式向犯罪嫌疑人提供有罪证据，以增加其认知负荷。传统上（Inbau et al., 2001），警察会在询问开始时提供这些证据（例如，"一盘录像带显示你周六晚上8

点在商业街"）。撒谎的犯罪嫌疑人必须编造出一个与事实相符的不在场证明。我们承认，编造不在场证据很难，特别是如果犯罪嫌疑人没想到警察有这样的证据时。然而，如果询问人员不提供证据，而是鼓励犯罪嫌疑人先说一说自己周六晚上的行踪，那么犯罪嫌疑人的编造将需要更多的认知资源。如果犯罪嫌疑人编造的不在场证据排除了他周六晚上在商业街的可能性，那么就让他观看录像，证明他并不在他所说的地点。哈特维格等人（Hartwig et al., 2005）进行了一项实验，控制了出示证据的时间（在犯罪嫌疑人提供不在场证明之前或之后）。询问人员在询问后期出示证据（准确率62%）比在询问前期就出示证据（准确率43%）更能识别谎言。在询问后期出示证据，有罪的犯罪嫌疑人的陈述比无辜的犯罪嫌疑人的陈述更加自相矛盾；而在询问前期出示证据，撒谎者和说真话者的陈述没有明显差别。此外，侦查人员甚至收集了这些矛盾点：当陈述中的矛盾越多，侦查人员就越有可能认为犯罪嫌疑人有罪，并且这种判断也越正确。

184

　　测谎人员谨慎地使用提问增加认知需求时，也可以采取其他策略，如限制犯罪嫌疑人可能提供的对当前情况做出的合理解释数量，在解决问题（problem-solving）的领域里，任务的难度与合理解决方案的数量（解决方案集的大小）成反比。例如，假设在犯罪发生后，犯罪嫌疑人的车在犯罪现场附近被发现，但犯罪嫌疑人在他的不在场证明中没有提到这辆车。在出示证据之后，犯罪嫌疑人可能会说他在那天使用了这辆车，他改变说辞以便与证据相符。但是，假设询问人员在这个阶段并没有透露证据，而是问了一些与该证据有关的问题（如"你那天用过自己的车吗"）。在这些问题之后再出示证据，如果犯罪嫌疑人已经告诉询问人员他那天没有使用过自己的车，那么他逃脱罪责的机会大大减少了（缩小了犯罪嫌疑人解决方案集的大小）。如果犯罪嫌疑人表示他没有把车借给任何人，而且其他人也没有他的车钥匙，那么他的解决方案集将更加缩小（van den Adel, 1997）。哈特维格等人（2006）在他们的实验中测试了一种"策略性使用证据法"（SUE）。警察对一起模拟犯罪案件的犯罪嫌疑人进行了询问（其中有一半的犯罪嫌疑人实施了模拟的犯罪）。在询问之前，有一半的警察接受了策略性使用证据法的培训。经过培训的询问人员识别谎言的正确率（85.4%）远远高于未经培训的询问人员（56.1%）。这项研究还表明，策略性使用证据对询问对象提出了认知需求。说谎的犯罪嫌疑人在接受策略性使用证据的询问时，比说真话者有更多的认知需求，特别是在接受经过培训的警察的询问时。

最后的思考

在本章的最后，我们讨论一下与我们所说的新的谎言识别方案有关的三个问题。

185

伪装行为

说谎者很可能会试图避免展现出增加其嫌疑的迹象（Hocking and Leathers，1980），而大多数人，很可能也包括说谎者，都认为这些迹象就是表现得比较紧张（Strömwall et al.，2004）。因此，正如研究发现的，说谎者特别倾向于掩饰紧张的迹象（Strömwall et al.，2006）。如果他们成功地做到了这一点，那么聚焦于紧张线索的谎言识别方案将很难发挥作用。但关注那些说谎者行动策略影响的认知行为，可能会更有效。

认知需求假设

在收集信息型询问中，说谎总是比说真话更难吗？例如，一位询问对象在 7 月被问及他在 2 月某一天的行踪。说真话的人可能比撒谎的人更难回想起来当天的行踪，撒谎的人只需要回想起编造的不在场证明即可。然而，这并不一定意味着此种情形下说谎比说真话更容易。我们在本章中解释过，"讲故事"只是构成信息收集询问中说谎者认知负荷的六个原因之一。其他五个造成认知负荷的原因（调整和控制自己的行为、观察测谎人员、总是得提醒自己的举动和演戏、隐瞒真相和激发谎话）对说谎者的影响要大于对说真话者的影响，因此，在对前一段时间发生的事情采取信息收集型询问时，说谎者面临比说真话者更大的挑战。

最后，与专门为识别谎言而设计的紧张唤起和定向反应询问方案不同，认知方法可以实现更广泛的目标。以认知负荷识别谎言的方案使用的是信息收集型询问，一种被认为是有效的询问方式（Fisher et al.，2002），因为它鼓励询问对象讲述他们的故事，为询问人员提供大量信息。信息采集型询问也是英国提倡的道德化侦查询问体系的核心（Williamson，1993，1994）。

致　谢

本项目由经济及社会研究理事会资助（RES-000-23-0292 和 RES-000-22-1632）。

注　释

〔1〕与本章有关的信件邮寄地址是：Aldert Vrij, University of Portsmouth, Psychology Department, King Henry Building, King Henry 1 Street, Portsmouth PO1 2DY, United Kingdom。或发送电子邮，地址是：aldert.vrij@port.ac.uk。

〔2〕在询问以外的场合，说谎并不难，有时甚至说谎比说真话更容易（McCornack，1997）。想象一下，一位朋友在你生日时给你送了一件你不喜欢的礼物，此时，假装喜欢这件礼物可能比说不喜欢它更容易。

〔3〕有趣的是，根据警察的经验，犯罪嫌疑人在说真话时比他们说谎时看起来更紧张。请注意，它证明了基于紧张的测谎方式可能存在的问题。

第十章
当前对识别谎言的争论————

皮特·布尔

引　言

　　本章的主要内容是探讨是否可以从非语言线索中识别谎言。人们认为，谎言线索识别的传统研究基础是心理学实验室里不恰当的研究方法得出的过时和无用的观点。与此相对，当代人际交流研究跨学科展开，它借鉴了很多学科的知识，而这正是传统实验室研究所忽视的，尤其是通过分析电影、录音和录像着重研究社会互动的细节。由于这类研究基于对语言和非语言行为的细节（微观）分析，所以它被称为微观分析法（Bull，2002）。

　　本章的目的是探讨微观分析法在谎言识别中的应用。本章探讨四个问题：

　　1. 微观分析法的原理；

　　2. 对非语言行为和识别谎言研究的批判性回顾；

　　3. 采访托尼·布莱尔（Tony Blair）的案例；

　　4. 微观分析法如何应用于欺骗行为研究。

微观分析法

　　微观分析法不仅是一种独特的方法论，而且也是一种研究人际交流的特别方法（Bull，2002）。毫无疑问，这种分析方法能够获得其他方法不能获得的发现。人们把录像机比作生物科学中的显微镜。如果没有可以反复查看的电子记录，就不可能以微观分析方法对语言和非语言交流的特点展开高度细节化的分析。

但是，微观分析法的提出并不仅是技术创新的结果。电影技术在 20 世纪初就已问世，两位最早的电影摄影先驱——麦布里奇（Muybridge）和马雷（Marey），对记录和分析动物及人类的运动模式特别感兴趣（Marey，1895；Muybridge，1899，1901）。这种技术广泛应用于人类社会互动研究是过去几十年才发展起来的，但它的应用反映了人类交流研究方式的根本改变（Kendon，1982）。正因如此，微观分析法不仅可以被视为一种独特的方法论，而且可以被视为一种独特的研究人际交流的方式。

在很多学术领域内都有人际交流的研究，最著名的是社会心理学、精神病学、人类学、语言学、社会学、动物行为学，当然还有传播学。在这些学科中，可以看到一些独特的研究方法：特别是会话分析法（Sacks，1992），话语分析法（Potter and Wetherell，1987），语言行为理论（Austin，1962），动物行为学（Fridlund，1997）和社会技能方法（Hargie，1997）。

这些研究方法，既有侧重点上的重要差异和明显分歧，也有一些基本的共同之处。最重要的分歧是关于方法论的，即如何进行研究。传统上，心理学理论的主要支柱之一是相信实验方法的价值，多年来这种方法一直是社会心理学研究人际交流的典型方法。实验方法的本质是相信量化和使用推论统计的重要性。定量方法的重要性在于人们对分类的需求。定量的优点让研究人员将观察到的行为简化为频率或发生率，而不是试图详细描述每个事件。随后可以用推论统计方法对这些数据进行某种分析。因此，这种方法的显著特点是致力于开发编码系统。

那些赞成自然观察法和定性方法的人强烈批评人际交流研究中使用的实验方法。其中一个批评指向实验室数据，认为在实验室中获得的数据是虚假的，参与者知道或怀疑他们的行为会因为实验目的而将被记录下来。虽然这些问题并非无法解决，但在人际交流的研究中，自然观察法日益成为首选方法。编码系统的使用也受到了批评，理由是这种做法通常是武断和简化的，并且扭曲数据以适应预先设想的分类（Psathas，1995）。此外，

192

上下文及其意义仅在分类系统范围内予以处理（Psathas，1995）。对话分析法和话语分析法的研究人员也越来越关注不把预先设定的类别"强加"在数据上，而是利用体现在人们话语之中、自己对自己的分类方式（van Dijk，1997）。

上述方法论的争论只是人际交流研究中一直存在分歧的例子。它们对识别谎言研究的实质性影响将在下文中进一步讨论。重要的是得知道，人际交流研究者确实有这些重要分歧。但同样重要的是，应当意识到他们也有一些共同的论断。因此，发现基本论点是完全有可能的，也是有价值的，这些论题代表了一种新颖而独特的思考人际交流的方法，即微观分析法（Bull，2002）。这些论点如下：

（1）**研究要在人际交流发生当时进行**。这标志着传统上人际交流研究的关注点发生了根本转变，即交流应该是什么——例如，交流的效率、清晰度或说服力。

（2）**人际交流本身可以作为一种活动来研究**。这一研究特点与传统方法——不是研究交流本身，而是将其作为研究其他社会过程（如领导力、人际关系或权力结构）的手段——截然相反。

193

（3）**所有的互动行为都隐含着意义**。这一显著特点意味着可称为交流的行为范围扩大了。在关注非语言交流方面的重大发展是其体现之一。另一个体现是会话分析人员在会话笔录中尽可能寻找准确反映会话发音方式的特殊细节。这一观点背后的推论是：所有的互动行为都隐含意义，因此不应被视为不值得研究。

（4）**人际交流是有构造的**。虽然人际交流看似无序，甚至是随机的，但不能假定它就是这样，研究者的任务之一是分析是否可以识别交流中暗含的构造。

（5）**会话可以被看作是一种行动**。根据语言行为理论，语言并不是简单地描述某种事态或陈述某种事实，它本身就是一种行为形式。这种观点影响深远。它为会话行为是如何完成大量研究提供了基础。

（6）**在演变的场景中理解交流**。这个观点是以行为学和社会生物学方法分析交流的核心。在这些传统领域之外，它的影响相对较小；它不是会话分析或话语分析等方法所关注的问题。但对于研究情绪表达的社会心理学家来说非常重要。

（7）**最好在自然发生的语境下对交流展开研究**。这一观点几乎适用于所有研究方法。最大的例外是实验社会心理学，其支持者传统上广泛使用基于实验室的实验研究作为研究交流的手段。然而，近年来社会心理学也日益趋向于在自然状态下展开分析。

（8）**交流可以被视为一种技能**。这一观点是社会心理学方法对人际交流的主要贡献之一。事实上，"沟通技巧"一词的影响力之大，已经渗透到各种文化之中。

（9）**沟通交流可以像其他技能一样得到传授**。一个相关的观点是，沟通交流可以像其他技能一样被传授。这也在更为广泛的文化中有重要影响；社交或沟通技能培训已广泛应用于各种个人领域和工作领域。

（10）**宏观问题可以通过微观分析法来研究**。在更广泛的文化中，还有一个特别重要的论点，即主要（或宏观）的社会问题，如种族主义、政治活动或女权主义，都可以通过微观分析法来研究。

微观分析法对识别谎言的研究有重要意义，这将在下一节进行考察。

非语言行为和识别谎言的研究

（1）识别谎言

评估观察者能在多大程度上发现欺骗的研究历史悠久。例如，克劳特（Kraut，1980）对 21 项识别谎言研究进行了综述。在大多数研究中，识别谎言的正确率从 45% 到 60% 不等。假设随机选择的正确率是 50%，上述研究的平均正确率为 57%。在 1980 年克劳特发表这份研究综述后，学界出现了许多更进一步的研究。弗里吉（2000）也因此对另外 39 项由他所说的外行人士（不是识别谎言专业人士，如警察）实施的识别谎言研究进行了综合分析。同样的，大多数测试的正确率在 45% 到 60% 之间，平均正确率为 57%。[1]最近的一项研究（Porter et al.，2007）比较了有激励的观察者（为准确识别谎言的人提供金钱或礼物奖励）和没有激励的观察者（没有绩效奖励）的表现。结果是：有激励的观察者实际表现的准确性明显低于没有

194

激励的观察者（前者为46%），但却比后者更自信（前者为60%）。

195　　　　总的来说，这项研究表明，人们并不擅长识别谎言，他们的表现并不比随机概率更好。但是，我们有充分理由审慎对待这一结论。对于大量研究中的平均准确率，一个问题是：它会导致我们低估更有洞察力的观察者的技能。尽管识别谎言的平均成绩很一般，但研究发现，似乎确实有些人擅长这项工作。例如，埃克曼和奥沙利文（Ekman and O'sullivan，1991）研究了不同群体识别谎言的准确性，其中一些人可能因为职业原因比较擅长识别谎言。他们发现，警察、测谎人员、法官、精神科医生的表现并不比大学生好，也不比随机概率好。但有一个例外。特工人员谎言识别的准确率为64%，明显优于其他组。其中一些特工人员取得了非常好的成绩：超过一半的人识别准确率达到了70%或更高，有些人甚至达到了80%。埃克曼等人在1999年的一项研究中进一步将注意力集中于关注识别谎言的其他群体上。这些人员包括联邦官员、治安法官和临床心理学家。他们的谎言识别准确率与特工人员相当（68%—73%）。

　　　　这些"有抱负的人"识别谎言的能力很有理论和实践价值。通过分析这些洞察力强的观察者的技能和技巧，不仅可以对识别谎言有更深一层的理解，而且还有助于以适当的培训程序将这些知识传授给洞察力较弱的观察者。

　　　　特别是在特工人员方面，人们猜想应该是他们的工作性质使他们特别注意非语言线索，因此有更高的谎言识别准确率（Ekman and O'sullivan，1991）。其他研究也支持非语言线索很重要的猜测。一项对高明的谎言识别人员的研究（O'sullivan and Ekman，2004）发现，这些人中的大多数都有一个特殊的童年。在童年时光中，能够读懂非语言线索表达的情绪很有帮助。这些人中，有的人直到上小学才说英语（尽管在美国长大），有些人是酗酒者的孩子，有些人的母亲需要外出工作（与大多数同龄人不同）。另一项研究（Etcoff et al.，2000）以失语症患者为对象，这些患者在左半球大脑受损

196　后，对口语词句的理解能力出现严重缺陷。这些患者依据面部表情识别谎言的准确率很高，可能是因为他们知道要对非语言信息予以关注。在一项进一步的研究中，埃克曼和弗里森（Ekman and Friesen，1974）要求护士观

看两部视频，一部视频里有令人愉快的风景，另一部视频里有截肢和治疗严重烧伤的画面。实验人员要求护士们如实描述他们对风景感受，并隐藏对第二部视频的负面情绪。研究结果显示，虽然四位受过充分训练的表情分析人员能够准确识别出几乎所有的欺骗和诚实的信息，但未经训练的观察者根据面部表情识别欺骗的准确度并不比随机概率高。

埃克曼和他的同事还发现了他们所说的**微表情**。**微表情**是一种非常短暂的面部表情，在被克制之前可能只持续几分之一秒。例如，某人可能对一条奇特的信息感到很惊讶，但却不希望别人知道这一点。在听到这一信息时这个人可能会扬起眉毛、张开嘴巴，但这两个动作很快被有意识地克制了。然而，有经验的观察者可能会注意到这些微表情，即使对方否认感到惊讶，观察者也会发现可疑之处。研究人员以展示曝光时间极短（1/25秒）拍摄的面部表情图片对微表情识别技能进行正式测试。一项研究证实，大学生受试者识别微表情的能力与测谎准确性之间存在显著的正相关性（Frank and Ekman，1997），另一项对专业测谎人员的实验结论也是如此（Ekman and O'sullivan，1991）。

因此，尽管整体结论是人们不太善于识别谎言，但研究证据也表明，感知非语言线索的能力与识别谎言的准确性显著相关。但是，哪些非语言线索可以表明一个人是在撒谎呢？对于识别线索已有大量文献研究，详见下文。

（2）识别谎言的非语言线索

弗里吉在《识别谎言和欺骗》（2000）一书中概括了有关欺骗的非语言行为研究文献。弗里吉的概括分别从传统上界分的有声音的非语言行为和无声音的非语言行为展开。有声音的非语言行为，是指在说话过程中做出的行为动作，而无声音的非语言行为，是指语言以外的交流活动（如面部表情和身体动作）。语言，是指说话者实际使用的词语（不是发音的问题）。因此，非语言行为是指上述定义下的有声音的非语言行为和无声音的非语言行为（Laver and Hutcheson，1972）。

弗里吉（2000：36-37）列出了44项与说谎的无声音非语言行为有关的研究。这些非语言行为包括面部表情特征（如凝视、微笑、眨眼）和各种形式的身体动作（如头部、躯干、手臂、手和手指动作，以及所谓的自我操纵和解释动作）。自我操纵包括身体接触动作，如挠头或抓手腕。解释动作是直接与语言相关的动作，用来强调语言内容或增加细节。

弗里吉（2000）根据这些动作表现在说谎过程中增加、减少或与说谎无关绘制列表，并因此得出结一个令人困惑的模型。仔细查看表格会发现，显示说谎行为的唯一指标似乎是动作抑制：说谎者的胳膊、手、手指、脚和腿比说真话的人活动得少。这并不是说每个说谎的人都有动作抑制，只是说大多数说谎的人会这样做。例如，弗里吉在自己的实验中发现，在说谎时，181 名受试者中有 64% 的人减少了手、手指和手臂的动作，而 35% 的人却增加了这些动作（Vrij and Akehurst, 1996 ; Vrij et al., 1997）。弗里吉继而对动作抑制提出了两种可能的解释。一是动作减少可能是因为谎言的复杂性。因为说谎者必须努力思考才能撒谎，认知负荷抑制了他们的非语言行为。另一种可能是，为了给人留下诚实的印象，说谎者在做动作时非常谨慎，尽量避免不必要的动作，这同样会导致动作抑制。

弗里吉（2000）认为，所有非语言行为（如回避对视、微笑、自我操纵、变换姿势和眨眼）似乎都不是识别谎言的可靠指标。例如，根据一般的观点，说谎者通常会转移视线（Vrij, 2000）。这种想法不无道理，因为说谎者可能会感到紧张或需要仔细思考，回避对视和紧张与认知负荷有关（Vrij, 2000）。但是，弗里吉总结的研究数据并没有显示这种一致性：一些研究中说谎时对视的次数增加了，另一些研究中说谎时的对视减少了，大多数研究则显示对视次数没有变化。弗里吉主张，回避对视可能并不是识别谎言的可靠指标，因为它很容易控制。如果说谎者愿意的话，直视对方的眼睛并不难。不过，受强烈情绪影响的话就不是这样了，弗里吉没考虑到这一点。

总的来说，弗里吉（2000）的研究结果表明，非语言行为并不能成为识别谎言的依据。与之形成鲜明对比的是，前文说过，感知非语言线索的技能与识别谎言的准确性显著相关。这些观点相互矛盾可能是因为识别线索的研究方法上存在问题。在本章中，我们将阐释由于这些研究方法上的缺陷，很难可靠地得出特定的非语言线索预示着说谎的可靠结论。下文予以详述。

（3）谎言识别线索研究方法上存在的问题

弗里吉（2000）讨论了一些以实验室研究为基础的非语言行为和说谎的实验研究方法问题。第一个问题是弗兰克和埃克曼（Frank and Ekman，1997）所说的利害关系或利益的问题。在实验室里说谎被发现不会面临任何严重后果。相反，在现实生活中说谎如果被发现，可能会有非常严重的后果。对这些后果的担忧可能在非语言行为中表现出来，这些行为提供了人们正在说谎的线索。弗里吉（2000）充分意识到了这个问题。他认为，实验室的实验可能根本不会让人们紧张到表现出说谎的非语言行为。

第二个问题是，用于分析非语言行为的编码系统可能不够精细，无法识别出说谎的线索。例如，在弗里吉（2000）的非语言行为研究列表中，没有体现出微笑和说谎的关系。但正如弗里吉指出的那样，埃克曼和他的同事发现了所谓真笑和假笑之间的区别（Ekman and Friesen，1982）。真笑包括一个人实际体验到积极情绪时的所有微笑，它涉及两部分的活动：**颧骨**和**眼轮匝肌**，前者将唇角拉向颧骨，后者抬高脸颊，在眼睛下方产生眼袋和眼角鱼尾纹。在假笑中，**眼轮匝肌**没有运动，也就是说，真笑和假笑是明显不同的。此外，根据埃克曼及其同事的研究，在说谎过程中，假笑的次数比真笑的次数多（Ekman and O'sullivan，1991）。

第三个问题在于数据分析方式。弗里吉（2000）指出，一些研究人员没有测量说谎话和说真话时非语言行为发生的频率；相反，他们测量的是非语言行为的持续时间。在弗里吉看来（第39页），持续时间并不是足够详细的测量依据；这也许可以解释为什么一些研究人员发现了说谎话和说真话的非语言行为差异，而另一些人却没有发现。

事实上，分析模式中的行为频率和持续时间都很容易受到批评。从当代微观分析学的角度来看，这种研究存在严重缺陷，其特点是使用"编码和计数"的粗糙量化形式。没有人注意到非语言行为和语言的结构关系，尽管微观分析研究反复证明了它们具有密切的相互依赖性（Bavelas and Chovil，2000；Kendon，2004）。因此，有大量文献表明，在重音（Pittenger et al.，1960；Bull and Connelly，1985），语法（Lindenfeld，1971）和含义（Scheflen，1964；Kendon，2004）上，非语言行为与语言高度同步。同时，非语言行为

199

的意义往往只能与语言关联起来才能理解。因此，手势可以用来解析话语结构，例如，以手势体现会话的重点或中心意思。同样，它也可以用来体现说话方式，是请求、哀求、提议、邀请，还是拒绝（Kendon，2004）。

这些结构语言学的特点完全没有出现在研究中，即分析人员只是简单地编码和计算非语言行为发生的次数，而不管说话内容是什么。弗里吉（2000）总结的所有非语言行为研究都没有解决交流结构中重要的方法论问题。从这个角度看，他通过综述分析得到的结论混乱而矛盾也就不足为奇了。在得出关于非语言识别线索的结论时，弗里吉既细心又谨慎。实际上，他的读者可以合理地理解为：非语言线索几乎不能告诉我们一个人是否说谎。但从交流研究的微观分析角度来看，这一结论是有疑义的。既然这些研究的方法受到批评，那么它们得出的任何结论也都是成问题的。此外，这一结论与上文识别谎言中提到的研究结论——感知非语言线索的技能与识别谎言的准确性显著相关——直接矛盾。简言之，对于具体的识别谎言的非语言线索还需要更复杂和灵敏的研究。弗里吉的结论之所以受到质疑，不是因为它们过于谨慎，而是因为它们对传统方法的批评不够。

采访托尼·布莱尔的案例

为了进一步说明作者的观点，有必要详细讨论一个案例。下面这个案例摘自 2005 年英国大选期间英国广播公司"问答时间"节目（4 月 28 日）对托尼·布莱尔（1997—2007 年任英国首相）的电视采访。采访后的第二天，《每日邮报》（Daily Mail）发表了一篇报道，声称掌握了托尼·布莱尔说谎的有力证据，因为他在回答问题时明显出汗了。

出汗是人类调节体温的手段，水蒸发的潜热具有冷却作用。出汗也可能因为紧张和恶心而增加，因寒冷而减少。显然，出汗是一个模糊信号，但在识别谎言方面，通常它也是一种典型的非语言行为。例如，回避对视可能有多种原因，可能是由于害羞，或因为组织认知（Beattie，1979），在思考的时候看着别人可能会分心；它也可能表明说话的人希望改变话题（Kendon，1967）。必须在特定语境中，参照实际说话内容才能分析回避对视的特定原因。因此，人们转移视线的频率或持续时间并不能告诉我们他们是否在撒谎。但是，如果一个人在回答一个高度敏感的问题时转移了目光，那么在这个特定的情境下，这种目光转移就可能是非常重要的。

这些考虑因素也适用于分析托尼·布莱尔在这次采访中出汗的意义。毫无疑问的是他在出汗，这可以从他的额头上明显看出来。当然，他可能只是太热了！进一步的分析表明，他在回答一些关于预约全科医生的问题时开始出汗。观众席中的一位女士［戴安娜·丘奇（Diana Church）］讲述了她的全科医生让她一周后带儿子就诊的事，接待员告诉她，不能提前48小时预约。为了执行不能让病患等待48小时以上的政府规定，许多全科医生都采取这一做法。全科医生声称通过不允许人们提前48小时预约，他们达到了政府规定的标准。托尼·布莱尔对此并不知情。采访者大卫·丁布尔比（David Dimbleby）特地问他："这对你来说是新闻吗？"布莱尔回答说，"医生坚持必须在48小时内到医院来预约，对我而言，不得不说这是个新闻。"他接着说，"制度显然不该这么执行"，并且说他会对此进行调查。

这些背景信息都没有出现在《每日邮报》的采访报道中。它只是把托尼·布莱尔"汗流浃背"作为他说谎的确凿证据。但从另一个角度来看，布莱尔可能是陷入了一种任何在公共场合讲话的人都很熟悉的境地。即他被一个准备不足、无法恰当回答的问题弄得措手不及。因此，他出汗很可能不是撒谎的证据，而是惊慌的证据。《每日邮报》对托尼·布莱尔出汗的"分析"中，没有任何社会场合或交谈上下文的信息。他们的观察都没有语境背景，没有考虑到非语言行为包含的多重含义。

虽然我们可以轻易指责《每日邮报》的肤浅，但它的基本逻辑与前文"非语言行为和识别谎言的研究"中"（2）识别谎言的非语言线索"里描述的非语言行为和说谎的实验没有什么不同。如果说《每日邮报》对布莱尔的攻击看起来很愚笨的话，那么，那些只是简单计算手势数量而不考虑手势出现的社会背景或说话内容的研究者们同样很愚钝。

微观分析法和识别谎言

本章作者认为，对于非语言行为在识别谎言中的作用，我们需要一种全新的、与当代交流分析思考成果一致的方法。微观分析法的研究一次又一次地证明了语言和非语言行为之间密切的相互依赖关系（McNeill，1992；Beattie，2003；Kendon，2004）。由于这种密切联系，对二者进行单独分析都将是错误的。特别是手势和面部表情可以被看作是有意义的可视行为，因此，应该被视为自然语言的一部分（Bavelas and Chovi，2000）。肯顿（Kendon）将"可视行为即话语"作为他研究手势的著作（Kendon，2004）的副标题，就说明了这一点。巴弗拉斯和乔维尔（Bavelas and Chovil，2000）提到了"当面对话"，并提出他们所说的综合信息模型，在该模型中，可听和可见的交流行为被视为一个统一体。

这种将语言和手势视为单一集成系统的最新观点与"肢体语言"的概念截然不同。"肢体语言"是一种以肢体动作为信号进行交流的方式，其拥护者认为它与语言是分离的，而且超出了语言的范围（McNeill，1992）。关于非语言行为和说谎的传统研究［例如弗里吉（2000）评述的研究］含蓄地假设了"身体语言"这一过时的概念，却没有提到谈话内容和交流发生的社会背景。无可否认，弗里吉和曼（Vrij and Mann 2004）近期提出了可以通过结合语言和非语言或非听觉线索提高谎言识别能力。此外，弗里吉等人（2004）证明，这比单独使用语言或非语言行为更能正确区分说谎者和说真话者。但即便如此，弗里吉等人的分析并没有将语言和非语言行为视为一个单一集成系统，语言和非语言行为仍然是独立的信息来源。

在从融合角度分析欺骗性交流时，微表情分析有特别价值（Frank and Ekman，1997）。前文提到的证据表明，微表情可能为识别谎言提供重要线索。至少可以通过两个方面将微表情分析纳入信息融合视角：不恰当和不一致。

考虑一下下面的案例。在一起在侦案件中，犯罪嫌疑人是被害人的亲属。在一次询问中，犯罪嫌疑人评论警方的侦查工作没有进展。如果犯罪嫌疑人是被害人的亲属，他说话时脸上应该是愤怒或悲伤的表情。但实际上他的脸上浮现出一个明显而短暂的笑容，犯罪嫌疑人似乎很高兴侦查没有进展。他的表情与他亲属的身份不符，也与说话内容不符。这并不是说这些线索是证据，但它们可能会因为表明他正在撒谎而为侦查提供有用的指引。

另一个运用信息融合方法的是近期的手势研究（Beattie，2003）。与 203
前文引用的许多作者一样（McNeill，1992；Bavelas and Chovil，2000；
Kendon，2004），贝蒂（Beattie）认为手势和手臂动作与说话和思考密切联
系在一起。因此，它们反映着我们的思想。事实上，它们可以让我们瞥见
一些隐藏的、无法表达的思想，也就是说，它们使思想可视化。贝蒂和斯
普尔顿（Beattie Shovelton，1999a，1999b，2001）组织了一系列以让实验
参与者讲述动画片视频为基础的实验。然后，研究人员分组向另一些受试
者播放语音或包括语言和手势在内的视频，让这些受试者详细回答有关动
画故事的问题。例如，在一项实验中（Beattie and Shovelton，1999a），受试
者被问到有关动画故事描述的动作和物体。这些问题包括：故事中人物或
事物的身份，尺寸、形状和相对位置，以及动作的性质和速度。结果一致
表明，看到视频的受试者比只听到声音的受试者获得了更多关于动画故事
的信息。

贝蒂（2003）继续论证，精准的手势可能为识别谎言提供重要线索。
通过手势，说话者可能会无意中提供语言中不包含的信息，或者直接与语
言内容相矛盾。贝蒂提供了一个趣闻：在一次会议上，一位主管说在广告
宣传之后销售量飙升，但她做了一个**向下**的手势，似乎与她所说的话相矛
盾。当贝蒂明确询问她销售额到底是飙升还是下降时，她尴尬地承认，在
宣传结束后销售额立即下降了。

另一个手势"泄露"真相的例子出现在布什总统和大卫·弗罗斯特
（David Frost）爵士的访谈中（2003年11月16日播出）。在伊拉克战争的
背景下，弗罗斯特问小布什总统他与希拉克总统、施罗德总理的关系。布
什回答，"我们不可能在每一个问题上都达成一致"，说话时，他分开双手，
似乎在表示他和两位欧洲国家领导人之间的距离。然后，小布什说，"但一
个与欧洲密切合作的美国和一个与美国密切合作的欧洲意味着世界将变得
更加美好"。当他说"一个与美国密切合作的欧洲"时，他加入了手势，但
只是两个食指指尖触碰了一下。为了说明这一点，小布什本可以有很多方 204
式，十指交握，或双手合十，这将显示出更亲密的关系。相反，晃动食指
是辩论中惯用的手势。食指相触表明小布什与欧洲领导人之间的疏远和敌

对程度比其言辞中所说的严重得多。

简言之，对微表情和手势的分析表明，非语言行为可以在信息融合模型中与语言结合在一起。

结　论

识别谎言的研究表明，人们并不擅长识别谎言，尽管感知非语言线索的技能可以显著提升识别结果。对于谎言识别的非语言线索的研究令人失望，研究结果常常是混乱和矛盾的。本章作者认为，研究方法过时和落伍，没有反映当代人际交流的观点。本章提出的另一种观点是信息融合视角，将语言和非语言行为视为一个统一体。通过结合社会背景和说话内容展开非语言线索的微观分析，我们可以更有效地评估非语言线索在识别谎言中的效用。

参考文献

前　言

Holmberg,U.(2004)'CrimeVictims' Experiences of Police Interviews and Their Inclination to Provide or Omit Information', *International Journal of Police Science and Management*, 3: 155–170.

Moston, S., Stephenson, G.M. and Williamson, T. (1992) 'The Effects of Case Characteristics on Suspect Behaviour During Police Questioning', British Journal of Criminology, 32: 23–40.

第一章

Baldwin, J. (1993) 'Police Interviewing Techniques: Establishing Truth or Proof?', *British Journal of Criminology*, 33: 325–352.

Bradley, D. (2005) 'Tackling the Knowledge Deficit in Policing: Strategic Change Versus Ad Hocery and Paint Jobs'. Paper presented at the conference 'Safety, Crime and Justice: From Data to Policy', Australian Institute of Criminology, ABS House, Canberra, 6–7 June.

Bucke, T. and Brown, D. (1997) *In Police Custody: Police Powers and Suspects' Rights Under the Revised Pace Codes of Practice.* A Research and Statistics Directorate Report. London: Home Office.

Colwell, L.H., Miller, H.A., Miller, R.S. and Lyons, P.M. (2006) 'US Police Officers' Knowledge Regarding Behaviors Indicative of Deception: Implications for Eradicating Erroneous Beliefs Through Training', *Psychology, Crime and Law*, 12: 489–503.

Crime and Misconduct Commission (2004) *Listening in: Results from a CMC Audit of Police Interview Tapes.* Monitoring Integrity in the Queensland Police Service, No. 1: April, Brisbane: Crime and Misconduct Commission Queensland.

Criminal Justice Commission (1999) *Analysis of Interview Tapes: Police Powers Review Briefing Paper.* Brisbane: Criminal Justice Commission, Research and Prevention Division.

21

Criminal Justice Commission (2000) *Police Powers in Queensland: Findings from the 1999 Defendants Survey*. Brisbane: Criminal Justice Commission, Research and Prevention Division.

Dickie, P. (1988) *The Road to Fitzgerald and Beyond*. St. Lucia: University of Queensland Press.

Dixon, D. (2006) '"A Window into the Interviewing Process?" The Audio-Visual Recording of Police Interrogation in New South Wales, Australia', *Policing and Society*, 16: 323–348.

Dixon, D. and Travis, G. (2004) Questioning Suspects and ERISP. Draft Report. Sydney: University of New South Wales.

Dixon, D. and Travis. G. (2007) *Interrogating Images: Audio-Visually Recorded Police Questioning of Suspects*. Sydney: Sydney Institute of Criminology.

Evans, R. (1993) *The Conduct of Police Interviews with Juveniles*. Royal Commission on Criminal Justice Research Study No. 8. London: HMSO.

Findlay, M., Odgers, S. and Yeo, S. (2005) *Australian Criminal Justice* (3rd edn). Oxford: Oxford University Press.

Fleming, J. (2004) 'Commissioner Mick Keelty, Australian Federal Police', *Police Practice and Research*, 5: 317–326.

Goodman-Delahunty, J. and Newell, B. (2004) 'One in How Many Trillion?', *Australian Science*, August: 14–17.

Gudjonsson, G.H. and Petursson, H. (1991) 'Custodial Interrogation: Why Do Suspects Confess and How Does it Relate to Their Crime, Attitude and Personality', *Personality and Individual Differences*, 12: 295–306.

Herald Sun (2006) 'Armed Offenders Squad Video Nasty', 19 September. Retrieved online on 20 September 2006 from: http://www.news.com.au/ heraldsun/ story/0,21985,20439385-2862,00.html.

Horvath, F. and Meesig, R. (1996) 'The Criminal Investigation Process and the Role of Forensic Evidence: A Review of the Empirical Findings', *Journal of Forensic Science*, 41: 963–969.

Horvath, F. and Meesig, R. (1998) 'A Content Analysis of Textbooks on Criminal Investigation: An Evaluative Comparison to Empirical Research Findings on the Investigative Process and the Role of Forensic Evidence', *Journal of Forensic Science*, 43: 133–140.

22

Hughes, G. (2006) 'Backflip on elite squad', *The Australian*, 'Gotcha with Gary Hughes', (29 September 2006). Retrieved online on 29 September 2006 from: http://blogs. theaustralian.news.com.au/garyhughes/index. php/theaustralian/comments/backflip_on_ elite_squad/.

Inbau, F.E., Reid, J.E., Buckley, J.P. and Jayne, B.C. (2004) *Criminal Interrogations and Confessions* (4th edn). London: Jones & Bartlett.

Kebbell, M.R., Hurren, E.J. and Mazerolle, P. (2006) 'An Investigation into the Effective and Ethical Interviewing of Suspected Sex Offenders', *Trends and Issues in Crime and Criminal Justice*, No. 327. Canberra: Australian Institute of Criminology.

Kebbell, M.R., Hurren, E.J. and Roberts, S. (2006) 'Mock–Suspects' Decision to Confess: The Accuracy of Eyewitness Evidence is Critical', *Applied Cognitive Psychology*, 20: 477–486.

Mirsky, S. (2005) 'Crime Scene Instigation', *Scientific American*, 25 April. Retrieved from www.sciam.com.

Moston, S. and Fisher, M. (2006) 'Defining the Limits of Police Interrogation Techniques with Criminal Suspects', in M. Ioannou and D. Youngs (eds), *Explorations in Investigative Psychology and Contemporary Offender Profiling*. London: IA–IP Publishing.

Moston, S. and Stephenson, G.M. (1993a) 'The Changing Face of Police Interrogation', *Community and Applied Social Psychology*, 3: 101–115.

Moston, S. and Stephenson, G.M. (1993b) *The Questioning and Interviewing of Suspects Outside the Police Station*. London: Royal Commission on Criminal Justice/ HMSO.

Moston, S., Stephenson, G.M. and Williamson, T.M. (1992) 'The Effects of Case Characteristics on Suspect Behaviour During Police Questioning', *British Journal of Criminology*, 32: 23–40.

Moston, S., Fisher, M. and Engelberg, T. (2006) '"It Was My Evil Twin": Plausible and Implausible Denial Strategies in the Interview Room'. Paper presented at 2nd International Investigative Interviewing Conference, University of Portsmouth, 6 July.

NSW Police (2005) *Code of Practice for Custody, Rights, Investigation, Management and Evidence (CRIME)*. Sydney: NSW Police.

O'Sullivan, J.P. (2000) 'Police Powers Legislation a First in Australia', *Vedette*, 178: 4–5.

Pearse, J., Gudjonsson, G.H., Clare, I.C.H. and Rutter, S. (1998) 'Police

Interviewing and Psychological Vulnerabilities: Predicting the Likelihood of a Confession', *Journal of Community and Applied Social Psychology*, 8: 1–21.

Perez, D.W. and Shtull, P.R. (2002) 'Police Research and Practice: An American Perspective', *Police Practice and Research*, 3: 169–187.

Phillips, C. and Brown, D. (1998) *Entry into the Criminal Justice System: A Survey of Police Arrests and their Outcomes.* Home Office Research Study No. 185. London: HMSO.

Powell, M.B. (2000) 'PRIDE: The Essential Elements of a Forensic Interview with an Aboriginal Person', *Australian Psychologist*, 35: 186–192.

Powell, M.B. and Thomson, D.M. (2003) 'Improving Children's Recall of an Occurrence of a Repeated Event: Is It a Matter of Helping Them to Generate Options?', *Law and Human Behavior*, 27: 365–384.

Powell, M., Wilson, C. and Hasty, M. (2002) 'Evaluation of the Usefulness of "Marvin", a Computerized Assessment Tool for Investigative Interviewers of Children', *Computers in Human Behavior*, 18: 577–592.

Prenzler, T. (2004) 'Chief Commissioner Christine Nixon, Victoria: Australia's First Female Police Chief', *Police Practice and Research*, 5: 301–315.

Queensland Government (2000) *Police Powers and Responsibilities Act 2000.* Brisbane: Queensland Government.

Rintoul, S. (2006) 'Judge Rejects Detective's Tale', *The Australian*, 21 September. Retrieved online on 21 September 2006 from: http://www.theaustralian. news.com.au/ story/0,20867,20448757-2702,00.html.

Stevenson, N. (1980) 'Criminal cases in the NSW District Court: A Pilot Study', in J. Basten, M. Richardson, C. Ronalds and G. Zdenkowski (eds), *The Criminal Injustice System.* Sydney: Australian Legal Workers Group (NSW) and Legal Services Bulletin.

van der Sleen, J. (2006) 'A Structured Model for Investigative Interviewing of Suspects'. Paper presented at 2nd International Investigative Interviewing Conference, University of Portsmouth, 6 July.

Wilson, J.C. and Powell, M.B. (2001) *A Guide to Interviewing Children.* Sydney: Allen and Unwin.

第二章

Association of Chief Police Officers (ACPO) (2005) *Investigative Interviewing Strategy Document.* Bramshill: Centrex.

Baldwin, J. (1992) *Videotaping of Police Interviews with Suspects – An Evaluation.* Police Research Series Paper No. 1. London: Home Office.

Baldwin, J. (1993) 'Police Interview Techniques: Establishing Truth of Proof' *British Journal of Criminology*, 33: 325–352.

BBC (2003) 'Killing Led to Miscarriage of Justice'. Retrieved on 5 December 2006 from http://news.bbc.co.uk/1/hi/wales/3038672.stm.

Bull, R. and Cherryman, J. (1995) *Helping to Identify Skills Gaps in Specialist Investigative Interviewing: Literature Review.* London: Home Office.

Bull, R. and Cherryman, J. (1996) *Helping to Identify Skills Gaps in Specialist Investigative Interviewing: Enhancement of Professional Skills.* London: Home Office Police Department.

Bull, R. and Milne, R. (2004) 'Attempts to Improve the Police Interviewing of Suspects', in G.D. Lassiter (ed.), *Interrogations, Confessions and Entrapment* (pp. 181–196). New York: Kluwer.

Centre for Investigative Skills (CFIS) (2004) *Practical Guide to Investigative Interviewing.* England: Central Police Training and Development Authority.

Cherryman, J. and Bull, R. (2001) 'Police Officers' Perceptions of Specialist Interviewing Skills', *International Journal of Police Science and Management*, 3: 199–212.

Clarke, C. and Milne, R. (2001) *National Evaluation of the PEACE Investigative Interviewing Course.* Police Research Award Scheme, Report No: PRAS/149.

Crown Prosecution Service (2007) *CPS Authorises Police to Charge Four People with Perjury in Lynette White Case.* Press release, retrieved on 2 April 2007 from www.cps.gov.uk/news/pressreleases/113_07.html. 37

CPTU (Central Planning and Training Unit) (1992a) *A Guide to Interviewing.* Harrogate: Home Office.

CPTU (Central Planning and Training Unit) (1992b) *The Interviewer's Rule Book.* Harrogate: Home Office.

Ede, R. and Shepherd, E. (2000) *Active Defence* (2nd edn). London: Law Society Publishing.

Fisher, R.P. and Geiselman, R.E. (1992) *Memory Enhancing Techniques for Investigative Interviewing: The Cognitive Interview.* Springfield, IL: Charles C. Thomas.

Griffiths, A. and Milne, R. (2006) 'Will it All End in Tiers? Police Interviews with

Suspects in Britain', in T. Williamson (ed.), *Investigative Interviewing: Rights, Research and Regulation* (pp. 167–189). Cullompton: Willan.

Gudjonsson, G. (1992) *The Psychology of Interrogations, Confessions and Testimony.* Chichester: Wiley.

Gudjonsson, G. (2003) *The Psychology of Interrogation and Confessions: A Handbook.* Chichester: Wiley.

Holmberg, U. (2004) 'Police Officers' Attitudes in Interviewing Victims and Suspects of Violent and Sexual Crimes: Consequences for Interview Outcomes'. Unpublished PhD thesis: Stockholm University.

Home Office and Department of Health (1992) *The Memorandum of Good Practice for Video Recorded Interviews with Child Witnesses for Criminal Proceedings.* London: HMSO.

Home Office and Department of Health (2001) *Achieving Best Evidence in Criminal Proceedings: Guidance for Vulnerable and Intimidated Witnesses Including Children.* London: HMSO.

Inbau, F.E., Reid, J.E., Buckley, J.P. and Jayne, B.P. (2001) *Criminal Interrogation and Confession.* Gaithersburg, MD: Aspen.

Irving, B.L. and Hilgendorf, L. (1980) *Police Interrogation: The Psychological Approach.* Royal Commission on Criminal Procedure, Research Study No. 1. London: HMSO.

Kassin, S.M. (1997) 'The Psychology of Confession Evidence', *American Psychologist*, 52: 221–223.

Kassin, S.M., Goldstein, C.C. and Savitsky, K. (2003) 'Behavioral Confirmation in the Interrogation Room: On the Dangers of Presuming Guilt', *Law and Human Behavior*, 27: 187–203.

Koehnken, G., Milne, R., Memon, A. and Bull, R. (1999) 'The Cognitive Interview: A Meta-analysis', *Psychology, Crime and Law*, 5: 3–28.

Milne, R. and Bull, R. (1999) *Investigative Interviewing: Psychology and Practice.* Chichester: Wiley.

Milne, R. and Bull, R. (2003) 'Interviewing by the Police', in D. Carson and R. Bull (eds), *Handbook of Psychology in Legal Contexts*. Chichester: Wiley, 111–125.

Milne, R., Shaw, G. and Bull, R. (2007) 'Investigative Interviewing: the role of research', in D. Carson, R. Milne, F. Pakes, K. Shalev and A. Shawyer (eds), *Applying Psychology to Criminal Justice*. Chichester: Wiley.

38

Moston, S., Stephenson, G. and Williamson, T. (1992) 'The Effects of Case Characteristics on Suspect Behaviour During Police Questioning', *British Journal of Criminology*, 32: 23–40.

National Centre for Police Excellence (2005) *Professionalising Investigation Programme, Levels 1, 2, and 3*. Bramshill: Centrex.

National Crime Faculty (1996) *Investigative Interviewing: A Practical Guide*. Bramshill: National Crime Faculty.

National Crime Faculty (2004) *Investigative Interviewing: Training Material*. Bramshill: National Crime Faculty.

Rabon, D. (1992) *Interviewing and Interrogation*. Durham, NC: Carolina Academic Press.

Savage, S. and Milne, R. (2007) 'Miscarriages of Justice — the Role of the Investigative Process', in T. Newburn, T. Williamson and A. Wright (eds), *Handbook of Criminal Investigations*. Cullompton: Willan, 610–627.

Schollum, M. (2005) 'Investigative Interviewing: The Literature'. New Zealand Police. Retrieved on 8 January 2007 from http://www.police.govt.nz/ resources/2005/ investigative–interviewing/investigative–interviewing.pdf.

Shaw, G. (1996) 'Investigative Interviewing: Supervision', *Police Review*, February.

Shawyer, A. (in preparation) Investigative Interviewing: Investigation, Counter Fraud and Behaviour. Unpublished PhD thesis. University of Portsmouth.

Shawyer, A. and Milne, R. (2006) 'Investigative Interviewing and Fraud'. Paper presented at the 2nd International Investigative Interviewing Conference, Portsmouth.

Shepherd, E. (1986) 'The Conversational Core of Policing', *Policing*, 2: 294–303.

Shepherd, E. and Kite, F. (1989) 'Teach 'em to Talk', *Policing*, 5: 33–47.

Vrij, A. (2000) *Detecting Lies and Deceit: The Psychology of Lying and Its Implications for Professional Practice*. Chichester: Wiley.

Walsh, D.W. and Milne, R. (2007) 'Perceptions of benefit fraud staff in the UK: Giving P.E.A.C.E. a chance?', *Public Administration*, 85(2): 525–540.

Walsh, D.W. and Milne, R. (2008) 'Keeping the P.E.A.C.E.? A study of investigative interviewing practices in the public sector', *Legal and Criminological Psychology*, 13: 39–57.

Williamson, T. (1994) 'Reflections on Current Police Practice', in D. Morgan and G. Stephenson (eds), *Suspicion and Silence: The Right to Silence in Criminal Investigations*.

London: Blackstone Press, 107–116.

Williamson, T. (2006) 'Towards Greater Professionalism: Minimising Miscarriages of Justice', in T. Williamson (ed.), *Investigative Interviewing: Rights, Research and Regulation*. Cullompton: Willan Publishing, 147–166.

第三章

Alison, L. (1998) Criminal Rhetoric and Investigative Manipulation. Doctoral thesis, University of Liverpool.

Ask, K. and Granhag, P.A. (2005) 'Motivational Sources of Confirmation Bias in Criminal Investigations: The Need for Cognitive Closure', *Journal of Investigative Psychology and Offender Profiling*, 2: 43–63.

Baldwin, J. (1992) *Video-taping of Police Interviews with Suspects – an Evaluation.* Police Research Series: Paper No. 1. London: Home Office.

Baldwin, J. (1993) 'Police Interview Techniques – Establishing Truth or Proof?', *British Journal of Criminology*, 33: 325–351.

Clarke, C. and Milne, R. (2001) *National Evaluation of the PEACE Investigative Interviewing Course.* Research Award Scheme, Report No. PRSA 149, Home Office.

CPT (1992) Report to the Swedish Government on the Visit to Sweden Carried out by the European Committee for the Prevention of Torture and Inhuman or Degrading Treatment or Punishment (CPT) from 5 to 14 May 1991.

CPT (1993a) Report to the Finnish Government on the Visit to Finland Carried out by the European Committee for the Prevention of Torture and Inhuman or Degrading Treatment or Punishment (CPT) from 10 to 20 May 1992.

CPT (1993b) Response of the Finnish Government to the Report of the European Committee for the Prevention of Torture and Inhuman or Degrading Treatment or Punishment (CPT) on its visit to Finland from 10 to 20 May 1992.

CPT (1997a) Report to the Norwegian Government on the Visit to Norway Carried out by the European Committee for the Prevention of Torture and Inhuman or Degrading Treatment or Punishment (CPT) from 17 to 21 March 1997.

CPT (1997b). Report to the Danish Government on the Visit to Denmark carried out by the European Committee for the Prevention of Torture and Inhuman or Degrading Treatment or Punishment (CPT) from 29 September to 9 October 1996.

CPT (2000) Report to the Norwegian Government on the visit to Norway carried

63

out by the European Committee for the Prevention of Torture and Inhuman or Degrading Treatment or Punishment (CPT) from 13 to 23 September 1999.

CPT (2002) European Committee for the Prevention of Torture and Inhuman or Degrading Treatment or Punishment. Paragraph 34, 12th General Report [CPT/Inf (2002)15].

Ede, R. and Shepherd, E. (2000) *Active Defence* (2nd edn). London: Law Society Publishing.

Ellonen, E., Karstinen, E. and Nykänen, V.E. (1996) *Förhörstaktik*. Polisens läroboksserie. Inrikesministeriet, Polisavdelningen, Finland.

Fahsing, I.A and Rachlew. A. (2006a)' Effective and Ethical Interviews of Suspects;   64
a Utopian Idea?' Paper presented at International Investigative Interviewing 2nd Conference, Portsmouth. Published in Norwegian as in following reference.

Fahsing, I.A. and Rachlew, A. (2006b) Etiske og effektive avhør. *Politiforum, Juni /juli 06/07/2006. Retrieved from http://www.phs.no/bibliotek/phsbibl/prosjekt/artikler/ fulltekst/avhor8.pdf*.

Granhag, P.A. (2001) *Vittnespsykologi*. Lund: Studentlitteratur.

Gudjonsson, G.H. (2003) *The Psychology of Interrogations and Confessions: A Handbook*. Chichester: Wiley.

Hartwig, M. (2005) Interrogating to Detect Deception and Truth: Effects of Strategic Use of Evidence. Unpublished PhD thesis. Department of Psychology, Göteborg University.

Holmberg, U. and Christianson, S.A. (2002) 'Murderers' and Sexual Offenders' Experiences of Police Interviews and Their Inclination to Admit or Deny Crimes', *Behavioural Sciences and the Law*, 20: 31–45.

Inbau, F.E., Reid, J.E. and Buckley, J.P. (1986) *Criminal Interrogation and Confessions* (3rd edn). Baltimore, MD: Williams & Wilkins.

Inbau, F.E., Reid, J.E., Buckley, J.P. and Jayne, B.C. (2001) *Criminal Interrogation and Confessions* (4th edn). Gaithersburg, MD: Aspen.

Kalbfleisch, P.J. (1994) 'The Language of Detecting Deceit', *Journal of Language and Social Psychology*, 13: 469–496.

Kassin, S.M. and Gudjonsson, G. (2004) 'The Psychology of Confessions', *Psychological Science in the Public Interest*, 5: 33–67.

Kassin, S. (2006) 'A Critical Appraisal of Modern Police Interrogations', in T.

Williamson (ed.), *Investigative Interviewing. Rights, Research, Regulation.* Cullompton: Willan Publishing.

Kaufmann, G., Drevland, G., Wessel, E., Overskeid, G. and Magnussen, S. (2003) 'The Importance of Being Earnest: Displayed Emotion and Witness Credibility', *Applied Cognitive Psychology*, 17: 21–34.

Kornkvist, O. (2006) Strategisk bevisanvändning i manualer och handböcker om polisiär förhörsteknik. Unpublished master's thesis, University of Vaksjo, Sweden.

Magnussen, S. (2004) *Vitnepsykologi.* Troverdighet og pålitelighet i dagligliv og rettssal. Oslo: Abstrakt Forlag.

McGurk, B.J., Carr, M.J. and McGurk, D. (1993) *Investigative Interviewing Courses for Police Officers: An Evaluation.* Police Research Series: Paper No. 4. London: Home Office.

Milne, R. and Bull, R. (1999) *Investigative Interviewing: Psychology and Practice* Chichester: Wiley.

Moston, S. and Engleberg, T. (1993) 'Police Questioning Techniques in Tape Recorded Interviews with Criminal Suspects', *Policing and Society*, 3: 223–237.

NCF (National Crime Faculty) (1998) *A Practical Guide to Investigative Interviewing* (2nd edn). Bramshill: Training and Development Unit, NCF.

Rachlew, A. (1999) Norwegian Police Officers' Perception of Investigative Interviewing – Implications for Training. Unpublished MSc, University of Liverpool.

Rachlew, A. (2003a) 'Norske politiavhør i et internasjonalt perspektiv', *Tidsskrift for Strafferett*, No. 4/2003.

Rachlew, A. (2003b) *Evalueringsrapport.* Justisdepartementets Lydopptaksprosjekt 1998 – 2003. Retrived from http://www.regjeringen. no/upload/kilde/jd/prm/2003/0070/ ddd/pdfv/188187-lydbandopptak. pdf.

Scollum, M. (2005) *Investigative Interviewing: The Literature.* Office of the Commissioner of Police, New Zealand.

Sear, L. and Williamson, T. (1999) *British and American Interrogation Strategies.* 'Interviewing and Deception', D.V. Canter and L. Alison (eds), vol. 1, Aldershot: Dartmouth, 65–82.

Shaw, G. (2001) 'Current State of Force Interview Training', in J. Burbeck 'New ACPO Investigative Interviewing Strategy', Warwickshire Police: England.

Shepherd, E. (1991) 'Ethical Interviewing', *Policing*, 7: 42–60.

65

Shepherd, E. (ed.) (1993) *Aspects of Police Interviewing*. Issues in Criminological and Legal Psychology, No. 18, Leicester: British Psychological Society.

Shepherd, E. (1996) 'The Trouble with PEACE', *Police Review*. 26 July: 14–16.

Shepherd, E. and Kite, F. (1988) 'Training to Interview', *Policing*, 4: 264–280.

Sigurdsson, J.F. and Gudjonsson, G.H. (2004) 'Forensic Psychology in Iceland: A Survey of Members of the Icelandic Psychological Society', *Scandinavian Journal of Psychology*, 45: 325–329.

Stockdale, J.E. (1993) *Management and Supervision of Police Interviews*. Police Research Group. London: Home Office.

Vrij, A. and Granhag, P.A. (2007)' Interviewing to Detect Deception in Suspects', in S.?. Christianson (ed.), *Offenders' Memories of Violent Crimes* (pp. 279–304). Chichester: Wiley.

Wessel, E., Drevland, G., Eilertsen, D.E. and Magnussen, S. (2006) 'Credibility of the Emotional Witness: A Study of Ratings by Court Judges', *Law and Human Behavior*, 30: 221–230.

Williamson, T. (1993) 'Review and Prospect', in Eric Shepherd (ed.), *Aspects of Police Interviewing* (pp. 57–59). Issues in Criminological and Legal Psychology, 18.

第四章

Blaauw, J.A. (2002) *De Puttense moordzaak. Reconstructie van een dubieus moordonderzoek*. Baarn: De Fontein.

British Psychololgical Society (BPS) Working Party (2004) A review of the current status and fields of application of polygraphic deception detection (6 October).   89

Clément, S. 2004) L'Entretien judiciaire, approche sociologique, IHESI.

Crombag, H.F.M. and van Koppen, P.J. (1997) 'Post–hoc informatie, suggestie en hypnose', in P.J. van Koppen (ed.), *Het Hart van de Zaak: psychologie van het recht*. Deventer: Gouda Quint, 314–333.

Danet, J. (2006) *Justice pénale, le tournant*. Folio Actuel, février, no. 119.

De Fruyt, F., Bockstaele, M. and De Greef, K. (2006) 'Competenties in het politieverhoor: structuur, meting en het verband met persoonlijkheid', *Panopticon*, 3: 12.

De Leeuw, D. and Hanssen, H. (1997) 'De omstreden Zaanse verhoormethode legt moordenaars en verkrachters het vuur na aan de schenen. Ondervraging of intimidatie?,' *Panorama*, 84: 48–53.

Derksen, T. (2006) *Lucia de B. Reconstructie van een gerechtelijke dwaling*. Diemen: Veen Magazines.

De Vries, P.R. (2002) *De moord die nooit mag verjaren*. Baarn: Uitgeverij De Fontein.

Dommicent, J., Vanderhallen, M., Vervaeke, G. and van de Plas, M. (2006) 'Techniek audiovisueel verhoor minderjarigen: opleiding en opvolging, een evaluatie', *Panopticon*, 3: 56–75.

Gudjonsson, G.H. (2003) *The Psychology of Interrogations, Confessions and Testimony*. Chichester: Wiley.

Holmberg, U. (2004a) Police Interviews with Victims and Suspects of Violent Sexual Crimes: Interviewees' Experiences and Outcomes. Stockholm, Stockholm University, Department of Psychology.

Holmberg, U. (2004b) 'Crime Victims' Experiences of Police Interviews and Their Inclination to Provide or Omit Information', *International Journal of Police Science and Management*, 6: 155–170.

Inbau, F.E., Reid, J.E., Buckley, J.P. and Jayne, B.C. (2001) *Criminal Interrogation and Confessions*. Gaithersburg, MD: Aspen.

Israëls, J.T. (2004) *De bekentenissen van Ina Post. Dwaalsporen*. Alphen a/d Rijn: Kluwer.

Kassin, S.M. (2005) 'On the Psychology of Confessions: Does Innocence Put Innocence at Risk?', *American Psychologist*, 60: 215–227.

Kassin, S.M. and Kiechel, K.L. (1996) 'The Psychology of False Confessions: Compliance, Internalization and Confabulation', *Psychological Science*, 7: 125–128.

Kassin, S.M., Goldstein, C.C. and Savitsky, K. (2003) 'Behavioral Confirmation in the Interrogation Room: On the Dangers of Presuming Guilt', *Law and Human Behavior*, 27: 187–203.

Mann, S., Vrij, A., Fisher, R. and Robinson, M. (in press) 'See No Lies, Hear No Lies: Watching or Listening to Police Suspect Interviews: Differences in Discriminating Accuracy and Response Bias', *Applied Cognitive Psychology*.

Milne, R. and Bull, R. (1999) *Investigative Interviewing: Psychology and Practice*. Chichester: Wiley.

Milne, R. and Bull, R. (2006) 'Interviewing Victims, Including Children and People with Intellectual Disability', in M. Kebbell and G. Davies (eds), *Practical Psychology for*

90

Forensic Investigations. Chichester: Wiley.

Monjardet, D. (1996) *Ce que fait la police. Sociologie de la force publique*. Paris: éditions La Découverte.

Mortimer, A. and Shepherd, E. (1999) 'Frames of the Mind: Schemata Guiding Cognition and Conduct in Interviewing of Suspected Offenders', in A. Memon and R. Bull (eds), *Handbook of the Psychology of Interviewing*. Chichester: Wiley.

Moston, S., Stephenson, G.M. and Williamson, T.M. (1992) 'The Effects of Case Characteristics on Suspect Behaviour During Police Questioning', *British Journal of Criminology*, 32: 23–40.

Myjer, B.E.P. (2000) 'De Zaanse verhoormethode in Straatsburg', *NJCM Bulletin*, 25: 989–994.

Nierop, N.M. (2005) 'Het verdachtenverhoor in Nederland. Wat wordt verhoorders geleerd?', *Nederlands Juristenblad*, 80: 887–890.

Nierop, N.M. (2007) 'Juridische en psychologische aspecten van het verdachtenverhoor', in A. Ph. van Wijk, R.A.R. Bullens and P. van den Eshof (eds), *Facetten van zedencriminalitiet*. Den Haag, Reed Business Information, 193–210.

Nierop, N.M. and Mooij, A.J.M. (2000) *Het verdachtenverhoor in bijzondere zaken: de relatie tussen opleiding en praktijk*. Onderzoeksrapport ten behoeve van de Recherche Advies Commissie, Werkgroep Verhoormethoden. Zoetermeer: KLPD, divisie Recherche.

Nierop, N.M. and van den Eshof, P. (2002) 'Analytic Interviewing: spiegelen, ankeren en andere trucs', *Recherche Magazine*, 6.

Nierop, N.M. and van den Eshof, P. (2003) 'De Zaanse verhoormethode is toch echt onrechtmatig. De implicaties van een onderbelicht Europees arrest', *Nederlands Juristenblad*, 78: 783–785.

Ponsaers, P., Mulkers, J. and Stoop, R. (2001) *De ondervraging – analyse van een politietechniek*. Antwerp: Maklu.

Recherche Adviescommissie (1996) 'De "Zaanse verhoormethode". Advies van de Recherche Adviescommissie aan de Minister van Justitie over de rechtmatigheid en doelmatigheid van de "Zaanse verhoormethode"'.

Savage, S. and Milne, R. (2007) 'Miscarriages of Justice', in T. Newburn, T. Williamson and A. Wright (eds), *Handbook of Criminal Investigation*. Cullompton: Willan.

Slats, J. (1997) 'Uitvinder Hoenderdos legt hem uit De Zaanse verhoormethode', *Vrij Nederland*, 58: 18–19.

Van Amelsvoort, A., Rispens, I. and Grolman, H. (2006) *Handleiding verhoor*. Den Haag: Elsevier Overheid.

Van den Eshof, P. and Nierop, N. (2008) 'Gedragsanalyse'. Paper presented at the conference Gedragsanalyse in het tactisch rechercheproces. Apeldoorn, 8–10–2008.

Vanderhallen, M. (2007) 'De werkalliantie in het politieverhoor'. Doctoraatsstudie, Katholieke Universiteit Leuven.

Van Dongen, M. (2008) 'Onschuldig achter tralies; een nieuw proces', *De Volkskrant*, 19 January.

Van Es, A. (2003) 'Tunneldenken in Twente. Onprofessioneel onderzoek in een megaontuchtzaak', *Skepter*, 16: 24–27.

Van Koppen, P.J. (2003) 'Rechtspsycholologie 2003; Het verhoren van verdachten', *Tijdschrift voor Criminologie*, 45: 423–432.

Van Koppen, P.J. (2003) *De Schiedammer parkmoord: Een rechtspsychologische reconstructie*. Nijmegen: Ars Aequi Libri.

Volckaert, M. (2005) '"Verhoor" in de basisopleiding voor inspecteur van politie, licentiaatsverhandeling'. Katholieke Universiteit Leuven, Faculteit Rechtsgeleerdheid.

Vrij, A. and Lochun, S.K. (2002) 'Neurolinguïstisch verhoren', in P.J. Van Koppen, D.J. Hessing, H.L.G.J. Merckelbach and H.F.M. Crombag (eds), *Het Recht van Binnen*. Deventer: Kluwer, 727–736.

Vrij, A. and F.W. Winkel (2002) 'Liegen en voorgelogen worden', in P.J. Van Koppen, D.J. Hessing, H.L.G.J. Merckelbach and H.F.M. Crombag (eds), *Het Recht van Binnen*. Deventer: Kluwer, 625–647.

Yuille, J.C., Hunter, R., Joffe, R. and Zaparniuk, J. (1993) 'Interviewing Children in Sexual Abuse Cases', in G.S. Goodman and B.L. Bottoms (eds), *Child Victims, Child Witnesses: Understanding and Improving Children's Testimony*. New York: Guilford Press, 95–115.

第五章

Abric, J.-C. (2003) *Psychologie de la communication: théories et méthodes*. Paris: Armand Colin.

Asch, S.E. (1987) *Social Psychology*. Oxford: Oxford University Press.

Baldwin, J. (1993) 'Police Interviewing Techniques. Establishing the Truth or Proof?', *British Journal of Criminology*, 33: 325–352.

Baldwin, J. and McConville, M. (1980) *Confessions in Crown Court Trials*. Royal Commission on Criminal Procedure Research Study No. 5. London: HMSO.

Borchard, E.M. (1932) *Convicting the Innocent: Sixty-Five Actual Errors of Criminal Justice*. Garden City, NY: Doubleday.

Brandon, R. and Davies, C. (1973) *Wrongful Imprisonment*. London: Allen and Unwin.

Buckley, J.P. (2006) 'The Reid Technique of Interviewing and Interrogation', in T. Williamson (ed.), *Investigative Interviewing: Rights, Research, Regulation*. Cullompton: Willan Publishing, 190–206.

Bull, R. (2006) 'Research on the Police Interviewing of Suspects'. Paper presented at the Best Practices Seminar on Interview Techniques and Training, 23–26 January 2006, Paris.

Cassell, P.G. (1999) 'The Guilty and the "Innocent': An Examination of Alleged Cases of Wrongful Conviction from False Confessions', *Harvard Journal of Law and Public Policy*, 22: 523–603.

Clare, I.C.H. and Gudjonsson, G.H. (1995) 'The Vulnerability of Suspects with Intellectual Disabilities During Police Interviews: A Review and Experimental Study of Decision-making', *Mental Handicap Research*, 8: 110–128.

Deslauriers–Varin, N. (2006) Les Facteurs déterminants dans le processus d'aveu chez les auteurs d'actes criminels. Master's thesis, Université de Montréal.

Deslauriers–Varin, N. and St–Yves, M. (2006) 'An Empirical Investigation of Offenders' Decision to Confess their Crime During Police Interrogation'. Paper presented at the 2nd International Investigative Interviewing Conference, Portsmouth, UK, 5–7 July.

Evans, R. (1993) *The Conduct of Police Interviews with Juveniles*. Royal Commission on Criminal Justice Research Report No. 8. London:HMSO.

Fisher, R.P. and Geiselman, R.E. (1992) *Memory–Enhancing Techniques for Investigative Interviewing*. Springfield, IL: Charles Thomas.

FTP Heads of Prosecutions Committee Working Group (2004) 'Report on the Prevention of Miscarriages of Justice'. Retrieved 8 December 2006 from http://canada.justice.gc.ca/fr/dept/pub/hop/index.html, website.

Geller, W.A. (1992) *Police Videotaping of Suspects' Interrogations and Confessions:A Preliminary Examination of Issues and Practices*. Report to the National Institute of Justice. Washington, DC: Police Executive Research Forum.

107

Ginet, M. and Py, J. (2001) 'A Technique for Enhancing Memory in Eyewitness Testimonies for Use by Police Officers and Judicial Officers: The Cognitive Interview', *Le Travail Humain*, 64: 173–191.

Grant, A. (1987) *The Audio-Visual Taping Interviews with Suspects and Accused Persons by Halton Regional Police Force, Ontario, Canada: An Evaluation*. Ottawa: Commission de réforme du droit du Canada.

Griffiths, A. and Milne, B. (2006) 'Will It All End in Tiers? Police Interviews with Suspects in Britain', in T. Williamson (ed.), *Investigative Interviewing: Rights, Research, Regulation*. Cullompton: Willan Publishing, 167–189.

Groupe de Travail du Comité FTP des chefs des poursuites pénales (2004) 'Rapport sur la prévention des erreurs judiciaire'. Retrieved from http://canada.justice.gc.ca/fr/dept/pub/hop/index.html, on 8 December 2006).

Gudjonsson, G.H. (1992) *The Psychology of Interrogations, Confessions and Testimony*. Chichester: Wiley.

Gudjonsson, G.H. (2003) *The Psychology of Interrogations and Confessions: A Handbook*. Chichester: Wiley.

Holmberg, U. (2004) Police Interviews with Victims and Suspects of Violent and Sexual Crimes: Interviewees' Experiences and Interview Outcomes. Doctoral dissertation, Stockholm University.

Holmberg, U. and Christianson, S.A. (2002) 'Murderers' and Sexual Offenders' Experiences of Police Interviews and Their Inclination to Admit or Deny Crimes', *Behavioral Sciences and the Law*, 20: 31–45.

Huff, C.R., Rattner, A. and Sagarin, E. (1986) 'Guilty Until Proven Innocent: Wrongful Conviction and Public Policy', *Crime and Delinquency*, 32: 518–544.

Inbau, F.E., Reid, J.E., Buckley, J.P. and Jayne, B.C. (2001) *Criminal Interrogation and Confessions* (4th edn). Gaithersburg, MD: Aspen.

Innocence Project (1986) Retrieved from www.innocenceproject.org on 8 January 2007.

Irving, B. and McKenzie, I.K. (1989) *Police Interrogation: The Effects of the Police and Criminal Evidence Act*. London: HMSO.

Jou, J. and Harris, R.J. (1992) 'The Effect of Divided Attention on Speech Production', *Bulletin of the Psychonomic Society*, 30: 301–304.

Kassin, S.M. and Fong, C.T. (1999) 'I'm Innocent! Effects of Training on Judgments

108

of Truth and Deception in the Interrogation Room', *Law and Human Behavior*, 23: 499–516.

Kassin, S.M. and Gudjonsson, G.H. (2004) 'The Psychology of Confessions: A Review of the Literature and Issues', *Psychological Science in the Public Interest*, 5: 33–67.

Kassin, S.M. and Wrightsman, L.S. (1985) 'Confession evidence', in S.M. Kassin and L.S. Wrightsman (eds), *The Psychology of Evidence and Trial Procedures*. London: Sage, 67–94.

Leo, R.A. (1996) 'Inside the Interrogation Room', *Journal of Criminal Law and Criminology*, 86: 266–303.

Leo, R.A. and Ofshe, R.J. (1998) 'The Consequences of False Confessions: Deprivations of Liberty and Miscarriages of Justice in the Age of Psychological Interrogation', *Journal of Criminal Law and Criminology*, 88: 429–96.

Mann, S., Vrij, A. and Bull, R. (2004) 'Detecting True Lies: Police Officers' Ability to Detect Suspects' Lies', *Journal of Applied Psychology*, 89: 137–149.

Moston, S., Stephenson, G.M. and Williamson, T.M. (1992) 'The Effects of Case Characteristics on Suspect Behaviour During Police Questioning', *British Journal of Criminology*, 32: 23–40.

Mucchielli, L. and Clément, S. (2006) 'Renseignement humain et recherche des aveux: Les compétences relationnelles des enquêtes de police judiciaire', *Cahiers de la sécurité*, 62: 255–285.

Ofshe, R.J. and Leo, R.A. (1997) 'The Decision to Confess Falsely: Rational Choice and Irrational Action', *Denver University Law Review*, 74: 979–1122.

Pearse, J. and Gudjonsson, G.H. (1996) 'Police Interviewing Techniques at Two South London Police Stations', *Psychology, Crime and Law*, 3: 63–74.

Pearse, J., Gudjonsson, G.H., Clare, I.C.H. and Rutter, S. (1998) 'Police Interviewing and Psychological Vulnerabilities: Predicting the Likelihood of a Confession', *Journal of Community and Applied Social Psychology*, 8: 1–21.

Phillips, C. and Brown, D. (1998) Entry into the Criminal Justice System: A Survey of Police Arrests and Their Outcomes. London: Home Office.

Pitt, S.E., Spiers, E.M., Dietz, P.E. and Dvoskin, J.A. (1999) 'Preserving the Integrity of the Interview: The Value of Videotape', *Journal of Forensic Sciences*, 44: 1287–1291.

Py, J., Demarchi, S. and Ginet, M. (2004) 'Comment placer les témoins dans des conditions optimales de restitution de leurs souvenirs d'une scène criminelle?', in M. St-Yves and J. Landry (eds), *Psychologie des entrevues d'enquête: de la recherche à la pratique*. Cowansville, Québec: éditions Yvon Blais, 169–179.

Rattner, A. (1988) 'Convicted But Innocent. Wrongful Conviction and the Criminal Justice System', *Law Human Behavior*, 12: 283–293.

Redlich, A.D. and Goodman, G.S. (2003) 'Taking Responsibility for an Act Not Committed: The Influence of Age and Suggestibility', *Law and Human Behavior*, 27: 141–156.

Rosenthal, R. and Jacobson, L. (1968) *Pygmalion in the Classroom*. New York:Holt, Rinehart and Winston.

Savage, S. and Milne, R. (2007) 'Miscarriages of Justice – the Role of the Investigative Process', in T. Newburn, T. Williamson and A. Wright (eds), *Handbook of Criminal Investigations*. Cullompton: Willan, 610–627.

Schafer, J.R. and Navarro, J. (2003) *Advanced Interviewing Techniques*. Springfield, IL: Charles C. Thomas.

Senese, L.C. (2005) *Anatomy of Interrogation Themes: The Reid Technique of Interviewing and Interrogation*. Chicago: John E. Reid and Associates, Inc.

Shepherd, E. (1991) 'Ethical Interviewing', *Policing*, 7: 42–60.

Stephenson, G.M. and Moston, S.J. (1994) 'Police Interrogation', *Psychology, Crime & Law*, 1: 151–157.

St-Yves, M. (2004) 'Les Fausses Confessions: comprendre et prévenir', in M. St-Yves and J. Landry (eds), *Psychologie des entrevues d'enquête: de la recherche à la pratique*. Cowansville, Québec: éditions Yvon Blais, 105–133.

St-Yves, M. (2006) 'The Psychology of Rapport: Five Basic Rules', in T. Williamson (ed.), *Investigative Interviewing: Rights, Research, Regulation*. Cullompton: Willan Publishing, 87–106.

St-Yves, M. and Landry, J. (2004) 'La Pratique de l'interrogatoire de police', in M. St-Yves and J. Landry (eds), *Psychologie des entrevues d'enquête: de la recherche à la pratique*. Cowansville, Québec: éditions Yvon Blais, 7–30.

St-Yves, M. and Tanguay, M. (2009) 'The Psychology of Interrogation: A Quest for a Confession or a Quest for the Truth?', in M. St-Yves and M. Tanguay (eds), *The Psychology of Criminal Investigations: The Search for the Truth*. Toronto: Carwell, 9–40.

St-Yves, M., Tanguay, M. and Crépault, D. (2004) 'La psychologie de la relation:

110

cinq règles de base', in M. St-Yves and J. Landry (eds), *Psychologie des entrevues d'enquête: de la recherche à la pratique*. Cowansville, Québec:éditions Yvon Blais, 135–153.

Vrij, A. (2000) *Detecting Lies and Deceit. The Psychology of Lying and the Implications for Professional Practice*. Chichester: Wiley.

Vrij, A. (2004) 'Guidelines to Catch a Liar', in P.A. Granhag and L.A. Strömwall (eds), *The Detection of Deception in Forensic Contexts*. Cambridge: Cambridge University Press, 287–314.

Williamson, T.M. (1990) 'Strategic Changes in Police Interrogation: An Examination of Police and Suspect Behaviour in the Metropolitan Police in Order to Determine the Effects of New Legislation, Technology and Organizational Policies. Ph.D thesis, University of Kent.

Williamson, T.M. (1993) 'From Interrogation to Investigative Interviewing: Strategic Trends in Police Questioning', *Journal of Community and Social Psychology*, 3: 89–99.

Williamson, T.M. (2006a) 'Towards Greater Professionalism: Minimizing Miscarriages of Justice', in T. Williamson (ed.), *Investigative Interviewing: Rights, Research, Regulation*. Cullompton: Willan Publishing, 147–189.

Williamson, T.M. (2006b) 'Principles of Investigative Interviewing: Suspects'. Paper presented at Plenary Session, 2nd International Investigative Interviewing Conference, Portsmouth, UK, 5–7 July 2006.

第六章

American Psychiatric Association (2006, May) 'Psychiatric Participation in Interrogation of Detainees: Position Statement'. Retrieved 15 September 2007 from http://www.psych.org/edu/other_res/lib_archives/archives/200601.pdf.

American Psychological Association, Presidential Task Force on Psychological Ethics and National Security (2005) *Report of the American Psychological Association Presidential Task Force on Psychological Ethics and National Security*. Retrieved 10 March 2005, from http://www.apa.org/releases/ PENSTaskForceReportFinal.pdf.

Behnke, S. (2006) 'Ethics and Interrogations: Comparing and Contrasting the American Psychological, American Medical and American Psychiatric Association position', *Monitor on Psychology*, 37: 66.

Borum, R. (2004) 'Counterterrorism Training Post–9/11', in R. Gunaratna (ed.), *The*

Changing Face of Terrorism. Singapore: Eastern Universities Press, 62–73.

Borum, R. (2006) 'Approaching Truth: Behavioral Science Lessons on Educing Information from Human Sources', in R. Fein (ed.), *Educing Information:Science and Art in Interrogation – Foundations for the Future*. Intelligence Science Board Study on Educing Information Phase 1 Report. Washington, DC: National Defense Intelligence College Press.

Borum, R., Fein, R., Vossekuil, B. and Gelles, M. (2003) 'Profiling Hazards:Profiling in Counterterrorism and Homeland Security', *Counterterrorism and Homeland Security Reports*, 10: 12–13.

Borum, R., Fein, R., Vossekuil, B., Gelles, M. and Shumate, S. (2004) 'The Role of Operational Research in Counterterrorism', *International Journal of Intelligence and Counterintelligence*, 17: 420–434.

Borum, R. and Gelles, M. (2005) 'Al-Qaeda's Operational Evolution: Behavioral and Organizational Perspectives', *Behavioral Sciences and the Law*, 23: 467–483.

Brecher, B. (2007) *Torture and the Ticking Bomb*. New York: Wiley Blackwell.

Clarke, S. (2004) 'USAIC Fields Two New Intelligence Manuals', *Military Intelligence Professional Bulletin*, April–June.

Cunningham, R. and Sarayrah, Y. (1993) *Wasta: The Hidden Force in Middle Eastern Society*. Westport, CT: Praeger.

Dershowitz, A.M. (2002) 'Torture of Terrorists: Is It Necessary to Do and to Lie About It?', in *Shouting Fire: Civil Liberties in a Turbulent Age*. Boston, MA: Little, Brown, 470–479.

Dershowitz, A.M. (2008) *Is There a Right to Remain Silent?: Coercive Interrogation and the fifth Amendment After 9/11*. Oxford: Oxford University Press.

Einesman, F. (1999) 'Confessions and Culture: The Interaction of Miranda and Diversity', *Journal of Criminal Law and Criminology*, 90: 1–48.

Fein, R. (ed.) (2006) *Educing Information: Science and Art in Interrogation–Foundations for the Future*. Intelligence Science Board Study on Educing Informtion Phase 1 Report. Washington, DC: National Defense Intelligence College Press.

Gudjonsson, G. (2003) *The Psychology of Interrogations and Confessions: A Handbook*. New York: Wiley.

Inbau, F., Reid, J., Buckley, J. and Jayne, B. (2001). *Criminal Interrogation and Confessions* (4th edn). Gaithersburg, MD: Aspen.

Knapp, M. and Hall, J. (1997) *Nonverbal Communication in Human Interaction* (4th 125
edn). Orlando, FL: Harcourt Brace.

Leo, R. (1996) 'Inside the Interrogation Room', *Journal of Criminal Law and Criminology*, 86: 266–303.

Lewis, B. (2003) *The Crisis of Islam: Holy War and Unholy Terror*. New York: Modern Library.

Luban, D. (2005) 'Torture, American–Style: This Debate Comes Down to Words vs. Deeds', *Washington Post*, 27 November, B01.

Mayer, J. (2005) 'The Experiment', *New Yorker*, 11 and 18 July.

Navarro, J. (2002) 'Interacting with Arabs and Muslims', *FBI Law Enforcement Bulletin*, 71: 20.

Nydell, M. (2002) *Understanding Arabs: A Guide for Westerners* (3rd edn). Yarmouth, MA: Intercultural Press.

Patterson, E. (2003) CITF: Criminal Investigation Task Force – OSI. *TIG Brief: The Inspector General*, November–December.

Riddell, P. and Cotterell, P. (2003) *Islam in Context: Past, Present, and Future*. Grand Rapids, MI: Baker Academic.

Schafer, J. and Navarro, J. (2004) *Advanced Interviewing Techniques: Proven Strategies for Law Enforcement*. Springfield, IL: Charles C. Thomas.

Walters, S. (2002) *Principles of Kinesic Interview and Interrogation* (2nd edn). Boca Raton, FL: CRC Press.

White, J. (2003) *Defending the Homeland: Domestic Intelligence, Law Enforcement, and Security*. New York: Wadsworth.

第七章

Alter, J. (2001) 'Time to Think About Torture', *Newsweek*, 5 November.

American Psychiatric Association (2006) 'Psychiatric Participation in Interrogation of Detainees'. 21 May. Retrieved from http://www.psych. org/edu/otherres/libarchives/archives/200601.

American Psychololgical Association (APA) (2007) 'Reaffirmation of the American Psychological Asociation Position Against Torture and Other Cruel, Inhuman, or Degrading Treatment or Punishment and Its Application to Individuals Defined in the United States Code as "Enemy Combatants"'. Retrieved from iwww.apa.org/governance/resolutions/

councilres0807.html.

Amnesty International (2006) *Amnesty International Report 2006: The State of the World's Human Rights*. London: Amnesty International, International Secretariat.

Arendt, H. (1963) *Eichmann in Jerusalem: A Report on the Banality of Evil*. London: Viking Press.

Bandura, A. (1990) 'Mechanisms of Moral Disengagement', in W. Reich (ed.), *Origins of Terrorism. Psychologies, Ideologies, Theologies, States of Mind*. New York: Cambridge University Press.

Bentham, J. (1997 [1777–9]) 'Of Torture' (previously unpublished manuscript) ed. by W.T. Twining and P.E. Twining in 'Bentham on Torture', *Northern Ireland Legal Quarterly*, 24: 307–56.

British Psychological Society (BPS) (2005) 'Declaration by the British Psychological Society Concerning Torture and Other Cruel, Inhuman or Degrading Treatment or Punishment', *The Psychologist*, 18: 190.

Chaffee, Z., Pollock, W.H. and Stern, C.S. (1931) 'The Third Degree: Report on Lawlessness in Law Enforcement', *National Commission on Law Observance and Enforcement*, vol IV, no. II. Washington, DC: Government Printing Office.

Danner, M. (2004) *Torture and Truth: America, Abu Ghraib and the War on Terror*. London: Granta.

Dershowitz, A. (2001) 'America Needs Torture Warrants', *Los Angeles Times*, 8 November.

Evans, D. and Morgan, R. (1998) *Preventing Torture: A Study of the European Convention for the Prevention of Torture and Inhuman or Degrading Treatment or Punishment*. Oxford: Clarendon Press.

Falconer, Lord (2006) 'The Role of Judges in a Modern Democracy'. Magna Carta Lecture, Sydney, Australia, 13 September.

147   Greenberg, K.L. (ed.) (2006) *The Torture Debate in America*. New York: Cambridge University Press.

Greenberg, K.J. and Dratel, J.L. (2004) *The Torture Papers: The Road to Abu Ghraib*. New York: Cambridge University Press.

Gudjonsson, G. (1996) 'Custodial Confinement, Interrogation and Coerced Confessions', in D. Forrest (ed.), *A Glimpse of Hell: Reports on Torture Worldwide*. London: Amnesty International, 36–45.

Huggins, M.K., Garitos–Fatouros, M. and Zimbardo, P.G. (2002) *Violence Workers. Police Torturers and Murderers Reconstruct Brazilian Atrocities.* Berkeley, CA: University of California Press.

Ignatieff, M. (2004a) *The Lesser Evil: Political Ethics in an Age of Terror.* Princeton, NJ: Princeton University Press.

Ignatieff, M. (2004b) 'Lesser Evils', *New York Times Magazine*, 2 May.

Kremnitzer, M. (1989) 'The Landau Commmission Report: Was the Security Service Subordinated to the Law, or the Law to the "Needs" of the Security Service?', *Israeli Law Review*, 24: 216–279.

Landau Commission (1987) *Report of the Commission of Inquiry into the Methods of Investigation of the General Security Service Regarding Hostile Terrorist Activity: Part One.* Jerusalem: Israeli Government.

Levine, M. (2007) 'Role of Physicians in Interrogations', *American Medical Association Journal of Ethics*, 9: 709–711.

Luban, D. (2006) 'Liberalism, Torture and the Ticking Bomb', in K.L. Greenberg (ed.), *The Torture Debate in America.* New York: Cambridge University Press, 35–83.

Morgan, R. (2000) 'The Utilitarian Justification of Torture: Denial, Desert and Disinformation', *Punishment and Society*, 2: 180–196.

Parker Report (1972) *Report of the Committee of Privy Councillors Appointed to Consider Authorised Procedures for the Interrogation of Persons Suspected of Terrorism* (Chairman Lord Parker), Cmnd 4981. London: HMSO.

Peters, E. (1996) *Torture.* Philadelphia: University of Pennsylvania Press.

Ratner, M. and Ray, E. (2004) *Guantánamo: What the World Should Know.* Moreton-in–the–Marsh: Arris.

Rose, D. (2004) *Guantánamo: America's War on Human Rights.* London: Faber.

Ross, L. (1977) 'The Intuitive Psychologist and His Shortcomings. Distortions in the Attribution Process', in L. Berkowitz (ed.), *Advances in Experimental Social Psychology.* New York: Academic Press.

Royal Commission (1981) *Report of the Royal Commission on Criminal Procedure.* London: HMSO.

Scarry, E. (1984) *The Body in Pain.* New York: Oxford University Press.

Steiner, J.M. and Fahrenbert, J. (2000) 'Authorisation and Social Status of Former Members of the Waffen–SS and SS of the Wehrmacht: An Extension and Reanalysis of the

Study Published in 1970', *Kölner Zeitschrift für Soziologie und Sozialpsychologie*, 52: 329–348.

148   Zimbardo, P.G. (1970) 'The Human Choice: Individuation, Reason, and Order Versus Deindividuation, Impulse and Chaos', in W.J. Arnold and D. Levine (eds), 1969 *Nebraska Symposium on Motivation*. Lincoln, NE: University of Nebraska Press.

    Zimbardo, P.G., Haney, C., Banks, W.C. and Jaffe, D. (1973) 'The Mind is a Formidable Jailer: A Pirandellian Prison', *New York Times Magazine*, 8 April, 38ff.

第八章

    Antonovsky, A. (1984) 'The Sense of Coherence as a Determinant of Health', in J.D. Matarazzo, S.M. Weiss, J.A. Herd, N.E. Miller and S.M. Weiss (eds), *Behavioral Health: A Handbook of Health Enhancement and Disease Prevention*. Chichester: Wiley.

    Antonovsky, A. (1987) *Unrevealing the Mystery of Health*. San Francisco: Jossey-Bass.

    Auhagen, A.E. (2000) 'On the Psychology of Meaning of Life', *Swiss Journal of Psychology*, 59: 34–48.

    Baddeley, A. (1998) *Human Memory: Theory and Practice*. Boston, MA: Allyn and Bacon.

    Baldwin, J. (1992) *Video Taping Police Interviews with Suspects – An Evaluation* (Police Research Series Paper 1). London: Home Office Police Department.

    Baldwin, J. (1993) 'Police Interview Techniques: Establishing Truth or Proof?', *British Journal of Criminology*, 33: 325–352.

    Bargh, J.A. (1999) 'The Cognitive Monster: A Case Against the Controllability of Automatic Stereotype Effects', in S. Chaiken and Y. Trope (eds.), *Dual Process Theories in Social Psychology*. New York: Guilford Press, 361–382.

    Benneworth, K. (2003 July) Who 'Tells the Story' in the Police–Paedophile Investigative Interview and the Encouragement of Suspect Denial. Paper presented at the Psychology and Law International, Interdisciplinary Conference, Edinburgh, UK.

170   Benson, R. (2000) *Ragnar's Guide to Interviews, Investigations, and Interrogations*. Boulder, CO: Paladin Press.

    Brock, P., Fisher, R.P. and Cutler, B.L. (1999) 'Examining the Cognitive Interview in a Double-Test Paradigm', *Psychology, Crime and Law*, 5: 29–45.

    Buckley, J.P. (2006) 'The Reid-Technique of Interviewing and Interrogation', in

T. Williamson (ed.), *Investigative Interviewing: Rights, Research, Regulation*. Cullompton: Willan Publishing.

Bull, R. (2000) 'Police Investigative Interviewing', in A. Memon and R. Bull (eds), *Handbook of the Psychology of Interviewing*. Chichester: Wiley, 279–292.

Bull, R. and Milne, R. (2004) 'Attempts to Improve Police Interviewing of Suspects', in G.D. Lassiter (ed.), *Interrogations, Confessions and Entrapment*. New York: Kluwer, 181–196.

Butler, E.A., Egloff, B., Wilhelm, F.H., Smith, N.C., Ericson, E.A. and Gross, J.J. (2003) 'The Social Consequences of Expressive Suppression', *Emotion*, 3: 48–67.

Butterfield, R. (2002). *The Official Guide to Interrogation*. Philadelphia: Xlibris Corporation.

Chen, M. and Bargh, J.A. (1999) 'Consequences of Automatic Evaluation: Immediate Behavioral Predispositions to Approach or Avoid the Stimulus', *Personality and Social Psychology Bulletin*, 25: 215–224.

Christianson, S–Å. (1992a) *The Handbook of Emotion and Memory: Research and Theory*. Hillsdale, NJ: Lawrence Erlbaum.

Christianson, S–Å. (1992b) 'Remembering Emotional Events: Potential Mechanisms', in S–Å Christianson (ed.), *The Handbook of Emotion and Memory: Research and Theory*. Hillsdale, NJ: Lawrence Erlbaum Associates Publishers, 307–342.

Clarke, C. and Milne, R. (2001) *National Evaluation of the PEACE Investigative Interviewing Course*. Home Office, UK, Police Research Award Scheme, Report No: PRSA/149. Retrieved from http://www.homeoffice.gov.uk/peace_interviewcourse.pdf.

Collins, R., Lincoln, R. and Frank, M.G. (2002) 'The Effect of Rapport in Forensic Interviewing', *Psychiatry, Psychology and Law*, 9: 69–78.

Debats, D.L., Drost, J. and Hansen, P. (1995) 'Experiences of Meaning of Life: A Combined Qualitative and Quantitative Approach', *British Journal of Psychology*, 86: 359–375.

Doerner, W.G. and Lab, S.P. (1998). *Victimology*. Cincinnati, OH: Anderson. Dow, D.R. (2000) 'The Relevance of Legal Scholarship: Reflections on Judge Kozinski's Musings', *Houston Law Review*, 37: 329–340.

Eagly, A.H and Chaiken, S. (1998) 'Attitude Structure and Function', in D.T. Gilbert, S.T. Fiske and G. Lindzey (eds), *The Handbook of Social Psychology, vol. 2*. Boston, MA: McGraw–Hill, 307–342.

Finkelman, D. and Grisso, T. (1996) 'Therapeutic Jurisprudence: From Idea to Application', in D.B. Wexler and B.J. Winick (eds), *Law in a Therapeutic Key*. Durham, NC: Carolina Academic Press, 587–598.

Fisher, R.P. (1995) 'Interviewing Victims and Witnesses of Crime', *Psychology, Public Policy and Law*, 1: 732–764.

Fisher, R.P. and Geiselman, R.E. (1992) *Memory–enhancing Techniques for Investigative Interview: The Cognitive Interview*. Springfield, IL: Charles C Thomas.

Fisher, R.P. and Perez, V. (2007) 'Memory–Enhancing Techniques for Interviewing Crime Suspects', in S. Å . Christianson (ed.), *Offenders' Memories of Violent Crimes*. Chichester: Wiley, 329–354.

Gana, K. (2001) 'Is Sense of Coherence a Mediator Between Adversity and Psychological Well–being in Adults?', *Stress and Health*, 17: 77–83.

Gerbert, K. (1954) 'The Psychology of Expression and the Technique of Criminal Interrogation', *Jahrbuch fuer Psychologie und Psychotherapie*, 2: 85–98.

Gudjonsson, G.H. (1992) *The Psychology of Interrogations, Confessions and Testimony*. Chichester: Wiley.

Gudjonsson, G.H. (1994) 'Investigative Interviewing: Recent Developments and Some Fundamental Issues', *International Review of Psychiatry*, 6:237–246.

Gudjonsson, G.H. (2003) *The Psychology of Interrogations and Confessions*. New York: Wiley.

Hassler, Å. (1930) *Föreläsningar över den Svenska kriminalprocessen, I*. Stockholm: A.B. Nordiska Bokhandeln i Distribution.

Hendrick, C. (1990) 'The Nature of Rapport', *Psychological Inquiry*, 4: 312–315.

Holmberg, U. (1994) *Samtal med sexualbrottsoffer: Hur har kvinnorna upplevt kommunikationen med olika resurspersoner*. Report series 1994: 1. Kristianstad: Kristianstad University.

Holmberg, U. (1996) *Sexualbrottsföröuares upplevelser av polisförhör*. Report series 1996: 7. Kristianstad: Kristianstad University.

Holmberg, U. (2004) 'Crime Victims' Experiences of Police Interviews and their Inclination to Provide or Omit Information', *International Journal of Police Science and Management*, 6: 155–170.

Holmberg, U. and Christianson, S. Å . (2002) 'Murderers' and Sexual Offenders' Experiences of Police Interviews and their Inclination to Admit or Deny Crimes',

171

Behavioural Sciences and the Law, 20: 31–45.

Holmberg, U., Christianson, S.Å. and Wexler, D. (2007) 'Interviewing Offenders: A Therapeutic Jurisprudential Approach', in S. Å. Christianson (ed.), *Offenders' Memories of Violent Crimes*. Chichester: Wiley, 355–371.

Holmberg, U. and Olsson, B. (2007, July) 'Crime Victims' Psychological Wellbeing Related to Police Interviews and Questions from the Prosecutor'. Paper presented at the 30th International Congress on Law and Mental Health, Padua, Italy.

Inbau, F.E., Reid, J.E., Buckley, J.P. and Jayne, B.C. (2001) *Criminal Interrogation and Confessions* (4th edn). Sudbury: Jones and Bartlett.

Innes, M. (2002) 'The "Process Structure'" of Police Homicide Investigations', *British Journal of Crimonology*, 42: 669–688.

Kassin, S.M. (2005) 'On the Psychology of Confession: Does Innocence Put Innocents   172 at Risk?', *American Psychologist*, 60: 215–228.

Kassin, S.M. (2006) 'A Critical Appraisal of Modern Police Interrogations', in T. Williamson (ed.), *Investigative Interviewing: Rights, Research, Regulation*. Cullompton: Willan Publishing.

Kassin, S.M., Goldstein, C.C. and Savitsky, K. (2003) 'Behavioral Confirmation in the Interrogation Room: On the Dangers of Presuming Guilt', *Law and Human Behavior*, 27: 187–203.

Kassin, S.M. and Gudjonsson, G.H. (2004) 'The Psychology of Confessions: A Review of the Literature and Issues', *Psychological Science in the Public Interest*, 5: 33–67.

Kebbel, M.R., Hurren, E.J. and Mazzerolle, P. (2006) *An Investigation into the Effective and Ethical Interviewing of Suspected Sex Offenders*. Trends and Issues in Crime and Criminal Justice, no. 32. Canberra: Australian Institute of Criminology, 1–5.

Kebbell, M.R., Milne, R. and Wagstaff, G.F. (1999) 'The Cognitive Interview: A Survey of its Forensic Effectiveness', *Psychology, Crime and Law*, 5: 101–115.

Leche, E. and Hagelberg, V. (1945) *Förhör i brottmål*. Stockholm: P.A. Nordstedt and Söners.

LeDoux, J.C. and Hazelwood, R.R. (1985) 'Police Attitudes and Beliefs Toward Rape', *Journal of Police Science and Administration*, 13: 211–220.

Leo, R.A. (1992) 'From Coercion to Deception: The Changing Nature of Police Interrogation in America', *Crime, Law and Social Change*, 18: 35–59.

Leo, R.A. (1996) 'Criminal Law: Inside the Interrogation Room', *Journal of Criminal Law and Criminology*, 86: 266–303.

Loftus, E.F. (2003) 'Make–Believe Memories', *American Psychologist*, 11: 867–873.

Merriam–Webster Dictionary (2004) Merriam–Webster OnLine. Retrieved from http://www.m–w.com.

Milne, R. and Bull, R. (1999) *Investigative Interviewing: Psychology and Practice*. Chichester: Wiley.

Milne, R. and Bull, R. (2003) 'Interviewing by the Police', in D. Carson and R. Bull (eds), *Handbook of Psychology in Legal Contexts*. Chichester: Wiley, 111–125.

Mortimer, A. and Shepherd, E. (2000) 'Frames of Mind: Schemata Guiding Cognition and Conduct in the Interviewing of Suspected Offenders', in A. Memon and R. Bull (eds), *Handbook of the Psychology of Interviewing*. Chichester: Wiley, 293–316.

Moston, S. and Engelberg, T. (1993) 'Police Questioning Techniques in Tape Recorded Interviews with Criminal Suspects', *Policing and Society*, 3:223–237.

Moston, S. and Stephenson, G.M. (1993) 'The Changing Face of Police Interrogation', *Journal of Community and Applied Social Psychology*, 3:101–115.

173   Münsterberg, H. (1908/1923) 'On the Witness Stand: Essays on Psychology and Crime', *Classics in the History of Psychology*. An Internet resource developed by Christopher D. Green (ed.), York University, Toronto, Ontario. Retrieved from http://psychclassics.yorku.ca/Munster/Witness/detection.htm.

Münsterberg, H. (1908/1925) 'On the Witness Stand: Essays on Psychology and Crime', *Classics in the History of Psychology*. An internet resource developed by Christopher D. Green (ed.), York University, Toronto, Ontario. Retrieved from http://psychclassics.yorku.ca/Munster/Witness/confessions.htm.

Nickerson, R.S. (1998) 'Confirmation Bias: A Ubiquitous Phenomenon in Many Guises', *Review of General Psychology*, 2: 175–220.

Nolde, S.F., Johnson, M.K. and Raye, C.L. (1998) 'The Role of Prefrontal Cortex During Tests of Episodic Memory', *Trends in Cognitive Sciences*, 2, 399–406.

Pallant, J.F. and Lae, L. (2002) 'Sense of Coherence, Well–Being, Coping and Personality Factors: Further Evaluation of the Sense of Coherence Scale', *Personality and Individual Differences*, 33: 39–48.

Patterson, M.L. (1990) 'On the Construct Validity and Developmental Course of

Rapport', *Psychological Inquiry*, 4: 320–321.

Pearse, J. and Gudjonsson, G.H. (1996) 'Police Interviewing Techniques at Two South London Police Stations', *Psychology, Crime and Law*, 3: 63–74.

Peixoto, A. (1934) 'The Interrogation and Confessions in the Judiciary Process', *Revista de Criminologia Buenos Aires*, 21: 383–395.

Pennebaker, J.W. (1997) *Opening Up: The Healing Power of Expressing Emotions*. New York: Guilford Press.

Petrucci, C.J., Winick, B.J. and Wexler, D.B. (2003) 'Therapeutic Jurisprudence:An Invitation to Social Scientists', in D. Carson and R. Bull (eds), *Handbook of Psychology in Legal Contexts*. Chichester: Wiley, 579–601.

Ridgeway, B.J. (2000) 'The Hermeneutical Aspects of Rapport', *Dissertation Abstracts International Section A: Humanities and Social Sciences, 2000 Feb.*, 60 (7–A), 2527 (University microfilms No. AEH9937686).

Salonen, P., Vauras, M. and Efklides, A. (2005) 'Social Interaction – What Can It Tell Us about Metacognition and Coregulation in Learning?', *European Psychologist*, 10: 199–208.

Schneider, U., Büchi, S., Sensky, T. and Klaghofer, R. (2000) 'Anotonovsky's Sense of Coherence: Trait or State?', *Psychotherapy and Psychosomatis*, 69:296–302.

Sear, L. and Stephenson, G.M. (1997) 'Interviewing Skills and Individual Characteristics of Police Interrogators', *Issues in Criminology and Legal Psychology*, 29: 27–34.

Shepherd, E. (1991) 'Ethical Interviewing', *Policing*, 7: 42–60.

Shepherd, E. and Milne, R. (1999) 'Full and Faithful: Ensuring Quality Practice and Integrity of Outcomes in Witness Interviews', in A. Heaton–Armstrong, E. Shepherd and D. Wolchover (eds), *Analysing Witness Testimony: A Guide for Legal Practitioners and Other Professionals*. London: Blackstone Press, 124–145.

Shepherd, E., Mortimer, A., Turner, V. and Watson, J. (1999) 'Spaced Cognitive Interviewing: Facilitating Therapeutic and Forensic Narration of Trauma Memories', *Psychology, Crime and Law*, 5: 117–143.

Snekkevik, H., Anke, A., Stanghelle, J.K. and Fugl–Meyer, A.R. (2003) 'Is Sense of Coherence Stable After Multiple Trauma?', *Clinical Rehabilitation*, 17: 443–454.

Starrett, P. (1998) *Interview and Interrogation – for Investigations in the Public or Private Sector*. San Clemente CA: LawTec Publishing.

Steffens, M.C. and Mecklenbräuker, S. (2007) 'False Memories: Phenomena,

174

Theories, and Implications', *Journal of Psychology*, 215: 12–24.

Stephenson, G.M. and Moston, S.J. (1993) 'Attitudes and Assumptions of Police Officers When Questioning Criminal Suspects', *Issues in Criminological and Legal Psychology*, 18: 30–36.

Stephenson, G.M. and Moston, S.J. (1994) 'Police Interrogation', *Psychology, Crime and Law*, 1: 151–157.

Tickle-Degnen, L. and Rosenthal, R. (1990) 'The Nature of Rapport and Its Nonverbal Correlates', *Psychological Inquiry*, 4: 285–293.

Todorov, A. and Bargh, J.A. (2002) 'Automatic Sources of Aggression', *Aggression and Violent Behavior*, 7: 53–68.

UN Universal Declaration of Human Rights, UN General Assembly, 1948, Art 5, 9.

UN Covenant on Civil and Political Rights, UN General Assembly, 1966 art. 14:2 (presumption of innocence).

Watzlawick, P., Weakland, J. and Fisch, R. (1974) *Change: Principles of Problem Formation and Problem Resolution*. New York: Norton.

Wegner, D.M. and Bargh, J.A. (1998) 'Control and Automaticity in Social Life', in D.T. Gilbert, S.T. Fiske and G. Lindzey (eds), *The Handbook of Social Psychology* (4th edn). Boston: Oxford University Press, 446–496.

Weinberg, C.D. (2002) *Effective Interviewing and Interrogation Techniques*. San Diego: Academic Press.

Wexler, D.B. (1996a) 'Therapeutic Jurisprudence and Changing Conceptions of Legal Scholarship', in D.B. Wexler and B.J. Winick (eds), *Law in a Therapeutic Key*. Durham, NC: Carolina Academic Press, 597–610.

Wexler, D.B (1996b) 'Reflections on the Scope of Therapeutic Jurisprudence', in D.B. Wexler and B.J. Winick (eds), *Law in a Therapeutic Key*. Durham, NC: Carolina Academic Press, 811–829.

Wexler, D.B. (2000) 'Practicing Therapeutic Jurisprudence: Psychological Soft Spots and Strategies', in D.P. Stolle, D.B. Wexler and B.J. Winnick (eds), *Practicing Therapeutic Jurisprudence: Law as a Helping Profession*. Durham, NC: Carolina Academic Press, 45–67.

Williamson, T.M. (1993) 'From Interrogation to Investigative Interviewing: Strategic Trends in Police Questioning', *Journal of Community and Applied Psychology*, 3: 89–99.

Winick, B.J. (2000) 'Therapeutic Jurisprudence and the Role of Counsel in

Litigation', in D.P. Stolle, D.B. Wexler and B.J. Winnick (eds), *Practicing Therapeutic Jurisprudence: Law as a Helping Profession*. Durham, NC: Carolina Academic Press, 309–324.

Yuille, J.C., Marxsen, D. and Cooper, B. (1999) 'Training Investigative Interviewing: Adherence to the Spirit, as well as the Letter', *International Journal of Law and Psychiatry*, 22: 323–336.

Zika, S. and Chamberlain, K. (1992) 'On the Relation Between Meaning in Life and Psychological Well-Being', *British Journal of Psychology*, 83:133–145.

Zimbardo, P.G. (1967) 'The Psychology of Police Confessions', *Psychology Today*, 1: 17–20, 25–27.

第九章

Beattie, G.W. (1981) 'A Further Investigation of the Cognitive Interference Hypothesis of Gaze Patterns During Conversation', *British Journal of Social Psychology*, 20: 243–248.

Buller, D.B. and Burgoon, J.K. (1996) 'Interpersonal Deception Theory', *Communication Theory*, 6: 203–242.

Caso, L., Gnisci, A., Vrij, A. and Mann, S. (2005) 'Processes Underlying Deception: An Empirical Analysis of Truths and Lies When Manipulating the Stakes', *Journal of Interviewing and Offender Profiling*, 2: 195–202.

DePaulo, B.M. and Kirkendol, S.E. (1989) 'The Motivational Impairment Effect in the Communication of Deception', in J.C. Yuille (ed.), *Credibility Assessment*. Dordrecht: Kluwer, 51–70.

DePaulo, B.M., Lindsay, J.L., Malone, B.E., Muhlenbruck, L., Charlton, K. and Cooper, H. (2003) 'Cues to Deception', *Psychological Bulletin*, 129: 74–118.

Fisher, R.P., Brennan, K.H. and McCauley, M.R. (2002) 'The Cognitive Interview Method to Enhance Eyewitness Recall', in M.L. Eisen, J.A. Quas and G.S. Goodman (eds), *Memory and Suggestibility in the Forensic Interview*. Mahwah, NJ: Lawrence Erlbaum Associates, 265–286.

Gilbert, D.T. (1991) 'How Mental Systems Believe', *American Psychologist*, 46: 107–119.

Gilovich, T., Savitsky, K. and Medvec, V.H. (1998) 'The Illusion of Transparency: Biased Assessments of Others' Ability to Read One's Emotional States', *Journal of*

187

Personality and Social Psychology, 75: 332–346.

Gozna, L. and Babooram, N. (2004) 'Non-traditional Interviews: Deception in a Simulated Customs Baggage Search', in A. Czerederecka, T. Jaskiewicz–Obydzinska, R. Roesch and J. Wojcikiewicz (eds), *Forensic Psychology and Law*. Krakow, Poland: Institute of Forensic Research, 153–161.

Granhag, P.A. and Strömwall, L.A. (2002) 'Repeated Interrogations: Verbal and Nonverbal Cues to Deception', *Applied Cognitive Psychology*, 16: 243–257.

Hartwig, M., Granhag, P.A., Strömwall, L. and Kronkvist, O. (2006) 'Strategic Use of Evidence During Police Interrogations: When Training to Detect Deception Works', *Law and Human Behavior*, 30: 603–619.

Hartwig, M., Granhag, P.A., Strömwall, L.A. and Vrij, A. (2005) 'The Strategic Use of Disclosing Evidence', *Law and Human Behavior*, 29: 469–484.

Hocking, J.E. and Leathers, D.G. (1980) 'Nonverbal Indicators of Deception: A New Theoretical Perspective', *Communication Monographs*, 47: 119–131.

Inbau, F.E., Reid, J.E., Buckley, J.P. and Jayne, B.C. (2001) *Criminal Interrogation and Confessions* (4th edn). Gaithersburg, MD: Aspen.

Kassin, S.M. (2005) 'On the Psychology of Confessions: Does Innocence Put Innocents at Risk?', *American Psychologist*, 60: 215–228.

Kassin, S.M. and Gudjonsson, G.H. (2004) 'The Psychology of Confessions: A Review of the Literature and Issues', *Psychological Science in the Public Interest*, 5: 33–67.

Kassin, S.M. and Norwick, R.J. (2004) 'Why People Waive their Miranda Rights: The Power of Innocence', *Law and Human Behavior*, 28: 211–221.

Landström, S., Granhag, P.A. and Hartwig, M. (2005) 'Witnesses Appearing Live Versus on Video: Effects on Observers' Perception, Veracity Assessments and Memory', *Applied Cognitive Psychology*, 19: 913–933.

Landström, S., Granhag, P.A. and Hartwig, M. (in press) 'Children's Live and Videotaped Testimonies: How Presentation Mode Affects Observers' Perception, Assessment and Memory', *Legal and Criminological Psychology*, 12: 333–348.

Lykken, D.T. (1998) *A Tremor in the Blood: Uses and Abuses of the Lie Detector*. New York: Plenum Trade.

Mann, S. and Vrij, A. (2006) 'Police Officers' Judgements of Veracity, Tenseness, Cognitive Load and Attempted Behavioural Control in Real Life Police Interviews',

Psychology, Crime and Law, 12: 307–319.

Mann, S., Vrij, A. and Bull, R. (2002) 'Suspects, Lies and Videotape: An Analysis of Authentic High–Stakes Liars', *Law and Human Behavior*, 26: 365–376.

McCornack, S.A. (1997) 'The Generation of Deceptive Messages: Laying the Groundwork for a Viable Theory of Interpersonal Deception', in J.O. Greene (ed.), *Message Production: Advances in Communication Theory*. Mahwah, NJ: Lawrence Erlbaum, 91–126.

Moston, S.J., Stephenson, G.M. and Williamson, T.M. (1992) 'The Effects of Case   188
Characteristics on Suspect Behaviour During Police Questioning', *British Journal of Criminology*, 32: 23–39.

National Research Council (2003) *The Polygraph and Lie Detection*. Committee to Review the Scientific Evidence on the Polygraph. Washington, DC: National Academic Press.

Pavlidis, J., Eberhardt, N.L. and Levine, J.A. (2002) 'Seeing Through the Face of Deception', *Nature*, 415: 35.

Raskin, D.C. and Honts, C.R. (2002) 'The Comparison Question Test', in M. Kleiner (ed.), *Handbook of Polygraph Testing*. London: Academic Press, 1–48.

Rosenfeld, J.P. (2002) 'Event–Related Potentials in the Detection of Deception, Malingering, and False Memories', in M. Kleiner (ed.), *Handbook of Polygraph Testing*. London: Academic Press, 1–48.

Schweitzer, M.E., Brodt, S.E. and Croson, R.T.A. (2002) 'Seeing and Believing: Visual Access and the Strategic Use of Deception', *International Journal of Conflict Management*, 13: 258–275.

Spence, S.A., Farrow, T.F.D., Herford, A.E., Wilkinson, I.D., Zheng, Y. and Woodruff, P.W.R. (2001) 'Behavioural and Functional Anatomical Correlates of Deception in Humans', *NeuroReport*, 12: 2849–2853.

Spence, S.A., Hunter, M.D., Farrow, T.F.D., Green, R.D., Leung, D.H., Hughes, C.J. and Ganesan, V. (2004) 'A Cognitive Neurobiological Account of Deception: Evidence from Functional Neuroimaging', *Philosophical Transactions of the Royal Society of London*, 359: 1755–1762.

Strömwall. L.A., Granhag, P.A. and Hartwig, M. (2004) 'Practitioners' Beliefs About Deception', in P.A. Granhag and L.A. Strömwall (eds), *Deception Detection in Forensic Contexts*. Cambridge: Cambridge University Press, 229–250.

Strömwall, L.A., Hartwig, M. and Granhag, P.A. (2006) 'To Act Truthfully: Nonverbal Behaviour and Strategies During a Police Interrogation', *Psychology, Crime and Law*, 12: 207–219.

Van den Adel, H.M. (1997) *Handleiding verdachtenverhoor* ('Interviewing suspects manual'). Den Haag: VUGA–Uitgeverij.

Vrij, A. (2003) 'We Will Protect Your Wife and Child, but Only If You Confess: Police Interrogations in England and The Netherlands', in P.J. van Koppen and S.D Penrod (eds), *Adversarial Versus Inquisitorial Justice: Psychological Perspectives on Criminal Justice Systems*. New York: Plenum, 55–79.

Vrij, A. (2004) 'Why Professionals Fail to Catch Liars and How They Can Improve', *Legal and Criminological Psychology*, 9: 159–181.

Vrij, A. (2006) 'Challenging Interviewees During Interviews: The Potential Effects on Lie Detection', *Psychology, Crime and Law*, 12: 193–206.

Vrij, A. (2008) *Detecting Liers and Deceit: Pitfalls and Opportunities*. Chichester: Wiley.

Vrij, A. and Mann, S. (2003) 'Deception Detection', in P.W. Halligan, C. Bass and D.A. Oakley (eds), *Malingering and Illness Deception*. Oxford: Oxford University Press, 348–362.

Vrij, A. and Mann, S. (2006) 'Criteria–Based Content Analysis: An Empirical Test of its Underlying Processes', *Psychology, Crime and Law*, 12: 337–349.

Vrij, A., Edward, K. and Bull, R. (2001a) 'Police Officers' Ability to Detect Deceit: The Benefit of Indirect Deception Detection Measures', *Legal and Criminological Psychology*, 6: 185–197.

Vrij, A., Edward, K. and Bull, R. (2001b) 'Stereotypical Verbal and Nonverbal Responses While Deceiving Others', *Personality and Social Psychology Bulletin*, 27: 899–909.

Vrij, A., Evans, H., Akehurst, L. and Mann, S. (2004) 'Rapid Judgements in Assessing Verbal and Nonverbal Cues: Their Potential for Deception Researchers and Lie Detection', *Applied Cognitive Psychology*, 18, 283–296.

Vrij, A., Fisher, R., Mann, S. and Leal, S. (2006c) 'Detecting Deception by Manipulating Cognitive Load', *Trends in Cognitive Sciences*, 10: 141–142.

Vrij, A., Mann, S. and Fisher, R.P. (2006a) 'An Empirical Test of the Behaviour Analysis Interview', *Law and Human Behavior*, 30: 329–345.

189

Vrij, A., Mann, S. and Fisher, R. (2006b) 'Information–Gathering vs Accusatory Interview Style: Individual Differences in Respondents'Experiences', *Personality and Individual Differences*, 41: 589–599.

Vrij, A., Mann, S., Fisher, R., Leal, S., Milne, B. and Bull, R. (2008) 'Increasing Cognitive Load to Facilitate Lie Detection: The Benefit of Recalling an Event in Reverse Order', *Law and Human Behavior*, 32: 253–265.

Vrij, A., Mann, S., Kristen, S. and Fisher, R. (2007) 'Cues to Deception and Ability to Detect Lies as a Function of Police Interview Styles', *Law and Human Behavior*, 31: 499–518.

Vrij, A., Semin, G.R. and Bull, R. (1996) 'Insight into Behaviour During Deception', *Human Communication Research*, 22: 544–562.

Walczyk, J.J., Roper, K.S., Seemann, E. and Humphrey, A.M. (2003) 'Cognitive Mechanisms Underlying Lying to Questions: Response Time as a Cue to Deception', *Applied Cognitive Psychology*, 17: 755–744.

Walczyk, J.J., Schwartz, J.P., Clifton, R., Adams, B., Wei, M. and Zha, P. (2005) 'Lying Person–to–Person About Live Events: A Cognitive Framework for Lie Detection', *Personnel Psychology*, 58: 141–170.

White, C.H. and Burgoon, J.K. (2001) 'Adaptation and Communicative Design: Patterns of Interaction in Truthful and Deceptive Conversations', *Human Communication Research*, 27: 9–37.

Williamson, T. (1993) 'From Interrogation to Investigative Interviewing: Strategic Trends in Police Questioning', *Journal of Community and Applied Social Psychology*, 3: 89–99.

Williamson, T. (1994) 'Reflections in Current Police Practice', in D. Morgan and G.M. Stephenson (eds), *Suspicion and Silence: The Right to Silence in Criminal Investigations*. London: Blackstone, 107–116.

第十章

Austin, J. (1962) *How to Do Things with Words*. Cambridge, MA: Harvard University Press.

Bavelas, J.B. and Chovil, N. (2000) 'Visible Acts of Meaning: An Integrated Message Model of Language in Face-to-Face Dialogue', *Journal of Language and Social Psychology*, 19: 163–194.

205   Beattie, G.W. (1979) 'Contextual Constraints on the Floor–Apportionment Function of Speaker–Gaze in Dyadic Conversations', *British Journal of Social and Clinical Psychology*, 18: 391–392.

Beattie, G.W. (2003) *Visible Thought: The New Psychology of Body Language*. Hove, East Sussex: Routledge.

Beattie, G.W. and Shovelton, H. (1999a) 'Do Iconic Hand Gestures Really Contribute Anything to the Semantic Information Conveyed by Speech? An Experimental Investigation', *Semiotica*, 123: 1–30.

Beattie, G.W. and Shovelton, H. (1999b) 'Mapping the Range of Information Contained in the Iconic Hand Gestures that Accompany Spontaneous Speech', *Journal of Language and Social Psychology*, 18: 438–462.

Beattie, G.W. and Shovelton, H. (2001) 'An Experimental Investigation of the Role of Different Types of Iconic Gesture in Communication: A Semantic Feature Approach', *Gesture*, 1: 129–149.

Bull, P. (2002) *Communication Under the Microscope: The Theory and Practice of Microanalysis*. London: Psychology Press.

Bull, P.E. and Connelly, G. (1985) 'Body Movement and Emphasis in Speech', *Journal of Nonverbal Behaviour*, 9: 169–187.

Ekman, P. and O'Sullivan, M. (1991) 'Who Can Catch a Liar?', *American Psychologist*, 46: 913–920.

Ekman, P., O'Sullivan, M. and Frank, M. (1999) 'A Few Can Catch a Liar', *Psychological Science*, 10: 263–266.

Ekman, P. and Friesen, W.V. (1974) 'Detecting Deception from the Body or Face', *Journal of Personality and Social Psychology*, 29: 288–298.

Ekman, P. and Friesen, W.V. (1982) 'Felt, False and Miserable Smiles', *Journal of Nonverbal Behaviour*, 6: 238–252.

Etcoff, N.L., Ekman, P., Magee, J.J. and Frank, M.G. (2000) 'Lie Detection and Language Loss', *Nature*, 405: 139.

Frank, M.G. and Ekman, P. (1997) 'The Ability to Detect Deceit Generalises Across Different Types of High–Stake Lies', *Journal of Personality and Social Psychology*, 72: 1429–1439.

Fridlund, A.J. (1997) 'The New Ethology of Human Facial Expressions', in J.A. Russell and J.M. Fernández–Dols (eds), *The Psychology of Facial Expression*. New York:

Cambridge University Press, 103–129.

Hargie, O.D.W. (1997) 'Interpersonal Communication: A Theoretical Framework', in O.D.W. Hargie (ed.) *The Handbook of Communication Skills* (2nd edn). London: Routledge, 29–63.

Kendon, A. (1967) 'Some Functions of Gaze Direction in Social Interaction', *Acta Psychologica*, 26: 22–63.

Kendon, A. (1982) 'Organization of Behaviour in Face–to–Face Interaction', in K.R. Scherer and P. Ekman (eds), *Handbook of Methods in Nonverbal Behaviour Research*. Cambridge: Cambridge University Press, 440–505.

Kendon, A. (2004) *Gesture: Visible Action as Utterance.* Cambridge: Cambridge University Press.

Kraut, R.E. (1980) 'Humans as Lie Detectors: Some Second Thoughts', *Journal of Communication*, 30: 209–216.

Laver, J. and Hutcheson, S. (eds) (1972) *Communication in Face–to–face Interaction.* Harmondsworth: Penguin.

Lindenfeld, J. (1971) 'Verbal and Nonverbal Elements in Discourse', *Semiotica*, 3:   206
223–233.

Marey, É.J. (1895) *Movement.* New York: D. Appleton.

McNeill, D. (1992) *Hand and Mind. What Gestures Reveal About Thought.* Chicago: University of Chicago Press.

Muybridge, E. (1957 [1899]). *Animals in Motion.* New York: Dover Publications.

Muybridge, E. (1957 [1901]) *The Human Figure in Motion.* New York: Dover Publications.

O' Sullivan, M. and Ekman, P. (2004) 'The Wizards of Deception Detection', in P.A. Granhag and L. Stromwell (eds), *The Detection of Deception in Forensic Contexts.* Cambridge: Cambridge University Press, 269–286.

Pittenger, R.E., Hockett, C.F. and Danehy, J.J. (1960) *The First Five Minutes: A Sample of Microscopic Interview Analysis.* Ithaca, NY: Martineau.

Porter, S., McCabe, S., Woodworth, M. and Peace, K.A. (2007) '"Genius Is 1% Inspiration and 99% Perspiration" ... Or Is It? An Investigation of the Impact of Motivation and Feedback on Deception Detection', *Legal and Criminological Psychology*, 12: 297–309.

Potter, J. and Wetherell M. (1987) *Discourse and Social Psychology: Beyond Attitudes and Behaviour*. London: Sage.

Psathas, G. (1995) *Conversation Analysis: The Study of Talk-in-Interaction*. Thousand Oaks, CA: Sage.

Sacks, H. (1992) (ed. G. Jefferson) *Lectures on Conversation*. Cambridge, MA: Blackwell.

Scheflen, A.E. (1964) 'The Significance of Posture in Communication Systems', *Psychiatry*, 27: 316–331.

Van Dijk, T.A. (1997) *Discourse as Structure and Process*. Discourse Studies: A Multidisciplinary Introduction, Volume 1. London: Sage.

Vrij, A. (2000) *Detecting Lies and Deceit*. Chichester: Wiley.

Vrij, A. (in press) *Detecting Lies and Deceit: Pitfalls and Opportunities*. Chichester: Wiley.

Vrij, A. and Akehurst, L. (1996, August) 'Hand Movements During Deception: Some Recent Insights'. Paper presented at the Sixth European Conference on Psychology and Law, Sienna, Italy.

Vrij, A., Akehurst, L., Soukara, S. and Bull, R. (2004) 'Detecting Deceit via Analyses of Verbal and Nonverbal Behaviour in Children and Adults', *Human Communication Research*, 30: 8–41.

Vrij, A. and Mann, S. (2004) 'Detecting Deception: The Benefit of Looking at a Combination of Behavioural, Auditory and Speech Content Related Cues in a Systematic Manner', *Group Decision and Negotiation*, 13: 61–79.

Vrij, A., Winkel, F.W. and Akehurst, L. (1997) 'Police Officers' Incorrect Beliefs About Nonverbal Indicators of Deception and its Consequences', in J.F. Nijboer and J.M. Reijntjers (eds), *Proceedings of the First World Conference on New Trends in Criminal Investigation and Evidence*. Lelystad: Koninklijke Vermande, 221–238.

索 引

（索引中的页码为原书页码，即本书边码）

214